未名社科·媒介与社会丛书（翻译版）

主编　高丙中　杨伯溆

News at Work
Imitation in an Age of Information Abundance

工作中的新闻
信息充裕时代的模仿

〔美〕帕布鲁·博奇科夫斯基（Pablo J. Boczkowski） 著
周亭 译

著作权合同登记号　图字:01-2014-7932

图书在版编目(CIP)数据

工作中的新闻:信息充裕时代的模仿/(美)帕布鲁·博奇科夫斯基著;周亭译.—北京:北京大学出版社,2020.5

(未名社科·媒介与社会丛书:翻译版)

ISBN 978-7-301-31219-3

Ⅰ.①工… Ⅱ.①帕… ②周… Ⅲ.①新闻学—传播学—研究 Ⅳ.①G210

中国版本图书馆 CIP 数据核字(2020)第 031560 号

News at Work: Imitation in an Age of Information Abundance, Licensed by The University of Chicago Press, Chicago, Illinois, U.S.A.

© 2010 by The University of Chicago. All rights reserved.

书　　　名	工作中的新闻:信息充裕时代的模仿 GONGZUO ZHONG DE XINWEN: XINXI CHONGYU SHIDAI DE MOFANG
著作责任者	〔美〕帕布鲁·博奇科夫斯基(Pablo J. Boczkowski)　著 周　亭　译
责 任 编 辑	孙莹炜
标 准 书 号	ISBN 978-7-301-31219-3
出 版 发 行	北京大学出版社
地　　　址	北京市海淀区成府路 205 号　100871
网　　　址	http://www.pup.cn
新 浪 微 博	@北京大学出版社　　@未名社科-北大图书
微信公众号	ss_book
电 子 信 箱	ss@pup.pku.edu.cn
电　　　话	邮购部 010-62752015　发行部 010-62750672 编辑部 010-62765016
印 刷 者	三河市北燕印装有限公司
经 销 者	新华书店 650 毫米×980 毫米　16 开本　19 印张　245 千字 2020 年 5 月第 1 版　2020 年 5 月第 1 次印刷
定　　　价	58.00 元

未经许可,不得以任何方式复制或抄袭本书之部分或全部内容。

版权所有,侵权必究

举报电话:010-62752024　电子信箱:fd@pup.pku.edu.cn

图书如有印装质量问题,请与出版部联系,电话:010-62756370

送给那个想吃奶油草莓的小孩……

序　言

2003 年，我完成了第一本著作《数字化新闻：网络新闻的创新》(*Digitizing the News*：*Innovation in Online Newspapers*)，该书于 2004 年由麻省理工学院出版社（MIT Press）出版。当时我正在麻省理工学院（MIT）工作。2004 年 3 月 30 日，我受邀在该校作者论坛（Authors @ MIT series）举办讲座并公开推介了那本书。当天晚上，在穿过朗费罗桥（Longfellow Bridge）回公寓的路上，我寻思着该怎么把这个消息告诉我在阿根廷布宜诺斯艾利斯的父母，他们一直怀着极大的兴趣关心着这本书的进展。就在我进家门的时候电话响了，我赶紧接听，听筒中传来我母亲的声音，她说我的父亲在一个小时前因意外去世了。

第二天，我们全家飞回布宜诺斯艾利斯。阿根廷最主要的印刷媒体《号角报》(*Clarín*) 的网络版，也是阿根廷最大的新闻网站 Clarín.com 的总监吉尔勒莫·库莱利（Guillermo Culell）向我致电慰问，还问我是否有兴趣一起聊聊他的一些新想法。会面中，库莱利告诉我，他和同事发现大部分用户在工作时间，也就是周一到周五的上午 9 点到下午 6 点，访问他们的网站。他说，Clarín.com 正计划增加新闻报道的篇幅、提高更新的频率来满足工作日里的消费者对新闻的持续需求。由于传统媒体的新闻消费主要发生在非工作场景和非工作时间，这种新现象给了我很大的启发。料理完父亲的后事，我的生活重新切换回研究模式。和库莱利的交谈成为我撰写这本书的缘起。

随着时间的流逝，我意识到父亲的过世象征着文化结构的衰退，这是书中应有之义。我的父亲每天清晨起床，花几个小时阅读新闻，他先是在洗澡和刮胡子的时候听广播新闻，接着在早餐桌旁一边喝咖啡一边阅读两到三份报纸，只读一份报纸也许会让他错失一些重要报道。到了 21 世纪，这些新闻消费习惯成了 20 世纪的遗产。在从印刷和电子媒介向数字媒介过渡的过程中，出现了在工作时间和场所中消费新闻的新现象。虽然今天的新闻来源相比以往增加了很多，许多网络新闻的消费者能接触到多种多样的新闻来源，但是消费者不再认为每天从不同消息来源看到的新闻之间有什么差异。他们是对的，由于工作节奏的加快、报道篇幅的增加、编辑工作的相互模仿，新闻的内容正变得越来越相似。新闻业已经发生了转变，从单个媒体生产少量新闻、整个新闻业多样化程度较高转变为单个媒体报道大量新闻但新闻业整体多样化程度降低。本书从生产和消费的逻辑出发，揭示了这一基本转变，并探讨了由此产生的社会和政治后果。

研究参与者与合作者对本书的出版贡献良多。Clarín.com 的吉尔勒莫·库莱利和马塞洛·弗朗哥（Marcelo Franco）、《号角报》的里卡多·基斯鲍姆（Ricardo Kirschbaum）和米格尔·温拿斯基（Miguel Wiñazki）、新闻网站 Lanacion.com 的加斯东·罗特伯格（Gastón Roitberg），以及《民族报》（*La Nación*）的费尔南·萨吉尔（Fernán Saguier）给予我大力支持。上述四个新闻编辑部中的 67 名记者和 63 名网络新闻消费者欣然同意接受访谈（或成为本研究观察的对象),他们是本书实施民族志研究的关键。太多人需要感谢,在此我无法一一提及,但这丝毫不会减少我和同事对他们的感激之情。他们允许我们分享他们的世界,我希望本书可以充分体现这些个人经历的价值。

每一位从事民族志研究的学者都知道关键信息的提供者对研究质量来说至关重要,如果没有资深记者、我的好友奥马尔·拉维耶里(Omar Lavieri)的参与,没有每周四晚上我们的聚餐,我对新闻生产的研究就会与现在大相径庭。奥马尔为我解答了有关阿根廷新闻业运作的诸多疑惑。感谢你,胖子!

本书的出版也要感谢来自阿根廷和美国两支学生团队的出色合作,我们都乐在其中。我的布宜诺斯艾利斯团队成员——圣安德烈斯大学(Universidad de San Andrés)的罗米娜·弗拉泽塔(Romina Frazzetta)、迪亚戈·洛佩兹(Diego López)、维多利亚·曼苏尔(Victoria Mansur)和马丁·沃特(Martín Walter)——用智慧、创造力和责任心承担了数据采集和分析的工作。罗米娜和维多利亚全程参与了这个项目,罗米娜阅读了本书的初稿并悉心修改了部分章节。麻省理工学院的安德烈斯·门多萨·佩纳(Andrés Mendoza Pena)承担了产业研究的工作;耶鲁大学(Yale University)的马丁·德桑托斯(Martín de Santos)、西北大学(Northwestern University)的加布里埃拉·坎塔雷罗(Gabriela Cantarero)和玛丽·西尔弗(Marie Silver)帮助我完成了新闻同质化的内容分析;芝加哥大学(University of Chicago)的尼古拉斯·特拉特(Nicolás Trachter)和托尔瓜多·迪特利亚大学(Universidad Torcuato Di Tella)的胡安·帕萨多(Juan Passadore)协助我完成了量化数据分析;西北大学的尤金妮亚·米修斯坦因(Eugenia Mitchelstein)完成了部分数据分析的任务,并对本书的初稿提供了有价值的反馈。

本书是多次交谈的产物,许多对话都做出了决定性的贡献。按照时间顺序，我首先要感谢与吉尔勒莫·库莱利的那次偶然的讨论促使我开始这项研究；马塞洛·弗朗哥启发了我的思维；肖恩·格林斯坦（Shane Greenstein）为印刷新闻的同质化研究加入了历时性的维度；丹·奥基夫（Dan O'Keefe）帮助我整合了定性和定量的调查方法；在与让-弗朗索瓦·福格尔（Jean-François Fogel）那次值得纪念的午餐中，我们一起在头脑风暴中讨论有关商店倒闭（*el cierre de la tienda*）和新闻终结的相似性；杰夫·鲍克（Geof Bowker）坚持认为，当我阐释"模仿"这个研究问题的意义时，不但要说明研究数据的价值，还要强调这个研究问题高度契合了我对知识分子的身份认同；卡琳·克诺尔-塞蒂娜（Karin Knorr-Cetina）鼓励我将书稿交给芝加哥大学出版社并将其推荐给了道格·米切尔（Doug Mitchell）；伍迪·鲍威尔（Woody Powell）让我对研究成果的不同发表路径与个人学术发展轨迹之间的关系有了更多的思考；特雷弗·平奇（Trevor Pinch）的明智建议是此书付梓的关键。

除了上述关键性的谈话，本书的出版还从与多人的讨论中获益，包括贾法尔·阿克萨卡斯（Jaafar Aksikas）、肯·阿尔德（Ken Alder）、戴安·贝利（Diane Bailey）、弗朗索瓦·巴（François Bar）、史蒂夫·巴利（Steve Barley）、兰斯·贝内特（Lance Bennett）、阿玛尔·比沙拉（Amahl Bishara）、马特·比纳（Matt Bothner）、多米尼克·博耶（Dominic Boyer）、迈克尔·德利·加宾尼（Michael Delli Carpini）、曼纽尔·卡斯特（Manuel Castells）、杰斯·卡特里诺（Jess Cattelino）、吉尔勒莫·库莱利、马克·德尔兹（Mark Deuze）、苏珊·道格拉斯（Susan Douglas）、温迪·埃斯佩兰德（Wendy Espeland）、吉姆·艾特玛（Jim Ettema）、罗伯托·费尔南德斯（Roberto Fernandez）、丹尼尔·费尔南德斯·卡内多（Daniel Fernández Canedo）、让-弗朗索瓦·福格尔、马科斯·弗格里亚（Marcos Foglia）、马塞洛·弗朗哥、珍妮特·福尔克（Janet Fulk）、

埃尔南·加尔佩林（Hernán Galperin）、格里·加布尔斯基（Gerry Garbulsky）、汤姆·吉伦（Tom Gieryn）、塔尔顿·吉尔斯皮（Tarleton Gillespie）、泰德·格拉瑟（Ted Glasser）、肖恩·格林斯坦、丹·格鲁伯（Dan Gruber）、休·古斯特森（Hugh Gusterson）、汤姆·海格（Tom Haigh）、杰伊·汉密尔顿（Jay Hamilton）、凯斯·汉普顿（Keith Hampton）、埃斯特·豪尔吉陶伊（Eszter Hargittai）、鲍勃·哈里曼（Bob Hariman）、保罗·赫希（Paul Hirsch）、亨利·詹金斯（Henry Jenkins）、史蒂夫·凯尔（Steve Kahl）、保罗·卡罗夫（Paul Karoff）、伊莱休·卡茨（Elihu Katz）、乔治·卡茨（Jorge Katz）、里卡多·基斯鲍姆、罗恩·克莱恩（Ron Kline）、卡琳·克诺尔-塞蒂娜、约翰·拉文（John Lavine）、布鲁斯·莱文斯坦（Bruce Lewenstein）、迈克·林奇（Mike Lynch）、彼得·蒙格（Peter Monge）、戴安娜·穆兹（Diana Mutz）、拉斯·纽曼（Russ Neuman）、大卫·诺德（David Nord）、威利·奥卡西奥（Willie Ocasio）、克里斯·奥根（Chris Ogan）、丹·奥基夫、旺达·奥利科夫斯基（Wanda Orlikowski）、利莫尔·皮尔（Limor Peer）、奇克·佩罗（Chick Perrow）、达蒙·菲利浦斯（Damon Philips）、特雷弗·平奇、弗朗西斯·皮萨尼（Francis Pisani）、伍迪·鲍威尔、琳达·普特南（Linda Putnam）、加斯东·罗特伯格、费尔南·萨吉尔、哈米特·索内（Harmeet Sawhney）、埃内斯托·夏格拉斯基（Ernesto Schargrodsky）、迈克尔·舒德森（Michael Schudson）、丹·谢尔曼（Dan Sherman）、苏珊·西尔比（Susan Silbey）、迈克·史密斯（Mike Smith）、利·斯塔（Leigh Star）、大卫·史塔克（David Stark）、伊塔尔·斯特恩（Ithai Stern）、费德里科·斯特泽内格（Federico Sturzenegger）、凯西·萨特克里夫（Kathie Sutcliffe）、约翰·汤普森（John Thompson）、大卫·索伯恩（David Thorburn）、弗雷德·特纳（Fred Turner）、乔·图罗（Joe Turow）、尼基·乌谢尔（Nikki

Usher)、德里克·威能（Derek Vaillant）、埃利塞奥·贝隆（Eliseo Verón）、乔治·沃尔特（Jorge Walter）、克劳斯·韦伯（Klaus Weber）、吉姆·韦伯斯特（Jim Webster）、卡尔·韦克（Karl Weick）、巴里·威尔曼（Barry Wellman）、查克·惠特尼（Chuck Whitney）、米格尔·温拿斯基、诺亚·扎茨（Noah Zatz）、芭比·泽利泽（Barbie Zelizer）、薇薇安·泽利泽（Viviana Zelizer）和以斯拉·祖克曼·斯万（Ezra Zuckerman Sivan）。

在西北大学、麻省理工学院、芝加哥大学、康奈尔大学（Cornell University）、斯坦福大学（Stanford University）、宾夕法尼亚大学（the University of Pennsylvania）、南加利福尼亚大学（the University of Southern California）、威斯康辛大学（the University of Wisconsin）、印第安纳大学（Indiana University）、德克萨斯大学（the University of Texas）、芝加哥哥伦比亚学院（Columbia College Chicago）、圣安德列斯大学（Universidad de San Andrés）以及波士顿咨询小组（Boston Consulting Group）召开的研讨会上，我听取了不少对自己研究的评论，进一步完善了本书的许多观点。我还从一些年度学术会议中获益良多，它们是国际传播学会（International Communication Association, ICA）、美国社会学学会（American Sociological Association, ASA）、科学社会研究学会（Society for Social Studies of Science, 4S）、美国管理学会（Academy of Management, AOM）等研究机构的年度会议，以及2006年西班牙数字新闻业论坛（2006 Spanish Conference on Digital Journalism）和Clarín.com十周年论坛。

西北大学为本书所做的跨学科研究提供了良好的学术环境。传播学院的芭芭拉·奥基夫（Barbara O'Keefe）院长给予我充裕的时间和经费支持，并对研究内容和书稿提出建议，鼓励我完成这个项目；系主任鲍勃·哈里曼和皮特·米勒（Peter Miller）对我的研究给予很大的支持；简·兰金（Jane Rankin）和谢里·卡塞罗（Sheri Carsello）在经费资助事务上给予我帮助；沙伦·谢泼德（Sharron Shepard）和索尼娅·沃特斯（Sonia Watters）协助我处理行政事务；本书第四章中的部分研究还得到了大学研究资助委员会和传播学院创新基金的资助。附录二中的第二个研究得到了罗伯特和凯耶·希亚特媒介、技术与社会基金（Robert and Kaye Hiatt Fund for Research on Media, Technology, and Society）的资助。

与芝加哥大学出版社的合作是一次难忘的经历。感谢道格·米切尔对本书提出的富有洞察力的看法和对这个出版计划的不懈支持。感谢蒂姆·麦戈文（Tim McGovern）和艾琳·德温特（Erin Dewitt）在书稿编辑上的付出。本书两位评审人的有益建议和严格要求极大地提升了书稿的水平。埃里克·林南伯格（Eric Klinenberg）在评审后公开了他的评审人身份，亲切地和我见面并讨论他的建议。凯·曼斯菲尔德（Kay Mansfield）和帕姆·布鲁顿（Pam Bruton）在文本的精练上简直创造了奇迹。在本书写作的早期阶段，我还从许多人的反馈中受到启发，比如麻省理工学院出版社的玛吉·埃弗里（Margy Avery）和特雷弗·平奇，剑桥大学出版社的卢·贝特曼（Lew Bateman）、兰斯·贝内特和鲍勃·安特曼（Bob Entman），以及这些出版社委托的匿名评审人，等等。

朋友和家人给了我许多鼓励和支持，名字太多而无法枚举，但是我衷心感激所有人。需要特别致谢的人包括：加博·查鲁雅（Gabo Charrúa）、格里·加布尔斯基和奥马尔·拉维耶里，有了他们，我在布宜诺斯艾利斯开展的研究具有了特别的价值；我的母亲阿依达·施瓦兹（Aída Schwartz）用爱伴随着我整个事业的发展；我的兄弟乔治·博奇科夫斯基（Jorge Boczkowski）时常安慰我，向我表达他的关怀；我的女儿索菲亚（Sofía）和艾玛（Emma）用纯粹的快乐和无私的爱填满了研究与写作的间隙时间，她们的存在提醒我，拥有她们是多么的幸福，这让我工作起来充满能量；我的妻子伊琳娜·康斯坦丁诺夫斯基（Irina Konstantinovsky）陪伴了我四分之一个世纪，我都不敢总结她的贡献，因为她实在付出了太多。总之，用她最喜欢的一首歌来说，每当我迷失的时候，我都知道可以找到她、看到她，"一次又一次"。我最深切的感谢要给我刚刚离世的父亲——亚伯拉罕·齐托·博奇科夫斯基（Abraham "Zito" Boczkowski）。当我还是个孩子时，通过他对消费新闻的热情，我了解到了新闻的独特魅力。此后在被新闻伴随的成长岁月中，我们的每一次分享——从在上学路上听广播剧《马格达莱娜》（*Magdalena*）到讨论政治和社会——都给我的青春期打下了回忆的烙印。用过去五年的时间专注于写作一本书，用一个平凡而又深刻的主题将我们重新联系在一起，我感到非常荣幸。再见，老爸。

本书第二章的部分内容最初于2009年以《重新思考硬新闻和软新闻：从共同的基础到分道扬镳》为题在《传播学》杂志发表［Pablo Boczkowski, "Rethinking Hard and Soft News Production: From Common Ground to Divergent Paths," *Journal of Communication*, 59 (2009), 98-116］。第三章的部分内容最初于2009年以《当代新闻工作中的技术、监测与模仿》为题在《传播、文化与批评》杂志发表［Pablo Boczkowski, "Technology, Monitoring and Imitation in Contemporary News Work," *Communication, Culture & Critique*, 2 (2009): 39-59］。以上两篇文章都经布莱克威尔（Blackwell）出版社和国际传播学会的许可收入本书。第三章中的某些内容曾发表于2009年泽利泽编辑的《新闻业的变脸》一书中，名为《新闻领域中的重要性和模仿技巧》［Pablo Boczkowski, "Materiality and Mimicry in the Journalistic Field," in *The Changing Faces of Journalism*, edited by B. Zelizer, New York: Routledge, 2009, pp.56-67］，并经劳特利奇（Routledge）出版社许可再次发表。第四章中的部分内容最早发

表于2007年我和马丁·德桑托斯的文章《当更多的媒介等于更少的新闻：阿根廷主要印刷和网络媒体新闻同质化的类型》[Pablo Boczkowski and Martín de Santos, "When More Media Equals Less News: Patterns of Content Homogenization in Argentina's Leading Print and Online Newspapers," *Political Communication*, 24 (2007): 167-190]，经泰勒和弗朗西斯（Taylor & Francis）出版集团许可再次发表。

目　　录

引言：当"多"变成"少" ／001
　　理论与方法的基础　／007
　　时间和空间的语境　／010

第一章　在南美研究模仿　／017
　　"模仿"的理论化　／017
　　研究思路和方法　／024
　　研究语境的重要性　／031

第二章　硬新闻和软新闻在生产逻辑上的分野　／040
　　Clarín 网站内容生产的演变　／042
　　Ultimo Momento 部门的硬新闻生产　／048
　　Conexiones 部门的软新闻生产　／055
　　内容生产的不同逻辑　／059
　　结　语　／064

第三章　新闻生产中的监看与模仿　／069
　　监　看　／072
　　模　仿　／079
　　结　语　／091

第四章　新闻产品的同质化　/ 098

新闻的选择　/ 101

新闻的呈现　/ 111

新闻的叙事　/ 117

结　论　/ 125

尾　声　/ 129

第五章　工作场景中的网络新闻消费　/ 134

网络新闻消费模式　/ 136

总　结　/ 158

第六章　日益同质化的新闻消费　/ 164

记者对消费者偏好的了解如何影响新闻生产　/ 166

比较记者和消费者对网络新闻的选择　/ 172

消费同质化新闻的体验　/ 179

选择性与参与性消费之间的媒介应用　/ 188

结　论　/ 193

第七章　信息充裕时代的新闻工作　/ 198

相似性螺旋　/ 199

理解模仿　/ 201

新闻中模仿行为带来的文化和政治影响　/ 205

附录一　研究设计　/ 215

对新闻生产过程中模仿行为的研究　/ 215

对新闻产品同质化的内容分析　/ 217

对多样性日益减少的新闻产品的消费情况研究　/ 225

附录二　补充研究　/ 231
　　研究的时机　/ 231
　　研究的地点　/ 233

参考文献　/ 239

索　引　/ 267

译后记　/ 285

引言：当"多"变成"少"

2005年7月一个下雨的早晨，在布宜诺斯艾利斯市中心的一个礼堂内，吉尔勒莫·库莱利正在一个有关媒介技术的政策与运作的工作坊上发表演说。自从1996年3月阿根廷最流行的网络新闻媒体，也是该国发行量最大的日报《号角报》的网络版——Clarín.com上线以来，库莱利一直担任网站的负责人。①在10分钟的发言里，他在幻灯片中展示了一个中心半圆凸起、边缘趋于平整的图形。他请在场观众回答这个图形代表了什么。一位观众大声说："帽子！"另一位说："钟形曲线。"第三位表示，这不就是《小王子》里蟒蛇吞了大象后的形状吗？库莱利点了点头，在另一张幻灯片中展示了书中的这幅图片（见图0.1）。他停顿了一下，一丝微笑迅速爬上了脸庞。在一次有关传统报纸的网络新闻生产运作的演讲中，也许他的笑意味着"小"吞食了"大"。不过，毫无疑问，他也是在笑听众的反应，他知道听众一定会感到困惑，因为这幅来自《小王子》的图片相当精确地描绘了在工作日中受众消费Clarín.com新闻的时间模式。通过展示这张幻灯片，库莱利形象地表达了他的观点。他对听众说："从周一到周五，从上午9点到下午6点，人们都在做什么呢？在工作。而我们的受众，就是那些在工作时间和场所获取新闻的人。"②

图 0.1 吉尔勒莫·库莱利在 2005 年 7 月的演讲中使用的"工作场景中的新闻"模式图("L"和"V"代表周一和周五,数字 0 和 23 代表从午夜开始的一天的时间)

在传统印刷和电子媒介的世界中,新闻通常被认为是一种在工作场所之外、工作之余消费的产品。库莱利的观点预示着一种大众消费新闻的时空新模式的出现。③

我与参加工作坊的听众感同身受,因为在一年前,当库莱利告诉我"工作中的新闻"现象("news-at-work"phenomenon)时,我也感到好奇和激动。我们相识于 1996 年的夏天,当时我刚刚开始涉足网络新闻的研究,多年来我们一直保持着联系。2004 年 4 月我在布宜诺斯艾利斯时,他曾就工作的新发展征询我的意见。在那次谈话中,他与我分享了他和 Clarín.com 的同事发现的"工作中的新闻"现象。他还告诉我这个发现已经激发了网站在编辑、组织结构和图形设计领域的转型。一项有关网站用户使用模式的研究促使库莱利和他的同事得出这样的结论,即在工作时间接触网络新闻的人需要更多、更新、更频繁的新闻,需要突发性新闻和发展性报道(目的是吸引受众在一天之中不断再次访问网站),需要一系列抓人眼球的专题(目的是让受众在较长的工间休息时段得到放松)。基于这样的判断,他们计划在白天提高新闻发布的频率、增加篇幅以及提供内容详尽的专题报道。他们还计划将现有的新闻编辑部重新拆分为两个部门:一个主要负责突发新闻和发展性报道,另一个主要负责专题报道。在此基础上,他们还打算将网站分为两个部分:

一部分刊登新闻，另一部分刊登专题。

库莱利向我展示了新网站的雏形，我们讨论了即将发生的变化会带来什么影响。随着谈话的展开，我意识到在新闻生产和消费态度上的变化具有潜在重要性。一直以来人们都在早餐桌上或者通勤途中阅读报纸，通常在晚上收看电视新闻。20世纪下半叶，媒介组织以相应的编辑策略、工作流程、生产和分发技术来适应这种占据主导地位的新闻消费时空模式。因此，"工作中的新闻"现象的出现可能会引发新闻业在核心工作、编辑和技术领域的转型。但是变化是否发生了？如果是，又带来了什么样的转型呢？

我的研究之旅始于2005年4月，在研究助理的帮助下，我在Clarín.com启动了一项有关编辑工作的人类学研究。那个时候，Clarín.com的主要对手Lanacion.com，以及新近出现的、雄心勃勃的竞争者Infobae.com也加入了白天不断更新突发新闻和发展性新闻的行列。研究开始不久我们就发现，差不多一年前在Clarín.com开始实施的编辑、组织和设计上的改革显然已经在生产新闻和生产其他内容之间形成了鲜明的界限。正如在本书第二章中提到的，两种截然不同的新闻业模式共存于同一个组织内部，它们除了共享品牌和工作场所外，几乎无一相同。

另一个问题迅速抓住了研究团队的注意力，即Clarín.com的改变原本是为了呼应现实需求，没想到在不经意间改变了生产领域。它令新闻从业者对新闻价值的认识产生了质的飞跃。尽管长期以来，相互监看和模仿是编辑工作的主要内容，但显然报道突发新闻和发展性新闻的从业者更好地利用了现实需求的变化去监看竞争对手的报道。对其他媒体报道的了如指掌大大增加了Clarín.com的报道与其他媒体的相似性。也就是说，新闻从业者对于"工作中的新闻"的反应是增加报道的供给，但是由此带来的监看和模仿的加强却减少了新闻报道的多样性。本书将在第三章分析，这种监看和模仿的加强主要对新闻报道而不是专题报道产生了影响。2006 年和 2007 年我们对另一家网络和印刷新闻编辑部从业者的采访显示，监看和模仿的实践不因媒介和机构而改变。模仿的增加在整个新闻领域普遍存在。

　　生产实践是否影响了最终的内容产品？为了回答这个问题，我对新闻报道进行了一项内容分析。2005 年秋季，我研究了 Clarín.com、Lanacion.com 和 Infobae.com 三个网站头条新闻的主题选择、呈现方式和叙述结构。用同样的分析框架，我们还研究了从 1995 年到 2005 年中的四个时间段内《号角报》和《民族报》的头版报道。《民族报》是阿根廷第二大报纸，也是 Lanacion.com 的母版（在这十年间，自从网络版上线，《号角报》和《民族报》的印刷新闻编辑部和网络新闻编辑部以相对独立的方式运行）。本书第四章将呈现上述研究。研究发现，在网络媒体的出版频率加快、篇幅增加的同时，印刷媒体之间报道的相似性恰好也增加了。研究还发现，在当前环境中，一条新闻如果同时被印刷和网络媒体报道，则两者内容的同质化水平非常高。同样值得注意的是，这种生产模式仅仅适用于新闻报道，而非专题和观点这样的媒介内容。

　　许多受访者对新闻生产和产品在上述方面的转型知之甚深，但是每谈及此，他们都会面露难色，甚至到了什么都不愿说的地步。在布宜诺斯艾利斯的一次研究中，《号角报》的总编辑里卡多·基斯鲍姆希望和我讨论一下研究进展。2006 年 7 月 27 日上午，我准备了一次汇报。我比较了那一天《号角报》和《民族报》的头版（见图 0.2）。两份报纸在报道的选题、报道的位置、标题的结构上明显相似：带点的箭头标注了两份报纸当天的国内头条新闻，虚线箭头标注了国际头条新闻，点线箭头标注了都市头条新闻，长虚线箭头标注了健康头条新闻。几天后，我向基斯鲍姆展示了一系列包含定量发现的图表，并用这两份报纸的头版来阐释这些发现。他虽没有说什么，但其面部表情和肢体语言向我传达了一种轻微不适的感觉，这是我在实地调查阶段经常遭遇的反应，因此并不感到意外。对于这种同质化的报道模式，另一种来自新闻从业者的普遍反应是"每个人都一样"，通常还紧跟着简短的评价，表示不喜欢这种状态，因为没人想成为只会模仿竞争对手的记者，同时他们又相信没人可以改变现状，因为"现在都是这个样子"。

图 0.2　2006 年 7 月 27 日《号角报》和《民族报》的头版

转型源于对用户消费需求的回应，但是工作中的新闻消费究竟如何？同质化的新闻对于消费者来说又意味着什么？为了回答这些问题，我在 2006 年和 2007 年做了两个研究：第一个研究对 Clarín.com、Lanacion.com 和 Infobae.com 三个网站中点击率最高的报道进行了内容分析，以此来观察实际的新闻消费行为；第二个研究是对新闻消费者的民族志研究，目的是理解与消费者使用网络新闻相关的诠释、影响和体验（本书第五章和第六章将介绍这两个研究的发现）。对网站新闻内容分析的结果显示，新闻从业者认为最有新闻价值的报道同质化程度较高，而消费者阅读最多的新闻报道同质化程度则低很多。这个结果也说明新闻从业者和消费者在选择主题时存在差异。前者更关注国内、商业、经济和国际主题（或者称之为"公共事务"新闻），而后者更关注体育、娱乐和犯罪报道（或者称之为"非公共事务"新闻）。模仿的改变虽因"工作中的新闻"现象而产生，但改变的程度和内容受到新闻工作与组织转型的影响。转型的影响是无意识的，否则模仿就不应该这么普遍，不同新闻机构最终生产的新闻报道也应当聚焦于不同的主题而不是如此相似。对消费者的民族志研究佐证了以上观点。研究显示，人们对于新闻报道多样性减少的体验杂糅了不喜欢、顺从和无力感等情绪。用 29 岁的西班牙语老师洛雷纳（Lorena）的话说，"市场就是这样发展的，报纸是市场的一部分，所以也要与市场保持一致。我是否喜欢？当然不喜欢。我知道解决方法吗？说实话，不知道"（2007年3月2日，个人访谈）。

新闻同质化程度的提高导致了无论新闻从业者还是消费者都不喜欢但又都感觉无力转变的结果。千篇一律和无能为力的螺旋（spiral）产生了重要的文化和政治影响。本书第七章的分析认为，新闻的同质化也许与类型化新闻的流行度和通讯社供稿的重要性联系在一起，也可能与新闻机构传统上扮演的看门人角色的式微和同时发生的社会权力趋于平衡的转变有关。分析还强调要想以更宽泛、更多样的报道接触到更大规模的受众，仅靠消费者的努力是不可能实现的。本书的目的是阐明媒介产业中的普遍趋势。附录二对 2008 年美国总统大选期间美国主要网络媒体的新闻同质化程度进行了研究。初步分析显示，即使在具有重要历史意义的时期，新闻源管制放松、公众对新闻的兴趣高于平常，媒体在报道主题方面的多样性也仍然较弱。在信息日益丰富的时代，消费者接触到的信息反而更为雷同。

从生产过程到最终的新闻产品，再到受众消费模式和对文化、政治的影响，不断增强的模仿机制形成了一个完整的周期。本书的目的就是帮助读者理解这个被放置于全新的网络新闻消费时空语境之中的周期。接下来要讲述的故事有关两个截然不同的现象以及将它们联系在一起的悖论。这两个现象是：工作场所成为网络新闻消费的时空节点；网络和印刷媒体都在加强新闻生产中的相互模仿。悖论是：新闻报道的数量显著增加，内容的多样性却在减弱。这个悖论已经成为定义当代媒介图景的要素，2006年《新闻传媒业现状》(State of the News Media)将其总结为"新闻业的新悖论是更多的新闻机构报道了更少的新闻"(journalism.org，2006)。由此可见，理解这个悖论对于理解当前社会制度的核心机制至关重要。此外，如果能说明悖论如何以及为什么会出现，就可以为研究模仿提供理论和方法的创新，这些创新能为研究和解释把"多"（特定的社会世界的知识）变成"少"（生产者和消费者选择的多样性）的生产过程提供新的途径。接下来我将简要介绍本书在理论和方法上的创新，并在第一章中做详细说明。

理论与方法的基础

本书的概念化目标是研究在新闻工作、组织和经济等过程中模仿的动力机制及其影响。此外，本书还关注技术在媒介产业中扮演的角色。要达成这个目标，我需要搭建一个包含其他领域学者有关模仿研究和技术研究的跨学科框架。从传播和媒介研究领域出发，本书的研究框架建构于对模仿的动力机制的解释之上。该机制在"跟风新闻"(pack journalism)（跟风新闻是指来自不同媒体的记者，怀着相似的报道目的，蜂拥而至报道同一新闻事件，他们有着相同的新闻来源，报道高度同质化。——译者）的伪装下，将模仿嵌入日常的新闻编辑流程。本书关注影响模仿机制的各种情景力量

(situational forces)的作用。备受学者重视的新闻内容同质化研究也为本书的研究框架提供了启示。从社会学和经济学的角度出发，本书分别从组织间的模仿和从众行为两个方面建构了研究模仿影响最终产品的框架，并分析了结构性因素对产品的制约。从技术研究的角度出发，本书采纳了社会过程总是与物质形态纠缠在一起的观点，在解释社会生活中任何变动时重视技术设施、行为和知识在其中扮演的角色。

除了整合相互分离的研究领域，本书的研究框架还突破了三个由于学科割裂带来的局限。传播学、社会学和经济学都对模仿进行研究，第一个局限是这三个学科解释模仿的知识在互补性上存在不足。以往的研究经常将生产实践（这是传播和媒介研究首选的焦点）和内容产品（社会学和经济学的研究领域）分离开来。它们或考察生产实践，或考察产品，但很少将两者结合起来进行研究。举例来说，一方面，传播学者考察来自不同媒体机构但共享消息来源的新闻从业人员如何关注相似的主题且不关注其他替代性的报道角度，但是他们不会系统性地分析其给最终报道带来的影响。另一方面，经济社会学家研究联合董事会成员如何频繁地依赖相似的组织结构，但他们只是从产品中推断模仿的存在。不同的学科将生产实践与产品分离，使得在独特的实践模式和最终产品的改变之间难以建立清晰的关联，比如模仿之外的实践模式的改变也可能导致新闻报道或组织结构相似性的增强。以往的研究习惯上将生产和产品分离，既不能解释产品生产的独特实践机制，也无法在相互矛盾的解释之间做出评判。分离的研究取向让理论的发展裹足不前。

学科割裂带来的第二个局限是忽视了技术的角色。在许多媒介和经济行为的研究领域，技术都是核心，不关心技术会犯严重的错误。鉴于最近的研究提供了一些能与本书关注的现象产生共鸣的技术与模仿的案例，不考虑技术的角色确实很成问题。比如在富特

(Foot)和施奈德(Schneider)对美国互联网竞选活动发展的研究中,对网站负责人进行访谈时提及的日常监看和模仿模式,几乎与我在阿根廷新闻编辑部中听到的没什么区别。其中一位网站负责人这样评价,"我们希望能和其他竞选活动竞争,所以我们一直监看它们的网站"(2006,p.179)。另一位负责人"始终"访问竞争对手的网站,去看"它们有什么内容,是否有一些我们也应该有的好点子和专题,我觉得我们报道了同样的内容"(2006,p.180)。如果没有网络技术,这些网站负责人不可能监看竞争者并模仿他们的行为和产品。因此,仅仅依靠社会力量和机制来解释他们的实践活动并不充分。技术可以发挥作用,但它并不能总发挥作用。因此,明确技术的真正角色应当成为研究的关键。

第三个局限是在模仿的周期中忽略了消费阶段。对生产实践和产品的过度关注掩盖了消费者将新闻产品融入他们的日常生活的重要性。对消费的忽视引发了两方面的问题:第一,它假设消费者的行为和生产实践没有关系,因此仅用生产的机制就可以完美地解释模仿。在许多案例中这样的解释也许已经足以说明问题,但解释应该是研究得出的结果而不是研究的前提。第二,一些研究吸纳了解释的视角,认为同质化新闻的确对社会产生了负面影响,但无法解释人们使用和理解新闻在其中扮演的角色。类似的研究取向很难形成对社会改革方向有现实意义的看法。

本书以目前颇有价值的学术洞见为基础,并试图突破它们的局限性,致力于建构以下研究框架。第一,它在生产过程和产品之间搭建桥梁,观察某个媒介机构的新闻从业者如何监看和模仿媒体同行的工作,并系统分析这种实践模式对于最终产品的影响。第二,它认为模仿出现于情景和语境因素的交汇中。换言之,它既关注工作场景的动力机制,也关注更宽泛的组织模式如何塑造模仿行为的强度与方向。第三,它考察了技术设施、行为和知识在模仿中扮演的角色，考察了技术资源可得性和使用上的变化是否与模仿的转型有关。第四，它解释了对因模仿导致的新闻产品的消费行为，分析了消费者在日常生活中如何阅读持续增加的同质化新闻以及各种消费模式带来了什么样的文化和政治影响。

为证明此研究框架中四种因素的启发性力量，本书结合民族志研究方法和内容分析法，对新闻从业者的生产实践、新闻报道以及消费者如何消费新闻进行了研究。本研究的设计不同于现有的模仿研究，它摒弃了在以往研究中占据主导地位的割裂生产与产品的态度，包含了模仿的最终产品的消费数据，拓展了实证研究的视角。

从更普遍的意义上说，本书的研究框架为大部分或聚焦生产或聚焦消费的媒介、技术和经济过程的社会研究提供了另一条路径。媒介研究不但可以探究新闻和娱乐内容的制作，而且可以观察内容如何影响受众或者受众如何接受内容。同样，技术的视角既可以解释产品的结构，又可以分析受众对它们的使用和由此带来的影响。泽利泽认为在对消费的研究中，经济社会学和社会学相互割裂。"经济社会学者考察产品的生产和分配，几乎不提及消费、文化、性别、家庭不平权等。其他领域的学者给予消费极大的关注却几乎不回答经济社会学者提出的问题"（2005a，p.332）。少数新近研究既考察生产又考察消费。④它们展示了说明过程的力量，这些过程在社会中比在学术研究中联系得更紧密。因此，经济社会学者弗雷格斯坦（Fligstein）和多泰·拉贝尔（Dauter Label）所做的在生产和消费之间搭建桥梁的研究被看作是市场研究领域"新的疆界"（2007，p.119）。综上所述，本书除了在方法论上对模仿研究有所贡献，还对整合分析生产与消费的研究新趋势有所补充。

时间和空间的语境

与"工作中的新闻"现象一样，本书描述的内容也有独特的时间和空间坐标。本书架构于特定的时间和空间的语境之中，因此有必要简单回顾与之相关的关键内容。本研究的时间范围是从2005年到2007年，为拓宽历时性视角，补充了对1995年新闻产品的分析。本书研究的地点是阿根廷（对该时空语境的详细介绍请见第一章）。

在世界范围内新闻正发生着快速、重要、不间断的转型，本研究身处这个转型期中。所有现象都具有与时代同步、快节奏、不断进化的特征，这给研究带来了挑战。相比之下，去研究那些发生在遥远的过去、轮廓早已界定清晰的现象要容易得多。面对挑战，有利之处在于研究也许能预见某些现象的未来发展，不利之处是论据也许很快会过时。不过，本书主要的贡献既非介绍两家阿根廷最重要的印刷和网络媒体的运作情况，也非讨论消费者在某个特定的时间点对新闻产品进行消费的实践和体验。本书的关键贡献在于：首先，本书阐明了由最基本的社会物质过程（basic sociomaterial processes）决定的模仿的根本动力机制，该社会物质过程在许多社会中普遍存在；其次，本书证明了一种创新型研究设计的价值，它能够捕获动力机制的多重维度；最后，本书构建了一个解释动力机制如何、为什么会发生作用的研究框架。与上述具有普遍意义的贡献相比，搜集数据的具体时间点并没有那么重要。

互联网中的新闻生产与分发新平台，比如博客和公民媒介网站（citizen media sites）的崛起与成长是当前媒介产业中的最新变化。有关这些平台的学术和流行话语，都对平台可能带来更加多样化的新闻图景表达了乐观的情绪。那么，在消费者接触信息的渠道爆炸性增长的时代，去研究主要的和主流的新闻机构的新闻多样性的弱化到底有多重要？答案是比在传统的印刷和电子媒介主导新闻业的时代更有必要性。第六章在研究总结中揭示了一个现实：新闻博客的内容高度依赖新闻媒体生产的报道。博客通常评论传统媒体和网络媒体的新闻，却很少生产新的报道。而且，在阿根廷和世界其他国家，这些新平台的发展总是与互联网中主要新闻机构的市场力量的增长相生相随。几乎所有新闻机构实际上都与主流新闻媒体联系在一起。正如辛德曼（Hindman）所说，"在许多领域，从政治新闻到博客再到倡导议题……网络上的言论遵循赢者通吃模式"（2009，p.4）。这也使得整个媒介领域盛行竞争者众多而新闻多样性减少的现象。

新近的媒介转型以快速为主要特征。自本书大部分研究开展以来，我曾在其中进行新闻生产民族志研究的主要媒介机构的结构和领导层都发生了改变。媒介机构结构性转型的关键是融合。《号角报》和《民族报》顺应全球媒介产业发展趋势，对各自的印刷和网络新闻编辑部进行了结构上的整合。2008年春天，整合在两家媒介组织同时开始。除了结构的转变，媒介机构的主要领导层也发生了变更。一位参与创办Clarín.com的资深编辑部主任离职，去领导秘鲁主要的媒介集团——《秘鲁商报》集团（Grupo El Comercio）的互联网运营部门。机构和领导层的改变是否改变了本书的结论？2008年夏天，我和一名博士研究生对Clarín.com、Lanacion.com以及阿根廷其他四家新闻网站的编辑进行了访谈，内容涉及本书的研究问题。本书附录二中呈现的附加证据表明，这两家报纸新近发生的机构转型并没有改变本书讨论的模仿的潜在动力机制。

为什么阿根廷会成为我的研究的合适的对象？正如前文所述，本书缘起于一个对Clarín.com编辑部工作的孤立的研究。在研究过程中，我意识到阿根廷既有独特个性，又能与其他环境分享共性。对于本书想实现的研究目的来说，这是一个有利条件，因此这个孤立的研究成了搭建大厦的第一块积木。

阿根廷的新闻业和它的全球同行有许多相似之处。阿根廷拥有现代媒介体系，使用全新的媒介技术，有线电视、移动电话、互联网在近年迅速覆盖全国。产业中的主要竞争者，比如我开展新闻生产民族志研究的媒介组织都已经很好地实现了网络化运作。首席编辑和行政主管通过参加由世界报业协会（World Association of Newspapers）和美洲新闻协会（Inter American Press Association）组织的论坛，定期与同行交换信息，新闻从业人员定期接受海外业务培训。通过与本土大学合作，《号角报》和《民族报》为各自的记者开设了研究生课程，将有关新闻行业新近发展的教学模块整合在课程之内。通过交换协议，《号角报》得到美国哥伦比亚大学（Columbia University）和意大利博洛尼亚大学（Bologna University）的支持；《民族报》得到《国家报》（*Diario El País*）和西班牙马德里自治大学（Autonomous University of Madrid）的支持。此外，本书中受访的网络新闻消费者在年龄、教育背景、职业经历上与其他国家的网络新闻消费者相似。许多人甚至就在跨国企业的本地分部工作，他们每天与世界其他国家和地区的同行保持着联系。

阿根廷语境中的四个个性化特征也使其成为适合本书研究的对象。第一，阿根廷报业主要是全国性、高度集中和私人所有的。美国的报业具有更加复杂的地理构造，集中度更低，面向资本市场开放。与其相比，我们更容易在阿根廷找到影响模仿行为的必然因素。第二，在整个研究过程中，本书考察的两家报业集团的印刷和网络新闻编辑部门一直保持独立运作。相比组织上整合在一起的媒介机构，它们能更好地帮助我们分析跨媒介的影响。第三，相比其他国家的新闻编辑部，阿根廷印刷报纸新闻编辑部的劳工关系合同让员工的岗位更加稳定。劳工关系合同控制了资源分配的波动的影响，这恰恰是对模仿进行政治经济分析的核心变量；人力资源的稳定也让本研究中替代性或并发性因素的影响更为突出。第四，近年来阿根廷的政治制度不稳定，相比其他国家那些想当然地认为本国的政治和社会体制在日常生活中运作充分的民众，阿根廷那些阅读新闻，尤其是阅读公共事务报道的普通消费者更有领悟力。当制度的语境不明确时，公民会不断寻求能帮助他们参与事件和渡过难关的新闻报道。这也为研究人们消费新闻报道时的感知、诠释、情绪和体验提供了沃土。考虑到阿根廷的独特性，我提出了关于何为本土独特性、何为跨国普遍性的观点。本书第七章在比较的视角下评估了本研究发现的不同观点。

研究阿根廷还有另一个理由。总体上说，有关数字媒介的社会、政治和文化分析，特别是大量有关网络新闻的研究在数据上主要依靠美国，很少来自其他产业化国家。全球数字媒体的崛起和进化，在促进全球化的同时也加深了不同区域间的信息鸿沟。因此，将研究拓展到更广泛的地理范围，用更具全球化的态度去理解数字媒介以及它们带来的后果至关重要。我在阿根廷做的研究促进了此目标的实现。

本书第一章对学术论文和技术报告的综述指出，工作场景和工作时间中的新闻消费、新闻生产中模仿实践的扩展以及最终新闻产品的同质化，并非当代阿根廷媒介所独有。附录二对2008年美国总统竞选期间的新闻同质化研究强调了这一点。因此，我们有理由相信，本书选择的研究地点对于反映发生在其他国家的新闻现象和模仿的动力机制来说是一面有用的镜子。当然这并非一面完美的镜子，也许是哈哈镜或者破碎的镜子。地点的选择在许多学科中主导了对数字媒介现象和模仿过程的研究。通过选择一个地点，对它的关键元素的夸张和变形可以帮助我们理解社会生活中某些难以理解的方面，就像米格尔·德乌纳穆诺（Miguel de Unamuno）的荒诞作品和帕布鲁·毕加索（Pablo Picasso）的立体派绘画表现的那样。

总而言之，本书解释了对当代新闻业及其受众来说非常关键的、三个相互分离又互相关联的要素：工作地点和时间作为网络新闻消费的关键特性、新闻生产中模仿的增加，以及不可预见的新闻版面更多但内容多样性日益削弱之间的悖论。本书基于模仿的生命周期，围绕生产和产品、消费以及文化和政治的影响等多个阶段展开论述，对这些阶段以及彼此之间的相互影响进行了理论分析。本书还通过解释技术的角色、情境的因果关系力量以及更宽泛的语境因素等要素对模仿行为的影响促进了理论的发展。通过在研究设计中结合定量和定性的方法，本书试图超越主导媒介、生产和技术研究的普遍趋势，弥补在模仿研究中将生产、产品和消费研究相互割裂的缺陷。最后，本书通过研究一段发生在一个非常合适又不寻常的环境中的历史做出了阐释的、理论的和方法上的贡献。这个环境为我们在数字技术、组织行为和文化结构的横切面上理解何为发展提供了全球视角。

下一章将深入讨论本章中已经简要概括的理论、方法和语境的内容，并详细解释如何在南美研究模仿。想看实证研究的读者可以直接跳到第二章。

注 释

① 本书中提到的从业者的职位均是他们在本研究进行时的职位。

② 从 2004 年至 2006 年，新闻网站 Lanacion.com（Clarín.com 的主要竞争对手）上公布的月度网站使用数据调查揭示了网络新闻消费的时间模式。平均来看，2006 年 11 月的周一至周五每日网站访问量要比周末多 2/3（Lanacion.com，2006），在工作日，网站访问的峰值出现在上午 8 点至下午 6 点。阿根廷互联网广告局（Internet Advertising Bureau—Argentina）发布的每小时网站使用数据也显示，包括 Clarín.com 和 Lanacion.com 在内的该国主要报纸网站访问的峰值出现在上午 8 点至下午 6 点（Internet Advertising Bureau—Argentina, 2006b）。本书第一章的文献综述中提到的消费网络新闻

的时间和空间模式在北美和欧洲同样流行。

③ 除了新闻记者、公共关系人士，以出租车司机为代表的特殊公众群体长期以来都在工作时间和工作场所接触新闻。

④ 这些研究包括 Cockburn and Ormond（1993），Gamson（1994），Grindstaff（2002）and Pinch and Trocco（2002）。

第一章　在南美研究模仿

本书以实证的方法对一系列理论问题进行研究。在此过程中，时间与空间的情境特征对于观点的提出，既是激活的力量，又是制约的因素。本章将详细介绍在引言中已经简要提及的理论、方法和情境问题。

"模仿"的理论化

"模仿"不仅是社会生活中的一个普遍特性，而且是引发了生物行为、社会科学和人文科学等不同领域的丰富研究成果的概念之一。它吸引了神经生物学、动物行为、发展心理学、社会分层、公共舆论研究、国际关系以及文化和商业历史等多个领域的学者的关注（Baller & Richardson，2002；Goldsmith，2005；Hurley & Chater，2005a，2005b；Noelle-Neumann，1993；Orvell，1989；Westney，1987）。鉴于研究目的的多样性以及对模仿这个词语的理解的广泛性，清楚地描述模仿在本书语境中的含义、在与研究最直接相关的领域中的含义，以及在本研究期冀的理论贡献中的含义就至关重要。

在经典社会理论中，模仿的权威理论由加布里埃尔·塔尔德（Gabriel Tarde）在《模仿律》（*The Law of Imitation*，1903［1890］）中提出。近年来，媒介、科学和技术、经济活动等领域对他的研究都非常关注（Katz，2006；Latour，2002，2005；Barry & Thrift，2007）。塔尔德提出了一个高度概括的模仿概念，将其表述为"社会中所有**社交起源**（social origin）的相似都是直接或间接的模仿的结果"（Tarde，1903［1890］，p.14）。基于这样的表述，新近研究经常把模仿视为各种差异之间的相互影响。我在本研究中使用的则是更为狭义的概念，即将模仿概念化为一种行动。当一个行动者了解了另一个行动者的行为举止后，决定完全或者部分复制后者的行为而不是采取另一种行为时，模仿就开始了。

正如引言中所说，我在工作、组织和经济行为中研究模仿，尤其聚焦媒介产业和技术在模仿中扮演的角色。我不涉及以下两类研究传统，它们关注如何建构具有普遍代表性的模仿。其中一类传统以人文学科的知识为基础，主要研究文学批评（Auerbach，2003［1953］；Gebauer & Wulf，1995；Girard，1966）、美学理论（Halliwell，2002；Lacoue-Labarthe，1989）和文化研究（Jenson，2001；Taussig，1993）中的拟态概念，研究符号作品如何反映或者建构现实。我试图通过符号作品的生产研究模仿，而不是研究符号作品如何"模拟世界"或"创造世界"（Halliwell，2002，p.23），这一人文学科中非常有价值的研究传统与我目前的研究并无直接关系。第二类研究传统以社会科学中的心理学、传播学和流行病学为代表，分析消费者是否会模仿媒介展示的暴力行为（Bandura, Ross, & Ross, 1963；Gerbner, Gross, Morgan, & Sinorielli, 1994；Huesmann, Moise-Titus, Podolski, & Eron, 2003；Paik & Comstock, 1994）以及是否带有自杀倾向（P. Jamieson, Jamieson, & Romer, 2003；Pirkis, Burgess, Francis, Blood, & Jolley, 2006；Stack, 2000；Weimann & Fishman, 1995）等，而我的研究关注人们如何消费日益增加的新闻产品而不是如何模仿这些新闻中呈现的行为，因此这个非常重要的社会科学研究分支也与我当前的研究无关。

我以跟风报道和新闻同质化的传播学研究、组织间模仿（inter-organizational mimicry）的社会学研究以及对从众现象的经济学分析为基础，建构了研究模仿的跨学科框架。这些领域的知识存在分歧，因此它们各自对模仿的研究在范式的共享上存在局限，不过这些观点可以实现互补。在本节后续部分，我将详细介绍上述每个研究领域中的关键概念和普遍盲点。在此基础上，我会提出本书分析框架的主要元素并概括本书为有关模仿的知识生产做出了哪些贡献。

传播研究长期分析新闻业中的模仿（Graber，1971；Halloran，Elliot，& Murdock，1970；Noelle-Neumann & Mathes，1987；Shoemaker & Reese 1996）。五十多年前，布里德（Breed）在对新闻编辑部的社会控制进行研究的论文中，已经注意到"为了相互竞争，许多报纸的共同趋势是在头版头条报道同样的新闻（1995，p.277）"。20年后，克鲁斯（Crouse）出版了《公共汽车上的男孩》（*The Boys on the Bus*）一书，描述了1972年总统大选期间的新闻生产，成为研究新闻生产中的模仿过程的经典之作。克鲁斯为"臭名昭著的跟风报道现象"绘制了细致的肖像："在同一时期，一群记者花几周、几个月去跟踪一个候选人，就像一群猎犬追逐一只狐狸"（2003 [1972]，p.7）。

另外一派有关媒介的研究断言，新闻是高度同质化的（Bennett，Lawrence，& Livingston，2007；Bourdieu，1998；Cook，1998；Gans，1980；Glasser，1992；Hamilton，2004）。[1]一些学者认为，在过去几十年间，新闻的多样性持续减少（Gans，2003；García Aviles & Leon，2004；Klinenberg，2002，2005；Norris，2000；Rosenstiel，2005；Schudson，2003）。然而，有关新闻产品高度同质化的断言并不是通过研究新闻实践中的模仿得出的结论。只有少数研究为新闻产品相似性的程度和种类提供了较为系统的论据。[2]库克（Cook）最近总结道,"我害怕同质化假设经常会被当作是一种信仰而非经验分析的起点"(2006, p. 164)。③目前可见的经验研究常聚焦于"一个单一时间点上的一个单一媒介(Boczkowski & de Santos, 2007, p. 169)",却忽略了跨媒介的经验分析。总之,传播和媒介的研究聚焦于新闻记者模仿同行的实践,常常提供关于情景因素(situational factors)如何塑造新闻实践的描述,并由此引发了对新闻内容同质化的关注。不过,它们并没有把模仿的实践和对新闻产品同质化的研究整合到一起,也无法给新闻产品的效果提供系统性的论据。

社会学的研究日益强调组织生活中模仿的普遍性(Abrahamson, 1991; Conell & Cohn, 1995; DiMaggio & Powell, 1983; Greve, 1996; Strang & Macy, 2001)。里夫金(Rivkin)认为,"目前,模仿对产业动力的影响深远(2000, p. 824)"。社会学关于模仿最成熟的研究领域是组织间模仿。受到迪马乔(DiMaggio)和鲍威尔(Powell)具有开创性的"模仿的同构"(mimetic isomorphism)研究的启发,学者构建理论来解释不确定性、社会地位、合法性、社交网络和生态过程等因素如何促使一家企业在组织领域或市场中去模仿另一家企业(Davis & Greve, 1997; Galaskiewicz & Wasserman, 1989; Haunschild, 1993; Haunschild & Miner, 1997; Haveman, 1993)。

经济学也研究模仿的动力,并在某种程度上承认其在社会生活中的普遍性(Bernhardt, Hughson, & Kutsoati, 2006; Chamley, 2004; Choi, 1997; W. Cohen, Nelson, & Walsh, 2000; Levin, Klevorick, Nelson, & Winter, 1987)。毕詹达妮(Bikhchandani)、赫什莱佛(Hirshleifer)和韦尔奇(Welch)这样写道,"人类社会最明显的规律是**局部一致**(Bikhchandani, Hirshleifer & Welch, 1992, p. 992)"。在经济学范畴内,研究模仿最多的是金融领域,它对"从众行为"的分析相当丰富(Avery & Zemsky, 1998; Bikhchandani & Sharma, 2001; Trueman, 1994; Welch, 1992; Wermers,

1999）。德维诺（Devenow）和韦尔奇认为，从业者和金融经济学者都相信，投资者会受到其他投资者决定的影响，这种影响被这两位学者称为"一阶效应"（first-order effect, Devenow & Welch, 1996, p.603）。有关从众行为的研究将信息、声望和补偿等力量概念化，使得行动者模仿其他市场行动者的行为显得合理（Banerjee, 1992; Bikhchandani, Hirshleifer, & Welch, 1992, 1998; Drehmann, Oechssler, & Roider, 2005; Scharfstein & Stein, 1990）。

尽管社会学和经济学的研究取向存在区别，但它们都站在了传播学研究的对立面。一方面，它们通过系统地分析模仿的结果来推断模仿的存在，并且对一系列塑造了这些结果的结构性因素所扮演的角色进行了理论化的工作。另一方面，它们都无视导致模仿结果的实践过程以及有可能影响实践的情景因素。比如，巴雷托（Barreto）和巴登-富勒（Baden-Fuller）认为，"大部分组织间模仿的研究倾向于采用对现存模仿行为的间接评估"（Barreto & Baden-Fuller, 2006, p.1566）。对西普里亚尼（Cipriani）和瓜里诺（Guarino）而言，"有关从众行为的经验研究存在的问题是，对于交易人能获得的私人信息是什么这一点并无数据支持，因此很难判定交易者是否会决定无视他们自己获得的信息而去模仿别人"（Cipriani & Guarino, 2005, p.1428）。

总而言之，传播学、社会学和经济学的研究为塑造媒介模仿实践的情景要素和影响媒介产品的结构性因素提供了富有洞察力的观点。不过，它们的研究通常将生产实践和生产结果割裂开来，只观察模仿其中的一面。传播学对新闻同质化的研究中也存在生产与产品的分裂：研究新闻生产的学者主要关注实践侧，而专注内容分析的学者关注产品侧。劳伦斯（Lawrence）认为，前者"与分析产品本身相比，往往对研究新闻生产的社会组织更感兴趣。而研究产品（新闻报道）的关键在于，如果我们不把影响生产的因素和新闻机构实际生产的内容联系起来,那么对媒介组织的研究就失去了意义"(Lawrence,2006,p. 228)。

只观察模仿的一个侧面很难确定生产实践是否系统地影响了最终产品,也阻碍了理论的发展。片面的立场很难将促使内容产品生成的各种机制区分开来,也很难在各种相互对立的阐释中做出判定。杜波夫(Dobrev)认为,在社会学中,"一直缺乏可以阐明引发模仿的特定机制的论据"(Dobrev,2007,p. 1271)。曼斯基(Manski)认为,在对包括模仿在内的社会互动的经济学研究中,"结果常常因许多不同的互动过程产生,有的互动过程也许仅仅作用于某个孤立的个体,因此对研究发现的解释常常漫无边际"(Manski,2000,p. 117)。

除了各自只观察模仿的一个侧面,传播学、社会学和经济学的研究由于缺乏对技术和消费议题的关注,还存在着一些共同的缺陷。接下来我会逐一分析。

在模仿实践和新闻生产领域,有不少关于技术在特定领域(Boczkowski,2004;Domingo,2008a;Heath & Luff,2000;Klinenberg,2005;Sumpter,2000)及在工作、组织和市场中的重要性(Barley,1986,1990;Braverman,1974;Knorr Cetina & Bruegger,2002;Pinch & Swedberg,2008;Rosenkopf & Tushman,1994;Zuboff,1998)的研究。然而,与此类研究的关注点相违背的现实是技术的发展和应用价值常被忽略。不过,最近的一些研究观点与我不谋而合,如我在引言中引用的富特和施耐德对网络选举运动的研究。从对政治的研究转向对金融的研究,我们还可以看一下麦肯齐(MacKenzie)在对长期资本管理公司(Long Term Capital Management,LTCM)的研究中所记录的发生在基金终止临界点上的一些细节:

> 1998年9月2日,对冲基金经理约翰·梅里韦瑟(John Meriwether)给长期资本管理公司的投资者发了一份有关8月

份估算损失的传真。这份传真本来只面向该公司的投资者,却几乎立刻被公开:"在我们向少数股东发出信件 5 分钟后……它就出现在了互联网上。"信息扩散的其中一个后果是人们知晓或者相信该公司持有的资产价格将立刻受到影响……尽管飓风到来的可能性和它带来的后果的严重性都没有增加,但飓风债券的价格下跌了 20%。(2006, pp. 233–234)

富特、施耐德和麦肯齐对社会的研究在差异之中存在共性,对于我们理解"为什么缺失了技术重要性的模仿研究是不完整的研究"很关键。行动者利用互联网的开放性和快速散布信息的能力不断监看竞争对手,利用监看获得的知识去模仿竞争对手的行为和产品。如果行动者没有使用技术,没有利用技术做出决策,模仿就不会以上述方式发生,甚至也许根本不会发生。这并不是说技术总是在模仿中扮演重要角色,而是说它可以发挥这样的作用。换言之,技术不管在场还是缺位都不应被忽视。研究技术是否与模仿现象有关,对于分析模仿更加有益。

有关模仿的学术研究还忽视了消费的角色。它们很少关心消费者如何评价产品,以及消费者在选择的多样性日益减少的情境中究竟有什么样的体验。忽视消费的角色除了不能完整描述模仿的生命周期以外,也让现有的研究在解释模仿如何以及为什么会发生、在评价模仿带来的更广泛的文化和政治影响方面存在重大的缺憾。大部分模仿研究明确假设或者故意忽视,认为用来解释生产或产品差异的因素和消费趋势没有关系。正如达恩顿(Darnton)回忆在《纽约时报》(*New York Times*)和《纽瓦克明星纪事报》(*Newark Star-Ledger*)的岁月时说的那样,新闻记者"真的是在为彼此写作"(Darnton, 1975, p. 176)。怀特(White)说得更具普遍性,"生产者在一个市场中相互观察……市场不像我们的习惯用语所说的那样是由一系列买家界定的,也不是由沉迷于揣测模糊需求的生产者界定的

（H. White，1981，p. 518）"。如果我们假设新闻记者和其他经济行动者经常自我参照，假设消费趋势对塑造他们的行为没有贡献，就会引发把研究结果变为研究前提的风险。传播学研究在解释同质化新闻对社会的负面影响时，经常采用规范性视角（normative perspective）。这种视角能够产生重要的观点，但是很难用来分析人们如何选择同质化新闻。在这种视角下，研究者无力协调规范性的主张与日常生活中实际的约束和可能性，不但限制了对结果的评价，还限制了对现实的改革提出构想。

总之，在本书中，我在传播学、社会学和经济学关于模仿的研究的基础上发展出了一套理论框架。上述学科尽管相互补充但也存在共同的局限性。为了推动理论的发展，克服现有的局限，本书的理论框架在经验性分析的基础上吸纳了四个方面的创新：第一，它同时研究了生产的实践和产品；第二，它考察了影响模仿的情景和结构因素以及这些因素之间的相互作用；第三，它积极探究了技术在模仿中的角色；第四，它研究消费过程，开拓了研究的视野。

研究思路和方法

正如引言中所述，本书由 2005 年到 2007 年开展的包含生产、产品和消费的四项研究组成。本节将介绍本书第二章到第六章的研究发现（更详细的研究方法介绍请参见附录一）。

研究新闻生产中的模仿

第一个研究聚焦于新闻生产中的模仿，主要研究方法包括对 Clarín.com 编辑工作的田野调查以及对《号角报》《民族报》和 Lanacion.com 记者的访谈。这项田野调查在 2005 年展开，内容包括对 Clarín.com 的新闻编辑部历时 3 个月的参与式观察和对 40 位新闻编辑部各层级全职员工和专线记者的面访，还包括从 2006 年 12 月至 2007 年 3 月对 27 位来自其他三家媒体的新闻编辑部员工的面访。受访者覆盖从副主编到记者的不同层级和从国内新闻到体育新闻的不同专线记者。

开展这项研究时，《号角报》和《民族报》是阿根廷主要的日报，分别占据 36% 和 14% 的市场份额④（与本研究有关的阿根廷历史和新闻业的情况将在下节中介绍）。《号角报》有着小报的样式，面向广泛的受众群体，呈现中立派和平民风格的面貌。《民族报》是国内唯一的宽幅印刷品，以具有较高社会经济地位的受众为目标客户群，秉持保守的意识形态。2006 年第一季度，《号角报》每日发行量超过 42 万份，周日版发行量超过 80.7 万份；《民族报》的数据分别是 16.5 万份和 25.1 万份（Instituto Verificador de Circulaciones，2006）。从 1995 年到 2005 年，《号角报》每日发行量下降了大约 30%，但是新闻编辑部全职雇员的比例相对较高，报社的利润率也始终较高（Roa，2007）。在同一时期，《民族报》的发行量相对保持平稳。

Clarín.com 和 Lanacion.com 是阿根廷最好的网络报纸，也是西语世界占据主导地位的两家新闻网站（Albornoz，2007）。它们的上线时间只差三个月，分别是 1996 年 3 月和 1995 年 12 月。自上线起，两家网络报纸的流量和收入就逐年稳步上升。2006 年 8 月，Clarín.com 拥有 620 万独立用户，Lanacion.com 拥有 230 万独立用户（Internet Advertising Bureau—Argentina，2006a）。它们各自的员工数量既反映了互联网的兴盛和衰落，也折射了 2001 年和 2002 年阿根廷金融危机的影响。我在 2005 年对 Clarín.com 开展田野调查时，它的新闻编辑部大约有 50 名全职员工。在整个数据搜集阶段，这个数字持续增加。Lanacion.com 的新闻编辑部到 2006 年年底大约有 25 名全职员工。自从网络新闻编辑部建立一直到本研究的数据搜集工作结束，两家报纸的网络版在日常运行上都独立于其印刷版本。

  《号角报》和《民族报》这两个当代印刷和网络领域的竞争者从截然不同的历史轨迹进化而来，具有不同的文化，在公众心目中也形成了各自独特的形象。[⑤]《民族报》于 19 世纪 70 年代由前阿根廷总统巴托隆姆·迈特（Bartolomé Mitre）创办，自那时起就一直被这个阿根廷著名的家族所控制。它的意识形态一贯保守，强调忠实服务于国家上层和中上层群体。在最近几十年，《民族报》扩展为私营的并具有相当规模的媒介集团，拥有重要的报纸、杂志和互联网公司。《号角报》在 1945 年由国会议员罗伯托·诺布尔（Roberto Noble）创办，在创办的前几十年与中立派国家主义者帕蒂多·迪萨罗列斯塔（Partido Desarrollista）关系密切。20 世纪 70 年代，它还是一份中等规模的日报，后来凭借中立的平民主义编辑定位和激进的商业战略攀上了发行阶梯的顶端。接着，它在商业拓展中成为政治和经济引擎，令它的母公司、私人所有的号角集团成为阿根廷最大的媒介集团，在报纸、出版、电视和有线电视、广播、网络服务提供和网络内容市场占据了显著的地位。

  两家媒体的文化源于各自的历史轨迹，分歧明显。最能体现文化分歧隐喻的是两家报纸的办公室。《民族报》的印刷版和网络版占据了一栋外观精良的高层建筑中的多个楼层，集团领导层也在这里办公。这座高楼位于蒙特色拉特岛（Montserrat）地区的核心地段，这样的选址在顶级商业企业中十分流行。它距离布宜诺斯艾利斯的金融中心（Micro-Centro）与重建了奢侈酒店和顶级地产、整合了旅游和商业功能的城市高消费区域马德罗港（Puerto Madero）地区只有步行距离。与之对比，《号角报》也和集团的其他部门（包括集团总部）共享一座办公大楼。这座建筑位于工薪阶层区域巴拉卡斯（Barracas），距离一家大型公共儿童医院和康斯提图松（Constitución）交通枢纽只有几个街区的距离。巴拉卡斯区的人口特征类似 Clarín.com 的办公室所在地圣克里斯托巴（San Cristobal）区，我们将在第二章介绍。《号角报》的大楼在周围的地产中显得高大、庄严，不过它的外观和内部设计都朴实无华。

在公众心目中，两家报纸也有着各自的形象。《民族报》在普通公民心目中的印象是谦卑、智慧和克制的。读者喜欢其文章的典雅风范和坚定的意识形态立场。即使是不喜欢这份报纸的人，他们的不喜欢情绪也没有那么强烈。在大众的意识中，《号角报》有着更加重要的位置。不管支持者还是反对者，都会对它产生更强烈的情绪。它的读者赞赏报纸的风格平易近人，报道大量的体育和犯罪话题，表达中立的平民主义意识形态。但是许多不读《号角报》的人根本不关心它，普遍对它的立场怀有强烈的不赞同情绪。从学者、商业主管、出租车司机到门卫，当我向他们介绍我的研究时，他们的反应折射出这两家报纸在公众心目中的不同地位。我的访谈对象中很少有人想了解有关《民族报》的事情或者谈谈它的报道，但许多人关心我是否在《号角报》见到了某个记者，他们通常以一种情绪化的方式去评论报纸的报道立场或者报纸刊登的某个特定报道。

研究新闻产品同质化

第二项研究旨在探究新闻生产中的模仿对最终的新闻报道可能产生的影响。它包括一项对印刷和网络报纸头条新闻的内容分析。本研究利用头条新闻来研究新闻生产中的模仿行为是否影响了最终的新闻报道基于两个方面的原因：首先，头条新闻在媒体的议程设置上扮演重要的角色，因此记者、编辑，以及顶层决策的制定者都给予它们特殊的关注。其次，相比报纸和网站的其他版面，消费者在阅读头条新闻上分配了更多注意力。因此，当一家新闻机构试图去吸引消费者的注意力时，它更有可能在头条新闻的独特性上下功夫。⑥

本项研究在 1995 年至 2005 年间选择了四个时间段，对《号角报》和《民族报》的头条新闻进行了采集。第一个时间段是 1995 年 9 月至 12 月，由于《民族报》网络版在当年 12 月末上线，因此在这个阶段，两家报纸的网络竞争者都还没有出现，这为研究印刷报纸新闻报道的相似性提供了很好的机会。第二个时间段是 2000 年 7 月至 10 月，两家新闻网站尚未开始增加栏目、提高报道频率，这个时期正好用来观察以复制印刷版报纸为主要工作的新闻网站出现后，印刷版报纸的报道有没有发生改变。第三个时间段是 2004 年 9 月到 12 月，第四个时间段是 2005 年 9 月到 12 月，主要观察新闻网站增加栏目、提高更新频率后给印刷新闻带来了什么影响。后两个时间段分别是在 2004 年 5 月 Clarín.com 宣布网站设计、编辑和组织架构改革并引领全行业变革（在引言中有介绍）之后的第 4 到第 7 个月和第 16 到第 19 个月。

对网站头条新闻的研究数据来自 2005 年 9 月至 12 月的 Clarín.com、Lanacion.com 和 Infobae.com，正好和印刷报纸的第四个数据采集阶段重合。Infobae.com 是一家小型金融日报 *Infobae* 的网络版，被其他媒体看作是网络新闻环境中第三强的竞争者。在第三章中有一些 Clarín.com 和 Lanacion.com 的员工监看和模仿 Infobae.com 的内容的例子。Infobae.com 和它的印刷版不同，它不仅聚焦于金融新闻，还报道范围更宽泛的事件。由于它的更新速度非常快，并且在报道风格上比 Clarín.com 和 Lanacion.com 更加煽情，因此在网络新闻市场中后来居上，占据了重要的市场地位。

本项研究对新闻网站的数据采集分上午、下午和晚上三个时段进行，借此观察新闻报道如何随着时间的变化而变化。采集数据时，我们按照从左到右、从上到下的顺序，选取每一家网络报纸的前9条报道。在研究期间，当使用15英寸电脑显示器、用微软浏览器、使用进行研究时阿根廷最常用的Verdana字体去浏览新闻网站时，这9条报道通常会出现在第一屏上。因此，可以把它们看作与印刷报纸的头条新闻相当的网络头条新闻。

　　研究日益增长的同质化新闻消费

　　第三项和第四项研究聚焦于对同质化新闻的消费。第三项研究分析了从2006年11月到2007年4月间对50位布宜诺斯艾利斯和附近城镇的网络新闻消费者进行的半结构式面访的结果。访谈在受访者挑选的地点进行，每个访谈平均持续45分钟。研究通过滚雪球抽样法选择受访者。最初，我们让研究团队中1/2的研究助理去挑选少数和他们相对较熟的人接受访问。这些熟人被挑选出来后，组成了一个在性别、年龄和职业上多样化的群体。不过这些人并没有被放进样本池，对他们的访谈只是与研究目的相关的前采。在每一次前采的最后，我们都要求受访者提供满足以下3个条件的5位熟人：定期使用互联网，在性别、年龄和职业上有多样性，有不同的社交圈。在此后形成的新的熟人圈中我们随机抽取了一些人进行访谈。提供熟人名单、随机抽样和访谈的循环过程一直持续到样本池中的人数达到50人为止。这项研究中的受访者都有浏览互联网的习惯，都将消费新闻作为浏览互联网的重要内容，大部分人依赖报纸的网站获取新闻。

　　就性别和年龄而言，样本池能够反映研究期间阿根廷接触互联网的成年人口状况。性别分布为24位女性和26位男性（女性占48%，男性占52%）。从年龄上看，受访者被分为三个年龄组：18岁到29岁（$n=23$，46%），30岁到49岁（$n=23$，46%），50岁以上（$n=4$，8%）；每个年龄组在性别构成上与总体性别分布基本一致。

大部分受访者在访谈期间都有工作。他们代表了广泛的职业，包括传统的管理者、办事员、自由职业者、独立撰稿人、图形设计和计算机技术人员，还有少数是大学生、求职者和退休人士。

第四项研究通过网络新闻消费者对 Clarín.com、Lanacion.com 和 Infobae.com 上一些最受欢迎的报道的评价来补充对消费者进行的人类学研究。这项研究搜集了上述三个网站上点击量最高的 10 条新闻报道，并从网页最靠上的 1/3 的部分随机挑选 2 条新闻，在中间和最靠下的部分分别随机挑选 2 条新闻，组成了一个新闻报道的控制组。这项研究从 2006 年 7 月持续到 11 月，共搜集了 14 周、70 天的数据（仅采集周一至周五的数据。——译者）。在这项研究进行的时间段内，Lanacion.com 和 Infobae.com 都曾公开发布其点击量最高的报道。Clarín.com 因为一些其他原因，在这项研究实施的前一年和研究结束后都曾公开过点击量最高的报道。出于研究的目的，我能够获得 Clarín.com 的相关报道。在为期 14 周的数据搜集阶段，我的一位研究助理每周都要去 Clarín.com 一到两次，搜集上周点击量最高的 10 条新闻报道。

这 70 天中有 28 天，研究团队一天须采集 5 次 Lanacion.com 和 Infobae.com 的数据：上午 7 点、上午 11 点、下午 3 点、下午 7 点和晚上 11 点，目的是发现一天中可能出现的新闻类型的变化。剩下的 42 天，仅在每天晚上 11 点采集这两个网站的新闻。对 Clarín.com 的数据是在每天结束的时候采集一次。在这项研究开展的过程中，三家网站记录流量的方法都是每天白天累积计算，午夜重置计数器。因此，当要比较三家网站的数据时，我们只使用 Lanacion.com 和 Infobae.com 晚上 11 点的数据。我们虽然没有采集 Lanacion.com 和 Infobae.com 晚上 11 点到午夜的网站流量，不过通过分析一天的数据变化可以发现那个时候网站的使用率通常很低。

研究语境的重要性

正如我在引言中所说，本书的研究有着特定的空间和时间坐标。时空坐标非常重要，它既能让我们发现在其他场景和时间段中所做的实证研究与本研究结果可能存在的共通性，又为理论的适用性规定了边界条件。时空坐标的特殊性并没有限制本研究在理论和实践领域的贡献。为了理解这个空间和时间场景的独特性，也为了发现它与其他场景的共通性，接下来我将概述阿根廷的国家历史和新闻业的变迁，不但将阿根廷纳入可比较的视角，而且将总结在美国和西欧同样存在的"工作中的新闻"的消费行为、新闻生产中模仿的增加以及最终新闻产品的同质化趋势等方面的论据。

近年来阿根廷的历史和新闻产业

阿根廷和玻利维亚、巴西、智利、巴拉圭、乌拉圭一起，位于美洲的南部锥角。在2005年本研究开展田野调查时，阿根廷有超过3800万人口，集中在广阔的城市地区，特别是布宜诺斯艾利斯和邻近城市（World Bank，2008）。[7]那一年，阿根廷国内生产总值超过1830亿美元，其中第三产业占55%，工业占36%，农业占9%，贫富差距很大（World Bank，2008）。[8]

阿根廷拥有相对现代化的媒介体系，有超过10家全国性报纸和许多地方性报纸，5家广播电视网和大量广播电台（Ulanovsky，2005a，2005b；Ulanovsky, Merkin, Panno, & Tijman，2005a，2005b）。[9]新兴媒介技术，比如有线电视和移动电话近年来扩张迅速。2005年28%的成年人接入互联网（D'Alessio-IROL，2006）。[10]报业大部分是全国性的且所有权高度集中，所有全国性报纸都在布宜诺斯艾利斯。2005年，《号角报》和《民族报》占据了全国市场一半的份额。市场中前 5 位竞争者占据了 2/3 的市场份额（Standard and Poor's，2005）。卫斯波德（Waisbord）认为，自从"早报为电视和广播新闻设置了议程"（2006，p.278），报业塑造了更广阔的媒介图景。从发达国家的优势视角来看，阿根廷的新闻业与哈林和曼奇尼（Hallin & Mancini，2004）说的法国、希腊、意大利、葡萄牙和西班牙这些"地中海"媒介体系极为相似。阿根廷报纸和它的"地中海"同伴一样，深深卷入国家政治生活，秉持公民的意识形态立场。它们在专业性上不如其他国家，并且都受到市场需求、长期持续的经济规制以及国家和省级政府政治规制的制约。

阿根廷媒介体系的一个独特之处是，拥有全职雇佣关系的新闻记者享受着比社会中其他职业相对更强的职业稳定性。在劳动保护协议的保护下，记者如遇"不公正的解雇"可以获得非常高的补偿。[⑪]大量新闻记者下岗对于新闻机构来说难以承受，因此阿根廷主要报纸的新闻编辑部门全职员工的稳定性高于其他国家的同行。不过反过来说，这种更高水平的稳定性也让研究者很难从政治经济学的视角去研究新闻生产中的模仿及新闻产品的同质化（Bagdikian，2004；Baker，1994；Klinenberg，2007；Rosenstiel，2005）。

20 世纪头几十年，阿根廷奠定了令人羡慕的经济地位，但是剩下的时光见证了其经济的衰退、政权的更迭和周期性的军事干预。这个国家最近的一次军事独裁从 1976 年延续至 1983 年，其灾难性的后果包括摧毁了大批工业设施、外债激增，以及国家恐怖主义政权严重损害了社会文化构造。对于新闻界来说这也是一段黑暗的时光：在主流媒体中实施军事统治成为常态，88 名新闻记者失踪，政府钳制言论，驱逐新闻从业者（Blaustein & Zubieta，2006；Comision Nacional Sobre la Desaparicion de Personas，1984；Malharro & Lopez-Gijsberts，2003；Muraro，1988；Postolski & Marino，2005）。

1983 年，阿根廷重获民主，重拾对法律的尊重，经济趋向繁荣，整个时代也重获希望。阿方辛（Raúl Alfonsín，1983—1989 年执政）总统执政时期大力推行法治，但在经济领域不甚成功。对新闻界来说，这个时代意味着言论自由的觉醒（Blanco & Germano，2005；Com，2005；Landi，1988；Muraro，1988；Zuleta-Puceiro，1993）。这个时代如阿尔维斯（Alves，2005）形容的那样，新闻业的角色从"宠物狗"向"看门狗"逐步转型。这种变化也出现在同时期其他拉丁美洲国家向民主社会转型的过程中，提升了整个拉美地区民主改革的质量和稳定性（Benavides，2000；Hallin & Papathanassopoulos，2002；S. Hughes，2006；Lawson，2002；Skidmore，1993；Waisbord，2000，2006）。

媒介的监督（watchdog）作用在梅内姆总统（Carlos Menem）执政时期（1989—1999）达到了顶峰。这个时期腐败案件此起彼伏，媒介在揭露这些事件上扮演了非常激进的角色（Lavieri，1996；Peruzzotti，2005；Ulanovsdy，2005b；Waisbord，2006）。梅内姆执政时期推行一刀切的新自由主义计划，将国企的所有权转移到私人手中，向国外资本开放了国内经济，还许诺要采取大胆的措施减轻自上一任政权延续下来的恶性通货膨胀。自相矛盾的是，梅内姆允许媒介行业某一部门中持有股份的公司收购其他部门的私有化资产，掀起了媒介行业横向整合的大浪潮；然而，新闻业系统化地揭露高层官员的腐败案件动摇了梅内姆政府的权力根基（Albornoz & Hernández，2005；Baranchuk，2005；Fox & Waisbord，2002b；Martini & Luchessi，2004；Mastrini & Becerra，2006；Rossi，2005）。正是在这股私有化浪潮和政策的助力下，《号角报》从报业公司转型为在媒体领域占据主导地位的媒介集团。

尽管在梅内姆的两届任期中阿根廷的经济有所增长，但其新自由主义计划最终以惨败告终：国内失业率居高不下；即使国家已经剥离了许多大额资产，但外国债务和预算赤字仍在增长；城市不安全因素增加；政府内部广为人知的系统性腐败激起了全社会的不满情绪。1999 年费尔南多·德拉鲁阿（Fernando de la Rua）总统领导的反对党联盟上台，但仍未能阻止经济和社会形势的继续恶化。最终，阿根廷在 2001 年 12 月底爆发了历史上最严重的经济和政治危机，由此导致国外债务违约，2002 年国内生产总值缩水 11%，金融体系崩溃，在不到一个月内更迭了 5 位总统，社会持续动荡，全体民众陷入愤怒和绝望的深渊（Auyero，2007；Blustein，2005；Garay，2007；Levitsky & Murillo，2005a；Mustapic，2005；Romero，2002）。直到爱德华多·杜哈德（Eduardo Duhalde）领导的过渡政府（2001—2003）上台后，阿根廷的经济体系才逐渐回到正轨，社会动荡局势才开始有所缓和。

2003 年，阿根廷再次举行总统选举。基什内尔（Nestor Kirchner）在大选中获胜，任职至 2007 年期满。这本书的田野调查就是在此期间进行的。基什内尔执政期间，此前就开始增长的经济继续保持良好的上升态势，2004 年至 2007 年国内生产总值年平均增长率接近 9%（Corporación Latinobarómetro，2008）。此外，政治和金融机构逐渐恢复正常运转，社会动荡减少（但没有消失）。在大街上和新闻机构中进行田野调查时我们能感受到人们的焦虑和担忧情绪普遍得到了缓解，人们在一定程度上变得乐观了。与本书直接相关的现实是，在基什内尔执政期间，从政府机构到新闻界的信息流动受到了控制，政府试图通过任意分配国家广告的方式来约束批评性报道的发表（Blanck，2007；Blanco & Germano，2005；Centro de Estudios Legales y Sociales，2007；Halperín，2007；Open Society Institute，2005；O'Donnell，2007；Reinoso，2007）。⑫本书第四章的实证研究部分将检验新闻与政治的关系能否解释基什内尔执政期间报纸新闻出现的同质化现象。

比较的视野

在美国和欧洲，"工作中的新闻"这一现象似乎相当普遍。例如，2007年版的《新闻传媒业现状》指出，在美国，"网络已逐渐成为工作日的一部分……上班族一天中的大部分时间都处于网络登录状态，并不时地浏览新闻和信息"（Journalism.org，2007）。最近一项有关"网络中的工作人员"（networked workers）的研究表明，越来越多的美国上班族在日常工作中使用互联网（Pew，2008a）。皮尤研究中心每两年一次的新闻消费调查（*Pew Research Center Biennial News Consumption Survey*）发现，2018年"与12%不经常在工作时间上网的人群相比，1/3在工作时间经常上网的人认为，他们在工作日中获取的大多数新闻都来自互联网"（Pew，2008b，p.30）。

在大西洋彼岸，2005年英国大选期间的一项网络新闻消费调查结果显示，"在所有上网浏览选举新闻的受众中，有63%的人在工作期间浏览新闻"（Schifferes，Ward，& Lusoli，2007，p.12）。2007年在法国、德国、意大利、西班牙、瑞士和英国开展的一项有关"工作中的网络新闻消费"的研究得出如下结论："上班期间访问新闻和信息网站是欧洲用户访问互联网的首要原因"（Online Publishers Association-Europe，2007，p.11）。世界各地的记者似乎和阿根廷的同行一样，都意识到了"工作中的新闻"这一现象，以及它如何影响新闻网站的流量。例如，麦格雷戈（MacGregor）在对英国的网络新闻记者如何利用网站流量数据的研究中说，"当全球各地的用户数量在其当地午餐时间激增时，我们可据此推断网站的主要使用者是办公室员工"（2007，p.287）。

近来，阿根廷以外国家的新闻业加强了监看和模仿。罗森斯蒂尔（Rosenstiel）在评论美国当代媒介景观时认为，"新闻媒体的激增并不意味着更多的记者在做原创性的实地报道。相反，更多的人是在挪用"二手"材料并对其重新包装（2005，p.701）。因此，他总结道，"对重新包装的强调塑造了新的跟风新闻业"（p.706）。科万特（Quandt）在其有关德国新闻网站编辑工作的民族志研究中指出，"记者们为了检查自己的新闻报道与其他报道之间的关系，一直在监看竞争对手的产出"（2008，p.90）。

正如前一节所讨论的，鉴于这种监看和模仿的强化，在最终的新闻报道中不难发现同质化的证据。舒德森（Schudson）曾说，"读者在一份出版物上读到的新闻报道，与其说与他们之前读过的新闻报道相似，不如说与他们将会看到的新闻报道更为相似"（2003，p.109）。2008年的《新闻传媒业现状》在对美国新闻业最近的发展进行调查后，得出如下结论："2007年以新闻报道议程的窄化而著称"（Journalism.org，2008）。一年前，我们在2007年版的报告中已经读到过窄化的表现："网站的访客花上一天时间点击的都是同一个事件的链接。如果有人真的这么做，就太浪费时间了。在根本不用打字的情况下，相关的新闻报道会自动从所有不同的媒体中跳出来，这些来自不同媒体的新闻报道几乎完全相同。"（Journalism.org，2007）

2009年6月，一项在巴尔的摩市进行的为期一周的针对所有生产本地新闻的报纸、广播和网络媒体的研究毫无意外地有如下发现：

> 人们收到的大多数"新闻"都不是原创性的报道。10篇报道中有8篇只是简单重复或重新包装了之前发布的信息。所有或者说至少95%几乎没有包含任何新信息的新闻报道都来自传统媒体——大部分来自报纸。这些新闻报道在为大多数其他媒体设置议程。（JOURNALISM.ORG，2010，pp.1-2）

本书中所提到的现象并不一定局限在阿根廷境内，但这并不意味着这个特定的空间环境就无关紧要。无论是分析这个国家的新闻业和与本书写作目的直接相关的更为广泛的社会、文化和政治环境的主要特点，还是通过实证的方法检验它们是否以及如何对模仿产生影响，这个环境都非常重要。因此，本书的主要发现由新闻业在国家中的覆盖范围、它作为强有力的政治参与者的角色，以及它的所有权集中度、横向整合和全职人员的稳定性水平共同决定。在本书的研究中，号角集团和民族集团的印刷与网络新闻编辑部的分离可能对研究结果产生影响。生活在阿根廷的人为了应对不稳定的环境所形成的日常实践和解释策略，以及人们对不久前政治和金融危机的记忆也都有可能影响研究的结果。因此，接下来的实证分析将会关注以上提及的这些因素和其他空间因素对研究结果的潜在影响，本书将会从比较的视角出发来阐释这些发现。

在对本书的理论、方法和研究语境进行阐述之后，下一章将会开启实证分析之旅，去探究"工作中的新闻"这一现象如何导致Clarín.com的内容生产发生重大变化。这些变化对于理解网络和印刷新闻编辑部监看和模仿活动的增加至关重要。

注　释

① 这一研究建立在有关媒体产品普遍同质化的概念基础上。在研究者将霍特林（Hotelling, 1929）关于市场竞争的空间动态的观点应用到新闻和娱乐的生产与传播上后，进一步完善了同质化的概念。可参见纽曼（Neuman, 1991）对这项研究的概述。

② 在对新闻报道的研究中，有关同质化现象的系统的、经验性的证据更为缺乏（Napoli, 1999; Voakes, Kapfer, Kurpious, & Shano-Yeon, 1995）。

③ 现有的相对较少的实证研究分为两类：第一类是对电视新闻和报纸新闻进行的跨媒介横向分析（Atwater, 1986; Bigman, 1948; Davie & Lee, 1993; Dean & Pertilla, 2007; Donohue & Glasser, 1978; Fowler & Showalter, 1974; Lemert, 1974; Mazharul Haque, 1986);第二类研究主要表达了对媒体所有权的日益集中可能影响新闻报道多样性的担忧（Busterna, 1988; Hicks & Featherstone, 1978; Lacy, 1987, 1991）。

④ 这两家媒体没有向我透露具体的财务信息，我也无法通过查阅公共记录获得。在本研究开展期间，这两个网站都是私营公司的一部分。

⑤ 如果想从多个角度理解这两家媒体的特点以及不同历史阶段它们在各个方面的区别，可以参见Blaustein & Zubieta（2006）, Luchessi（2008）, Miceli & Belinche（2002）, Sidicaro（1993）, Ulanovsky（2005a, 2005b）, Zukernik（2005）。

⑥ 在一个特定的市场中，头条新闻报道也是新闻机构重要的竞争焦点。要回答这种竞争是否会引起模仿或报道的差异化，必须从调查中寻找答案。

⑦ 2001年的阿根廷全国人口普查显示，有32%的人口生活在布宜诺斯艾利斯和邻近的城镇里（Instituto Nacional de Estadísticas y Censos, 2008）。

⑧ 2005年阿根廷的基尼系数为0.524（Economic Commission for Latin American and Carribean, 2008）。

⑨ 历史上，阿根廷是拉丁美洲拥有最发达的媒体体系的国家之一（Buckman, 1996; Ferreira, 2006; Fox, 1988a; Fox & Waisbord, 2002a; Schwoch, 1993）。

⑩ 能否使用互联网与收入高低相关：2005年收入分配排在前20%的人代表了80%的互联网用户。

⑪ 法律12908（the "Journalist's Statute"）第43条规定，如果发生了不正当解雇，一名全职记者享有以下权利：（1）提前一到两个月收到解雇通知；（2）每个工作年限可以享有1个月的薪水补贴；（3）不管雇佣期多久都额外发放6个月的薪水补贴。因此，如果一位在报社任职10年的记者被无故解雇，她有权在受雇到期之日的两个月前收到解雇通知。在这段时间内，她可以开始寻找另一份工作，并得到16个月的薪水。该法律不适用于非全职工作人员，如独立承包人、自由职业者和实

习生。在本书研究期间，网络媒体部门非全职人员的数量比印刷媒体部门更多，这也许能解释为何前者的人事变动比后者更大。

⑫ 自1983年恢复民主以来，尤其在卡洛斯·梅内姆执政期间，阿根廷政府一直试图影响新闻界。分析人士和新闻从业人员一致认为，这些尝试的范围和效力在内斯托尔·基什内尔执政期间大大增加了。

第二章　硬新闻和软新闻
在生产逻辑上的分野

在圣克里斯托巴工薪阶层社区的中心地带，与"悲惨世界"广场（Plaza Miserere，曾经的交通枢纽，也是布宜诺斯艾利斯最繁忙的交通枢纽之一）仅几个街区之隔，有一座坐落在莫雷诺街（Moreno）和拉里奥哈街（La Rioja）拐角处的看上去十分普通的建筑。其灰色的外观和现代主义的设计，加上缺少本应引人注目的公司标志，使得这座建筑物隐于闹市之中。从它旁边经过的人根本想不到，在本书的田野调查期间，阿根廷最大、最具影响力的媒介集团——号角集团（Grupo Clarín）的互联网业务就在其中开展，Clarín.com 隶属于这一集团。截至 2005 年年底，这个新闻网站大约有 50 名编辑人员，占据了这座大楼五层的大部分空间。网站的新闻编辑部为记者和编辑提供了一个典型的开放式办公空间，并为资深编辑提供了一些办公室。在组织层面上，该网站被划分为两个部门：Ultimo Momento（Latest Moment，意为"最近时刻"）和 Conexiones（Connections，意为"连接"）。前者负责生产突发性和发展性新闻，后者负责专题报道。两个部门的工作场所彼此分离：穿过接待区进入新闻编辑部，走几步之后可以右转进入 Ultimo Momento 部门，或者左转进入 Conexiones 部门。隔开这两个部门的是一条大约 20 英尺长的走廊。与物理空间的分离相比，社交氛围的分野令这段距离更加意味深长。

Ultimo Momento 部门属于物理空间密集型和社交氛围紧张型部门。人们在一个相对较小且放有三排桌子的空间里工作。每排有 6 个工位，彼此非常接近。有些桌子上放置了多个电脑显示器，该部门的四周放着几乎一直开着的电视机。这里的空间虽然狭窄、拥挤，但是人们之间的关系十分开放：人们不停地四处走动，经常共用办公桌和电脑。该部门一般会安排一位员工在夜里 12 点到早上 5 点之间值班，其他大多数员工早上才来上班。在工作日，该部门会在早上 10 点之前全面展开工作，大约有 15 人处于高度紧张的工作状态。下午 6 点左右，工作人员开始减少，但直到夜里 12 点，许多员工才会离开新闻编辑部，周末员工相对较少。在工作的高峰时段，该部门的高强度工作场景可描摹如下：大多数工作人员一边将目光集中于工作台，一边与他人交谈，经常相互大声呼喊。谈话声、叫喊声、从电视机传出的声音，以及来自电脑扬声器的音乐交织在一起，喧嚣笼罩着整个部门。这种氛围虽然紧张，却也充满乐趣。

相比之下，Conexiones 部门的物理空间比较宽敞，社交氛围也相对轻松。该部门大多数员工都在一个相对宽敞的地方工作。这里只有两排工位，间隔比 Ultimo Momento 部门的大。仅有一小部分人在与 Ultimo Momento 部门类似的区域内工作。Conexiones 部门基本没有额外的电脑，仅有一台电视机，还很少开机。相比 Ultimo Momento 部门，这里的空间更私人化。人们倾向于在自己的办公桌上办公，并且对自己的电脑拥有专用权。在工作日，上午 10 点左右会有员工来上班，下午 6 点以后基本就没人在工作了。相比 Ultimo Momento 部门，这里的工作台很少被使用。即使是在工作的高峰时段，这里也十分静默：人们各自坐在他们的办公桌前，戴着耳机听着音乐，彼此交谈的机会远少于 Ultimo Momento 部门，工作氛围更为轻松、缓和。

这两个部门在物理空间和社交氛围上的差异仅仅反映了两种不同逻辑的内容生产方式的冰山一角。研究它们的差异十分重要，因为它对于理解促成"工作中的新闻"这一转型的核心动力非常关键，将有助于为后续生产实践中的模仿、新闻产品以及消费者的使用情况等研究搭建平台。相关话题会在第三章至第六章中具体讨论。在田野调查开始之初，在解释这两个部门不同的内容生产逻辑之前，须考察它们如何起源并发展至今。

Clarín 网站内容生产的演变

我们在第一章已经介绍了，对 Clarín.com 进行研究的时候，它已经基本脱离其印刷版自主运行。[①]但在最初几年里，该网站内容生产的目的是给每天早上出售的纸质新闻提供网络版。根据 Clarín.com 的编辑马塞洛·弗朗哥的说法，"我们每天长时间地努力工作是为了把我们的新闻遗产电子化"（个人访谈，2005 年 12 月 14 日）。新闻网站的这种发展目标在这一时期的传统媒体中很常见。大部分网络新闻编辑的工作遵循与印刷新闻编辑部一样的时间模式：工作最繁忙的时候是从下午 3 点到夜里 12 点。大多数工作人员都专注于准备将会在网上传播的印刷版内容，然后再将这些内容放到网上发布。据一位 Clarín.com 的记者说，在那些年里，"所谓发行就是把纸质内容搬到互联网上"（个人访谈，2005 年 10 月 11 日）。

20 世纪 90 年代中后期，阿根廷乃至全世界新媒体发展的商业环境可谓天时地利人和兼备，新媒体的参与者们可利用的资源看似无穷无尽，而且他们都铆足了劲，投身于一系列广泛的项目，期待着将来能有一个或者更多项目取得巨大成功。这种商业环境影响了 Clarín.com 的发展理念。该网站从创建到 2006 年的领导者吉尔勒莫·库莱利曾说,"我们需要参与所有的事情,因为我们可以做到"(个人访谈,2005年12月16日)。在此期间,网站增加了员工,并努力开展了许多创新性工作。

阿根廷经济的严重恶化与全球互联网泡沫的破灭几乎同时发生,最终在2001年爆发了该国历史上最严重的金融危机。在这种形势下,Clarín.com精简了新闻编辑部人员,并将内容生产的方向从复制印刷新闻、追求创新项目转向以守住底线为导向的编辑方针。库莱利将网站的这个阶段称为"理性阶段"。他说,在这个阶段"我们关注什么是有效的,发现我们的利基市场在哪里,我们的公众是谁,并为他们生产"(个人访谈,2005年12月16日)。在该网站发展的早期,点击量通常在早上,也就是印刷版报纸的内容在新闻网站上发布不久后达到高峰,之后便锐减。到20世纪90年代末,该网站在白天开始对一些新闻进行更新,这么做的一部分灵感来自一个向寻呼机提供消息提醒服务的项目。当库莱利和他的同事开始系统地追踪用户的网站使用模式、寻找关于受众行为的线索时,他们发现在"我们提高新闻更新的频率后,(网站使用)曲线在下午开始趋于平稳"(个人访谈,2005年12月16日)。于是他们增加了白天新闻发布的数量、提高了新闻发布的频率,促使消费者增加重度使用网站的时长。与此同时,网站的流量也确实实现了全面的增加。不过在傍晚和凌晨之间,网站的使用率仍然维持在一个较低水平。此外,与印刷报纸发行量不同的是,到了周末网站流量大幅降低。

以上这些现象启发了库莱利和他的同事,他们的"利基市场"正是那些工作中的人,这一点可以从周一到周五以及早上到下午的网站流量时间分布图中看出来。得出这个结论可以说在Clarín.com的发展史中具有决定性意义,"因为我们开始想象我们的消费者是什么样的,而在那之前,我们并不知道网站的使用者是谁……这确实是一个里程碑：现在我们知道使用者长什么样，知道他们的文化背景，知道他们在哪里"（个人访谈，2005年12月16日）。这些坐标的意义正如Clarín.com的工作人员所说，"我们的黄金时间是上午10点到下午6点……因为那时人们正在工作，并且他们获取信息的唯一途径是互联网"（个人访谈，2005年8月26日）。据此，Clarín.com的工作人员推断消费者在繁忙的日常工作中浏览新闻网站。在意识到人们特别喜欢看互联网上短小、流行的电视节目后，他们进而推断消费者在工作间隙似乎对于正在发生的事件的摘要和吸引眼球的新闻更感兴趣。②

2004年5月，为了向公众传递在工作期间能够获得新闻的理念，Clarín.com的高级编辑在组织架构和产品类型上改变了顶层设计——将生产部门划分为Ultimo Momento和Conexiones两个分支。他们重新设计了网站的主页：左边是Ultimo Momento部门生产的内容，占据了整个屏幕60%的空间；剩余的40%的右边内容由Conexiones部门负责生产（见图2.1）。③Clarín.com原来的新闻编辑部和新闻产品都因这两个部门的出现而得以重构。在Ultimo Momento部门里，工作人员绝大多数都是全职人员，负责给网站提供最新、最全面的新闻报道。Conexiones部门中的全职工作人员数量比较少，主要负责生产引人入胜但无须经常更新的专题报道。每当提起这两个部门，Clarín.com的员工都倾向于使用相反的概念来描述它们。其中反复提到的一组概念是：Ultimo Momento部门生产的新闻是"硬新闻"（hard news），而Conexiones部门生产的新闻是"软新闻"（soft news）。例如，在为我们解答"这两个迥然不同的部门之间是不是会有合作"这一问题时，一名Clarín.com的撰稿人表示，"两个部门之间交流的可能性非常小，因为Conexiones生产的新闻比较'软'，而Ultimo Momento生产的新闻比较'硬'"（个人访谈，2005年8月12日）。

图 2.1　2004 年 5 月 6 日 Clarín.com 首页的上部

　　Ultimo Momento 和 Conexiones 两个部门的分工以及新闻从业者对这种分工的表述，与学术界对于软硬新闻差异的认识是一致的。也就是说，当前新闻的软硬之分的界限由业界和学者共同建构。包括新闻业的社会史研究（Curran, Douglas, & Whannel, 1980; H. Hughes, 1981; Ponce de Leon, 2002; Schiller, 1981; Schudson, 1978）、新闻生产的社会学研究（Fishman, 1980; Tuchman, 1978）、话语和叙述研究（Bird & Dardenne, 1988; Gamson, 2001; Marley, 2007; P. White, 1997）以及政治传播研究（Baum, 2003; Delli

Carpini & Williams，2008；Patterson，2000；Plasser，2005）在内的许多传统研究都体现了这一差异。尽管学者以不同的方式描述了软硬新闻的区别（Baum，2007；Bennett，2003；Carroll，1985；Fishman，1980；Patterson，2000；Tuchman 1978），但大多数研究的共识是，软硬新闻概念的区分不仅体现在所报道事件的本质差异上，而且体现在塑造新闻生产的社会因素中。泽利泽总结认为，在早期的新闻生产研究中，"硬新闻和软新闻……之所以被区别开来，不仅因为它们反映了新闻的内在属性，而且因为这种区分能够让新闻生产的调度更加可预测和便于管理"（2004，p. 66）。

有学者还认为，硬新闻和软新闻之间的区别反映了时间的特性（H. Hughes，1981；K. H. Jamieson & Campbell，1983；Schudson，1986；D. Scott & Gobetz，1992；Smith，1990）。塔奇曼（Tuchman）认为，"（在新闻编辑部里）时间的结构影响着人们对自然事件的新闻价值的判断"（1978，p. 51）。按照这种说法，研究者发现硬新闻的明显特征是新闻生产者知道自己在新闻生产周期内必须要传播一个特殊的事件，或者用塔奇曼的话来说就是"传播的紧迫性"。相比之下，"软新闻并不需要及时传播"（Tuchman，1978，p. 51），因为记者把它们视作在不同新闻周期内开放的事件，不需要确定其新闻价值。新闻报道的时间模式是从业人员建构出来的：一个事件被报道成硬新闻还是软新闻取决于新闻从业者如何根据他们的日常工作节奏来确定报道框架。图罗（Turow）对一家地方电视台的研究发现，一个新闻事件的报道可以从硬新闻改写为软新闻，也可以从软新闻改写为硬新闻，这种转变部分基于时效性转换的需求，"一些从业人员指出，有时软新闻可以通过改写转变为硬新闻，从而使其显得更具紧迫性"（1983，p. 117）。

与时间模式相关，Clarín.com 突发性新闻和发展性新闻的数量和更新频率在20世纪的前几年有所增加，尤其是在2004年5月网站转型后变化得更为明显。吉尔勒莫·库莱利在评论这种转变的时候说,"随着时间的推移,速度变得非常重要",同时他又补充说,"出于竞争的原因,我们也开始注意谁最先发布新闻"(个人访谈,2005年12月16日)。到了2005年,白天不间断发布新闻已经成了行业规范。一位 Clarín.com 的编辑说,"自从设立 Ultimo Momento 部门以来,时间因素变得尤为关键,著名的'即时性'现在已经成为任何新闻网站游戏规则的一部分"(个人访谈,2005年12月19日)。

对 Lanacion.com 工作人员的访谈也证实了白天不断发布新闻报道已成了阿根廷网络新闻生产的常态。Lanacion.com 的体育记者阿莱霍·韦泰雷(Alejo Vetere)回忆说,当他在2000年加入该网站工作时,它的主页是"纸质版的索引,几行突发性新闻在一个小窗口内滚动。整整一天,我们会在这个窗口内发布15条新闻报道,除了标题和导语之外,没有别的内容"。当时的新闻生产实践是因为发布突发性新闻"没有被赋予任何重要意义……我们的网络编辑部有10名到12名员工。我们从中午开始就已经把工作重点放在第二天的印刷版内容上,仅有一两个人负责白天更新网站的工作"。与之形成鲜明对比的是,到了2006年,"我们的网络新闻编辑部里大约有25名记者,其中21人负责白天更新网站、生产原创内容,只有4名员工在晚上负责将第二天的印刷版内容发布在网站上"(个人访谈,2006年12月19日)。

韦泰雷的评论描述了硬新闻生产的发展轨迹,概括了这一章的一些重要主题。在网络新闻发展的早期阶段,生产的时间模式照搬印刷新闻业,大多数白天工作的从业人员都在固定的时间内为印刷报纸的内容生产服务。几年后,网络新闻生产的时间提前至清晨;忙碌的生产活动从上午10点持续到傍晚,正好与日常工作的高峰时段一致;大部分网站发布的内容不再来源于印刷版报纸;新闻发布行为持续不断,但发布频率和时间并不固定。下一节将会更加详细地阐述这种转变。

Ultimo Momento 部门的硬新闻生产

Ultimo Momento 部门的工作节奏非常快：大多数新闻记者需要在半个小时内完成一篇稿件；每位记者需要在每天 8 小时的工作时间内生产出 6—7 条新闻报道，一旦出现了与报道相关的新信息，还要立刻更新这些报道的内容。这种高效的工作要求与硬新闻时效性强、网络媒体更新速度快、目标公众期望高有关。记者们认为硬新闻"在网站上出现 2 小时后，新闻价值就开始减弱；4 个小时后，就完全不具备新闻价值了"（个人访谈，2005 年 7 月 28 日）。玛丽亚·阿尔塞（María Arce）认为这一观点与人们对媒介的普遍看法有关，"互联网即速度……人们都想知道当下发生了什么"（个人访谈，2005 年 11 月 2 日）。同时，这一观点也反映了人们的某种信念：公众在白天不断地访问新闻网站是希望每次访问都会看到最新的新闻报道。"假设一个人出去吃午餐，当他回到办公室时，一般会想看看新闻网站是否更新了内容"（个人访谈，2005 年 7 月 28 日）。"因为工作中的人们不停地敲击 F5 '刷新'键，所以我们必须马不停蹄地更新内容"（个人访谈，2005 年 10 月 11 日）。体育新闻编辑法昆多·基罗加（Facundo Quiroga）认为，不停地发布新闻非常重要，因为它能够让消费者感受到我们产品的变化。他补充说，"我们有机会去改变并塑造一个令公众眼花缭乱、不断变化的新闻业，让公众感觉到自己是在同时浏览 15 份报纸。如果你向公众展现出敏锐的头脑、强大的行动力和勇于改变的决心，那么你就能赢得公众的尊重和信任"（个人访谈，2005 年 12 月 15 日）。

在这种情况下，速度既是一种编辑标准，也是一种评价指标。为什么速度是编辑标准？因为在判定一篇新闻报道是否具备新闻价值时，即时性（immediacy）是重要指标。Ultimo Momento 部门的一位撰稿人说，"我在寻找新鲜事件……这种'新'指的是现在发生的事情……你不能事后报道，而是要在事件发生的同时去报道……对于即将外出跑新闻的记者来说，两个小时之前发生的火车或者汽车事故并不重要，重要的是他在跑新闻的路上能否遇到具有新闻价值的事件"（个人访谈，2005 年 7 月 5 日）。同时，正如 Clarín.com 的创始人和领导者吉尔勒莫·库莱利说的那样，速度还是一个评估指标，因为定期查看竞争对手是否抢先发布了相同的新闻是记者评估自己表现的一个依据。报道速度的竞争激烈到新闻记者有时甚至会将网站上显示的报道发布时间设置在实际发布时间之前十分钟左右，记者们坚称就连在这种操作中也存在竞争。当 Ultimo Momento 部门的玛丽亚·阿尔塞被问到是否会在发布新闻报道后关注竞争对手时说，"发布时间是我们查看的第一要素，但是有一些网站的发布时间不是真的。比如我在上午 10 点 30 分访问某个新闻网站时，某篇新闻报道还没有发布。但当我 10 点 40 分又去浏览时，就看到了这篇报道，上面写的发布时间却是 10 点 05 分"（个人访谈，2005 年 11 月 2 日）。

在发布速度和发布数量的高要求下，Ultimo Momento 部门的工作人员压力巨大。其中一位员工丹尼尔·阿科尔内罗（Daniel Accornero）说自己的工作"让人心身疲惫……对于印刷报纸来说，唯一紧张的时刻是你不得不发布新闻报道的时候，一般一天一两次。但是对于新闻网站来说，必须要不停地发布新闻。一旦有新闻事件发生，必须尽快发布"（个人访谈，2005 年 9 月 12 日）。除此之外，物理空间和社交氛围——各种重要的设备、高分贝的环境噪音和令人肾上腺素激增的紧张气氛进一步增加了工作人员的压力，对新员工的影响尤为显著。一位编辑说，"我刚到这个部门工作时会（自言自语地）说，'我不能容忍三台电视机、收音机……它们的噪声干扰让我抓狂,我根本没办法写作'"(个人访谈,2005 年 7 月 5 日)。她还补充说,跟许多同事一样,随着时间的推移她已经习惯了在这种环境下工作,但似乎仍存在一种残余的压力,它非但不会随着你对工作环境的适应而消失,反而很难减轻。"你从来都不会感到满足,因为当什么事都没有发生的时候,你反倒希望能有一些事情发生"(个人访谈,2005 年 12 月 15 日)。

Ultimo Momento 部门紧张的工作节奏几乎不能给在传统新闻业中形成的信息搜集和写作惯例留出多少时间。该部门大多数新闻报道并没有明确的消息来源,甚至不是来自《号角报》的印刷版,而是其他媒体。从业者在很大程度上依赖通讯社的电讯稿,并通过不断监看电视、广播和其他网络媒体来增加内容。使用这些媒体作为消息源会给从业者一些启发,让他们知道应该报道什么样的新闻以及怎样报道。当遇到不确定或者相互矛盾的信息时,从业者一般会把零星的消息源提供的信息拼贴在一起,而不是去搜集新数据或者另辟蹊径。一旦新闻报道的信息搜集完毕,撰稿人的精力就会主要集中在如何在网站主页上呈现新闻标题和导语。Ultimo Momento 部门的员工认为,标题和导语是传达独特的新闻信息、与竞争对手形成区别并保证首页报道新鲜且完整的主要工具。这种看法与员工们的某种生产理念有关,他们认为互联网上的硬新闻消费者只想在几分钟或更短的时间内浏览大量新闻报道的标题和导语,基本没有时间来阅读整篇新闻报道。该部门的编辑马科斯·弗格里亚认为,"很少有人会真正阅读网站上的新闻,他们只读新闻标题"(个人访谈,2005 年 12 月 13 日)。因此,从业者对新闻报道的主体部分投入精力相对较少也就不足为奇了。与撰写报道正文相关的惯例一般包括编辑已经存在的文本,将来自多家媒体的素材"拼接"成连贯的整体,在新事件发生后仅更新最新信息而不改变其他部分的内容。下面的场景向我们展示了典型的 Ultimo Momento 部门新闻信息搜集和写作的过程：

> 编辑用即时消息安排记者更新一篇关于一家航空公司飞行员第二天即将罢工的新闻报道。记者从 Clarín.com 的主页上复制了现有的新闻报道，粘贴到一个 Word 文件里……然后又从通讯社的电讯稿中找到了另外两篇新闻稿件。他把这些新闻报道整合在一起，并写了几句话来统领全文，然后加上标题和导语，最后通过即时消息发给编辑。在等待编辑的反馈意见时，他会重读 Clarín.com 上现有的相关报道，并继续搜索其他电讯稿。几分钟后，编辑会用即时消息发给他一个新的标题和导语，记者据此修改 Word 文件里相应的部分。接着他会进入新闻发布系统，找到原有的新闻稿件，把新的标题、导语和正文复制并粘贴到系统里。一分钟后，编辑给他发了一条信息："该死！他们刚刚取消了罢工。"记者也通过即时消息抱怨并询问："我们现在该怎么办？我要重写一遍吗？"编辑回答说："只说他们取消了明天的罢工。"于是，记者又修改了新闻发布系统中的标题和导语。然后，他再次返回 Word 文件修改正文——主要改变两个段落的动词时态。这时候这篇新闻报道已经不具有时效性，修改的内容是罢工被取消，其余的内容则保持不变。（田野调查笔记，2005 年 6 月 5 日）

这个场景不但反映出通过其他媒体搜集信息的重要性，以及标题和导语在新闻报道写作过程中的受重视程度，而且突出了即时消息（instant message，IM）在所有支撑 Ultimo Momento 部门工作的通信基础设施中扮演的重要角色。工作人员经常使用即时消息来分享与新闻报道有关的信息，比如关注具有潜在新闻价值的新事件。即时消息经常和口头交流混杂在一起使用。在田野调查初期，我们的研究助理甚至无法理解许多通过口头交流表达的意思，因为这些意思只有用即时消息表达出来才能让人明白。Ultimo Momento 部门对即时消息的使用非常普遍，它对新闻编辑部快速且全面的信息共享至关重要。因此当病毒通过即时消息入侵 Clarín.com 的电脑并迫使它们暂时停止工作后，新闻网站的发布频率和数量急剧下降。关于即时消息对报道速度的帮助，一位工作人员指出，"尽管我们设置了一个电子邮件的文件夹来专门收集和存储新闻报道，但是新闻的即时性迫使我们使用更高效的沟通系统……比如即时消息"（个人访谈，2005 年 11 月 28 日）。关于即时消息对全面信息共享的帮助，他的一位同事评价说，"之所以说即时消息很重要，原因在于它可以同时让五个人分享一个文本，不需要人们在一台电脑面前围坐着或走来走去。这节约了时间，对我们来说很重要"（个人访谈，2005 年 7 月 28 日）。

有两个重要因素促使 Ultimo Momento 部门形成自己独特的工作模式。一是 Clarín.com 的新闻生产过程；二是每天的不同时段以及每周的不同工作日的信息供求关系变化。尽管 Ultimo Momento 部门像网站的其他部门一样，独立于《号角报》的新闻编辑部自主运行，但它仍然会直接或间接地与印刷版报纸产生联系。二者的关系形成了一种介于趋同和差异之间的张力。一方面，Ultimo Momento 部门的员工试图"与其'母媒'保持一致，尤其是在涉及国内新闻和国际公共事务新闻报道时"（马科斯·弗格里亚，个人访谈，2005 年 12 月 13 日）。另一方面，即便在其母媒的约束下，Ultimo Momento 部门的员工仍坚持认为他们的新闻报道具有独特性，因为这些新闻报道需要呈现在一个与众不同的技术平台上，拥有对网站内容充满期待的受众。更为独特的是，这些受众主要在工作时间访问新闻网站。

在 Ultimo Momento 部门，一天中的不同时间段紧张程度不尽相同。在工作日里，员工一般在夜里 12 点离开，并在一天的工作结束之前准备第二天的新闻稿件。前来接班的员工会在凌晨 4 点到达，负责更新网站上发生在后半夜的新闻报道。在清晨，网站内容的主体来自印刷版报纸。一方面因为报纸在新闻业中占有重要地位；另一方面因为那时通讯社、收音机和电视上播报的国内新闻非常少。早晨7点后来新闻编辑部上班的人逐渐增多。这时，员工对纸质版和网络版内容的双重关注就呈现出上面提到的"一种介于趋同和差异之间的张力"。一方面，从业者试图跟进由报纸先发表、事态仍在发展中的新闻报道。一名值早班的工作人员说："一旦报纸设置了一个议题，我们就有义务完成它，不管它有多少新闻价值……这么做是缓和报纸和网站两种媒介间关系的一种方式。"（个人访谈，2005年7月28日）另一方面，从业者还有另一项需要完成的重要任务，就是在网站上发布报纸上没有的新闻报道。因此，这位工作人员又说："我们希望在清晨能发现独家的头条新闻，因为我们担心报纸上的头条新闻到了上午9点或者9点半就不能成为网站的头条新闻了。"（个人访谈，2005年7月28日）

在工作日，Ultimo Momento 部门从上午10点到下午3点最忙碌，大多数员工都在办公室，大多数信息都可以从通讯社、电视、收音机和互联网上获得，这个时间段内的网站使用率也是一天中最高的。工作人员、信息量和消费者共同增长的时候恰巧又是印刷新闻编辑部的新闻议程刚形成的时候，因此不难理解此时 Ultimo Momento 部门与其母媒的工作差异程度最大。一位 Ultimo Momento 的部门编辑经常参加印刷新闻编辑部的"午间会议"，但是因为这时印刷报纸第二天的头条新闻报道仍在酝酿阶段，所以这个会议讨论的内容对网站新闻议程的影响相对来说比较有限。

从下午3点到夜里12点，网站的使用率逐渐下降，用户的关注焦点发生了变化，网站的头条新闻与第二天早晨印刷报纸的内容越来越趋于一致。通讯社和其他媒体播发的新闻越来越少，很多网站用户都已下班回家。在网站新闻阅读量下降的同时，Ultimo Momento 部门的员工也开始变少。这段时间内网站除了在傍晚时分报道体育新闻以外，报道其他新闻的数量比当天早些时候少很多。因此，编辑重新回过头来"完善"当天早些时候已经开始生产的新闻报道。某位从业者说，"我们会试着完善这些新闻，比如说白天发生了一起关于纠察队的事件，在晚上 8 点之前，这条新闻报道不会再说'纠察队在街道上阻碍了交通'，但是会说'纠察队从某时到某刻阻碍了交通'"（个人访谈，2005 年 10 月 20 日）。

每天这个时间段的另一个重要特点与印刷版报纸有关。一位 Ultimo Momento 部门的编辑参加了印刷新闻编辑部的"下午会议"，并回去通知他的同事第二天早上的报纸有哪些预编辑内容。这些信息对网站工作人员产生了间接的影响：他们注意到了这些信息，避免自己的新闻报道偏离报纸的框架和内容。此外，当印刷新闻编辑部认为某些新闻比较敏感，或者说在一些新闻事件还在发生、与此相关的重要事实还不能确定的情况下，这些预编辑内容由于通过报纸和网站部门编辑之间的对话传递，有时就会对网站新闻产生比较直接的影响。

工作日的工作模式到了周末就会改变。新闻编辑部里的人越来越少，新闻产品的总体数量也随之减少。与此同时，周末网站的使用率大幅下降。此外，网站内容的风格也会发生变化：主要报道体育新闻，尤其是足球新闻。在工作日，理想的消费者会在工作的时候访问网站，而到了周末他们只会待在家里，在休闲活动的间隙访问网站。员工米格尔·米多诺（Miguel Middono）说，"周末时情况会不太一样……很多人在家里访问网站……星期天许多人下午外出，所以他们可能在晚上浏览网站，看看体育比赛的结果和其他新闻的标题，仅此而已。周日浏览量最多的新闻就是周末体育比赛结果的概要"（个人访谈，2005 年 10 月 18 日）。

以上是 Ultimo Momento 部门生产新闻的方式。在走廊另一头，Conexiones 部门的工作方式与之大相径庭。

Conexiones 部门的软新闻生产

下面一段文字是对 Conexiones 部门内容生产方式的典型描述：

上午 10：30：1 号记者正在写一篇关于脐带血库的新闻报道。她已经在 Word 文件里写了大约四页。她输入一段文字，暂停、细读已经写过的内容，然后继续。她前一天在儿科医院采访，直到今早 9 点才开始写作……

上午 11：00：她继续细读写完的内容，增添信息，修改完善……

上午 11：35：她把这篇报道提交给 2 号记者审阅并听取反馈意见。她采访过的一位内科医生给她电话，要求再次核实报道中科技信息的准确性。她回复说，"我要在下午 1 点发布报道，所以我马上发邮件给你"。然后她去找图片设计师看看报道的插图是否已经准备好，再把报道发给编辑。随后她在谷歌浏览器中搜索 "生育能力"（fecunditas）、"生物电池"（biocell）和 "生物细胞"（bio cell）……2 号记者给了她一些反馈意见，接着他们一起讨论其他备选题目……内科医生打来电话建议做些修改，他们又就需要修改的内容继续讨论。讨论结束后，1 号记者对文章做了一些修改，并将修改后的版本通过即时消息发送给 2 号记者。他们合作完成了这篇报道。（田野调查笔记，2005 年 6 月 13 日）

通过对这个场景的描述，我们大致了解了 Conexiones 部门的工作惯例与 Ultimo Momento 部门是多么不同。在这个案例中，不论是生产速度、产量，还是信息搜集和写作惯例等，两者的差异都很明显。首先，Conexiones 部门的记者写作一篇新闻报道所花费的时间不止一个工作日，每位员工每周需要完成一到两篇新闻报道。其次，这些新闻更新的频率很低。因此，一名员工能在四个小时内写出一篇报道是"非常迅速的"（对 Conexiones 部门某撰稿人的个人访谈，2005 年 8 月 12 日）；一篇只用两个小时就完成了的新闻报道简直是"打破了纪录"（对前 Conexiones 部门某员工的个人访谈，2005 年 10 月 13 日）；"我们需要花一整天的时间去完成 Ultimo Momento 部门的员工在 15 分钟或者半小时以内就能完成的任务"（对前 Conexiones 部门编辑的个人访谈，2005 年 12 月 21 日）。

时效性不会对 Conexiones 部门的新闻价值和工作时间表产生影响，该部门的新闻报道一般被认为"不受时间限制"。编辑和记者认为，不管当天发生了什么事件，他们的受众都只想看引人入胜的报道。Conexiones 部门每天有两次发布报道的时间。第一批供翌日上午消费的新闻会在夜里 12 点发布出来。第二批新闻报道会在中午和下午早些时候发布，主要是为了供受众在午餐休息时间和下班时浏览。此外，一旦新闻报道写完，根据新闻报道的列表去调整发表的日期很常见。正如上面的场景所示，一切都为从业者进行研究、采访消息源和写作长篇新闻报道创造了有利的环境。

与速度和产量相关的生产模式、受众对 Conexiones 部门新闻报道的需求，以及该部门新闻产品的风格紧密相连。与 Conexiones 部门员工的对话揭示了受众期待从它们的新闻报道中得到两种不同的内容：一是某些情况下具有吸引力和娱乐性的素材；二是其他领域的专业知识和具有深度的主题。一位前 Conexiones 部门的编辑将读者定义为"办公室职员或学生，年龄介于二十岁到四十岁之间"，并指出，"这些新闻报道比 Ultimo Momento 部门的硬新闻要'轻'（lighter）"（田野调查笔记，2005 年 6 月 9 日）。不过，有时从业者也认为消费者会对特定的主题感兴趣，或者在一定程度上期待作者对新闻进行深度解读。

消费者对新闻报道兼具娱乐性和深度的期待与 Conexiones 部门

员工在访谈中对本部门的比喻不谋而合。一名编辑说自己的部门"就像 Clarín.com 的杂志"（个人访谈，2005 年 8 月 2 日），总是报道一些轻松愉快又有深度的专题故事。当问及网页设计和内容的问题时，员工们不约而同地会使用"杂志"的比喻。Clarín.com 的一名设计师希梅纳·皮克（Jimena Pique）说，"2004 年 5 月我们对网站主页的 Conexiones 部分进行重新设计后，类似杂志的设计风格突出了 Conexiones 内容的独特性，把它和 Ultimo Momento 的热点新闻明显区别开来"（个人访谈，2005 年 9 月 15 日）。Conexiones 部门的一位撰稿人评论道："这种杂志风格让我们可以做一些纯粹做新闻的同事根本不能做的事。Ultimo Momento 部门的工作人员不能像我们这样做事，因为他们必须在有限时间内履行自己的义务。"（个人访谈，2005 年 12 月 13 日）

就报道的发表速度，发表数量和相对固定、可预测的生产进度而言，Conexiones 部门的员工与 Ultimo Momento 部门的员工相比，在报道写作和发布方面的掌控度更高。Conexiones 部门的一位撰稿人说："我永远都不想在 Ultimo Momento 部门工作……我不喜欢匆匆忙忙的工作状态……他们在轮班期间不能离开座位，但我们可以。我可以安排自己的时间。"（个人访谈，2005 年 10 月 20 日）这种掌控能力会让员工的压力相对较小。就该部门的氛围而言，一位前任编辑指出，"我们部门的员工满足于享受我们的工作方式，我们自己的风格，我们拥有的自由。我们做新闻的方式非常愉悦"（个人访谈，2005 年 12 月 21 日）。

Conexiones 部门的信息搜集和报道写作方式与报纸新闻非常相似。就信息搜集而言，尽管员工在很大程度上依赖其他媒体的内容，但正如上面的场景描述的，他们也会采用传统做法，定期主动寻找消息来源。每篇新闻报道除了包含一个确定的消息源外，还必须找到三个以上的消息源作为新信息的关键提供者。该部门由于定期使用消息源,所以新闻生产的速度比 Ultimo Momento 部门慢。Conexiones 部门的一位前任编辑马塞拉·玛泽伊(Marcela Mazzei)说,"在 Conexiones 部门……要求每篇新闻报道都要包含几个引语……这就是为什么我们的报道需要耗费更多时间"(个人访谈,2005 年 10 月 13 日)。在使用其他媒体的信息时,Conexiones 部门的员工大多只使用互联网搜索引擎去检索某个特定问题的信息,而不是去搜集已有报道或提出有关新的想法。对其他媒体的检索并不固定,完全出于写作的需要。

就新闻报道的写作方式而言,Ultimo Momento 部门的工作人员主要关注呈现在主页上的标题和导语等元素,而 Conexiones 的同行则像传统媒体的绝大多数记者一样,把精力主要集中在只有点击主页或相关链接才可以看到的新闻报道的正文部分。他们在新闻标题上花费的精力虽然少但很用心,他们拟定新闻标题的关键在于找到一个能够吸引用户点进去、浏览正文的短语,而不是像 Ultimo Momento 的同事那样,仅仅将新闻报道的主要信息浓缩为几个词。

Conexiones 部门和 Ultimo Momento 部门与印刷新闻编辑部的关系完全是两种类型。后者在趋同和差异中找到了一条很好的分界线,试图弄清楚印刷新闻编辑部的同事在工作日的关键时刻都忙些什么;而 Conexiones 部门的员工刻意避免与印刷新闻编辑部的同事接触。一位 Conexiones 部门的职员说:"我们和报纸几乎零交流。"(个人访谈,2005 年 8 月 2 日)此外,负责生产硬新闻的工作人员认为他们自己有义务不偏离印刷报纸的报道范围,尤其是在敏感问题上,但是生产软新闻的同行恰恰相反。另一位 Conexiones 部门的员工说,"如果一份印刷报纸上刊载了某篇新闻报道,它就不会出现在 Conexiones。有一次,布宜诺斯艾利斯市政府举办了一场有关 40 年代的展览。因为需要写一篇相关报道,我就去参观了……那天是星期五。《号角报》在周六刊登了这次展览的报道,所以我就没报道这件事"(个人访谈,2005 年 10 月 20 日)。

最后,Conexiones 和 Ultimo Momento 两个部门在新闻生产时即时消息的使用情况和工作的时间安排也有很大的区别。正如上面的场景描述的那样,Conexiones 部门的员工也在日常工作中使用即时消息,但是使用强度比 Ultimo Momento 部门的同行要小很多。我们在下一节将会介绍,他们使用即时消息的目的更多是为了社交,包括交换与新闻报道任务无关的私人和专业领域的信息,而不仅仅是为了生产新闻。此外,正如本章开头所述,Clarín.com 的大多数员工都在周一至周五的上午 10 点到下午 3 点之间上班。不过,在清晨、傍晚或周末,新闻编辑部内基本看不到 Conexiones 部门的员工的身影。较缓慢的生产速度、较低的新闻产量以及固定的发布时间表可以让员工们享受朝九晚五的工作节奏。

内容生产的不同逻辑

Ultimo Momento 部门和 Conexiones 部门不同的物理空间和社交氛围体现了两种截然不同的内容生产逻辑。这两个部门日常新闻生产工作的实质性差异表现在很多方面,包括新闻生产的时间模式、物理空间和社交氛围、信息搜集和报道写作的惯例、对目标受众的再现、对作为新闻编辑部重要沟通工具的即时消息的使用、与《号角报》新闻编辑部的关系,以及工作日和周末不同的工作节奏。新闻生产逻辑上的分野说明两种风格截然不同的新闻报道也可以共存于同一个媒体机构和新闻网站上。

对田野调查笔记的量化分析可以更精确地判定两个部门在内容生产上的时间模式、信息的来源、记者如何写新闻报道、工作人员如何使用即时消息这四个方面的差异程度(如需要了解更多研究思路和方法的细节，请参阅本书附录一）。

第一，我们研究了田野调查笔记中新闻报道写作的实例，分析了一篇新闻报道从分配任务到发布需要多长时间。这项研究揭示出 Ultimo Momento 部门 85% 的新闻报道写作时间都在 30 分钟以内；Conexiones 部门 79% 的新闻报道写作时间需要一个工作日以上（见表 2.1）。此外，在 Ultimo Momento 部门，96% 的新闻报道在 2 个小时以内完成，而 Conexiones 部门仅有 6% 的新闻报道能以这样的速度生产，二者存在 90 个百分点的显著差异[④]（$p<0.01$）。

第二，我们研究了每篇新闻报道对信息的使用状况，判断这些信息来自消息源、Clarín.com 还是其他媒体。这两个部门的报道使用的信息大多数来自其他媒体，但 Ultimo Momento 部门使用消息源的比例不到 Conexiones 部门的 1/6，两者相差 21 个百分点（见表 2.1）。

第三，我们研究了记者写新闻报道时，在标题、导语、开头或正文内容上花费的时间。形成鲜明对比的是：当 Ultimo Momento 部门的员工写新闻报道时，将近 90% 的报道都把时间花费在呈现主页元素上，而 Conexiones 部门超过 30% 的报道会在标题、导语和开头上下功夫，两者相差 57 个百分点（表 2.1）。

第四，我们研究了记者使用即时消息的目的，分析了使用即时消息是为了编辑（交换新闻报道内容、发送链接和文件），还是为了社交（谈论与编辑无关的问题），又或者无法识别。研究发现，在 Ultimo Momento 部门 70% 的报道使用即时消息是为了完成编辑工作，而 Conexiones 部门只有 41% 的报道是出于编辑的目的使用即时消息，两部门差距显著（$p<0.01$）。即便将无法判定目的的使用都归于编辑的目的，让 Conexiones 部门的数据增加到 56%，与 Ultimo Momento 部门 70% 的比例相比，差异仍然很显著（$p<0.01$）。

表 2.1 对新闻网站 Clarín.com 硬新闻和软新闻生产差异程度的量化分析

	Ultimo Momento	Conexiones
内容生产的时间模式（完成一篇新闻报道所用的时长）		
30 分钟以内*	85%（105）	2%（1）
介于 30 分钟到 2 个小时之间	11%（13）	4%（2）
介于 2 个小时到一个工作日之间	3%（4）	15%（8）
一个工作日以上*	1%（1）	79%（41）
总计	100%（123）	100%（52）
新闻报道的来源（与报道任务相关的内容来源）		
消息源*	4%（17）	25%（49）
其他的媒体*	88%（340）	70%（138）
Clarín.com	8%（30）	6%（11）
总计	100%（387）	101%（198）
记者在新闻报道的不同部分花费的时间		
标题、导语和开头*	88%（365）	31%（32）
新闻报道的正文*	12%（49）	69%（70）
总计	100%（414）	100%（102）
新闻编辑部的交流工具（记者怎样使用即时消息）		
编辑性使用*	70%（281）	41%（46）
社交性使用*	28%（114）	44%（50）
无法识别	2%（7）	15%（17）
总计	100%（402）	101%（113）

说明：部分行标注*，表示两个部门之间具有显著性差异（$p<0.01$）；括号内的数字表示新闻的数量。

Clarín.com 的员工也能意识到两种新闻在生产逻辑上的明显差异。他们在我们观察、访谈时提到了这些差异，当我把初步研究发现反馈给新闻编辑部以及他们在谈到我对他们境况的描述时，也提到了这些差异。例如，我们向网站的几位编辑展示了初步调查结果

(其中包括表 2.1 的早期版本，但没有包含定量数据）。两天后，在对一位 Ultimo Momento 部门员工进行访谈时，他说，"这张表太棒了，这两个部门非常不同，唯一的联系恐怕就是所有报道都在同一个网页上呈现。除此之外，再没有别的了"（个人访谈，2005 年 7 月 28 日）。

从业者通常用相反的比喻来表达对这两个部门之间差异的认知。除了软新闻和硬新闻这一被广泛认可的表述以及之前提到的将 Conexiones 类比为 Clarín.com 的"杂志"（这一观点影射 Ultimo Momento 相当于该网站的"报纸"）外，他们还经常将 Ultimo Momento 部门的新闻形容为"热的"，以此区别 Conexiones 的"冷"新闻。与冷热的比喻相一致，Clarín.com 的工作人员通常会把网站主页上的 Ultimo Momento 部分的内容称为"暖区"，并将 Conexiones 部分的内容视为"冷区"或"灰色地带"。

以上表述还反映了 Ultimo Momento 和 Conexiones 部门的性别差异，具有象征意义。在传统媒体机构中，硬新闻部门拥有的男性记者往往比女性多，这一情况在软新闻部门正好相反。Clarín.com 也是如此，Ultimo Momento 部门的男性记者比例远远高于 Conexiones 部门。和传统新闻编辑部一样，Clarín.com 的性别差异具有象征意义。一方面，Ultimo Momento 部门的工作需要和"硬"新闻打交道，快速的工作节奏需要员工具有一定的抗压能力，这种能力往往与日常文化中的男性气质联系在一起。在一天的工作结束后，当工作节奏放缓、气氛变得轻松时，员工之间非正式的交流语气有时甚至会让我的两位女性研究助理感到不太适应。另一方面，Conexiones 部门用"软"的方式来处理新闻话题，部门的名字本身（意为"连接"）强调了它的社会交际能力，"柔软"和"交际"这两种特征通常与女性气质联系在一起。

从业者在访谈中详细阐述了 Ultimo Momento 部门和 Conexiones

部门各自的特征和影响。一些受访者就新闻报道层面的区别发表见解，"我总是和 Conexiones 部门的人开玩笑说，对我来说，双方都有一个严峻的问题摆在眼前：我们有新闻话题，他们有时间来处理这些话题"（对 Ultimo Momento 部门某员工的个人访谈，2005年7月28日）。另一些受访者则将新闻报道内容与工作中的差异联系起来。比如有人说，"两个部门之间几乎没有什么业务联系，因为报道主题完全不同"（对 Ultimo Momento 部门某员工的个人访谈，2005年10月18日）。还有一些人强调了两个部门在实践上的差异，"Ultimo Momento 部门的工作惯例与其他部门大不相同"（对 Clarín.com 某编辑的个人访谈，2005年12月15日），"存在两种不同的新闻类型"（对 Ultimo Momento 部门某撰稿人的个人访谈，2005年10月27日），"日常工作完全独立，我们不会给他们发新闻报道的预算，当然他们也不会给我们发"（对 Conexiones 部门前雇员的个人访谈，2005年12月21日）。

受访者对两个部门的差异的认知让大多数员工对各自的工作状态都相当满意。两个部门各有各的文化，当谈及对方部门的时候有时甚至会产生"我们 PK 他们"的感觉。一位 Ultimo Momento 部门的员工这样评论道：

> 两个部门工作上有差别，也存在互相嫉妒的问题。一些 Ultimo Momento 部门的员工会和一些 Conexiones 部门的员工一起去踢足球，但是每个人眼中的对方形象其实都不准确。他们的问题可能和我们的一样多，但是……他们看到的我们是一群紧张不安的人，成天操心新闻的时效性；我们看到的他们非常懒散，想什么时候写新闻就什么时候写。这种感觉虽然有点儿夸大其词，但的确存在。（个人访谈，2005年8月2日）

结　　语

对 Clarín.com 的观察和访谈揭示了生产硬新闻和软新闻的部门之间存在着巨大差异。与之形成鲜明对比的是，以往的学术研究总是强调软硬新闻共享一些原则和实践。以下四种研究路径都模糊了软硬新闻的边界：首先，一些社会学家的研究强调了软新闻的政治和文化意义（Curran et al.，1980；A. Daniels，1981；H. Hughes，1981；Turow，1983）。其次，政治传播学的学者强调要避开硬新闻，软化硬新闻报道（Bennett，2003；Gans，2003；Hamilton，2004；Patterson，2000；Sparks，2000；Zaller，2003）。在这些成果的启发下，一些学者研究如何通过软新闻的首发去报道被认为是硬新闻的核心、读者不感兴趣的公共事务（Baum，2002，2003；Brewer & Cao，2006；Delli Carpini & Williams，2001，2008；Prior，2002，2007；Young & Tisinger，2006）。再次，学界探讨了叙事结构在硬新闻和软新闻中的重要性（Bird & Dardenne，1988；Gamson，2001）。最后，研究者通过暗示软硬新闻之间存在着共同点，打破了两者明显的隔阂，现有研究不仅观察它们之间的共同特征，而且观察它们和脱口秀、小报等非主流媒体之间的共同点（Bird，1992；Deuze，2005；Ehrlich，1996；Gamson，1994；Grindstaff，2002；Spragens，1995）。

总之，这四类研究路径形成了一种印象：硬新闻和软新闻之间的区别建立在相同性的基础上。针对这一看法，有两位学者提出了一个理论框架，认为"差异只存在于程度层面，而非类型层面"。鲍姆（Baum）在政治传播研究的背景下讨论硬新闻和软新闻的区别，他认为，"在某些情况下，软新闻和硬新闻之间的区别明显只是程度上的不同而非类型的不同"（2002，p.92）。泽利泽对硬新闻和软新闻的叙事分析"说明所有的新闻都隶属于同一家族,它们之间的差异表现在程度上而非种类上"(2004,p.131)。

我不认同学术界认为软硬新闻的差异只局限于程度层面而非类型层面这一主流观点,我认为,Ultimo Momento 和 Conexiones 部门之间的差异标志着 Clarín.com 的新闻生产中存在截然不同的逻辑。这两个部门因各自工作惯例不同呈现出来的对时效性要求的差异,远大于此前研究中描述的软硬新闻的共性。软硬新闻的差异的存在让这两个部门从办公环境到服务目标受众的方方面面都缺乏共性。对消息源和其他媒体报道的使用、新闻记者最重视的新闻报道内容和对通信工具的使用是新闻生产研究最核心的内容,从这三个方面来看,我们的研究还没有发现两个部门的差异程度究竟有多大、会产生什么影响。差异的存在说明 Clarín.com 的硬新闻和软新闻的生产之间几乎没有共同点,这表明软硬新闻是两种新闻类型,而不是程度不同的同一种新闻类型。

我的研究强调将硬新闻和软新闻各自概念化,其价值在于认识到软硬新闻的分类不是为了反映新闻事件的内容特征,而是由新闻从业者建构起来的。此外,研究还强调了时间模式在不同类型新闻的编辑工作中所发挥的中心作用。正如米修斯坦因和博奇科夫斯基(Mitchelstein & Boczkowski,2009)所说,有关网络新闻的研究关注的是互联网环境中新闻生产周期的加速,不过许多学者常常把这种加速视为理所当然,把研究重点放在加速的动因和结果上(García,2008;Klinenberg,2005;Lawson-Borders,2006;Pavlik,2000;Quandt,2008;B. A. Williams & Delli Carpini,2000)。因此,本章除了要揭示硬新闻和软新闻的差异,还试图推动研究者对编辑工作中时间因素的研究。本书认为新闻生产的加速并非网络新闻的本质,如果新闻生产活动受到媒介组织和物理因素的影响,即使是在同一个编辑部内,也会呈现出不同的样貌。换句话说,时间很重要,但总是要与其他社会和技术因素共同发挥作用。

尽管本章的结论仅来自对一个新闻机构的分析，但通过研究这个新闻生产个案中的两种业界普遍存在的生产模式，能够反映出当代新闻领域的动力机制。其他国家的新闻生产研究描绘的现象与本研究类似，包括突发性新闻生产周期的加速、新闻数量的增加、专题内容多样性的丰富、精密的新闻编辑部通信工具的使用、传统消息来源的减少、对"第三方"内容供应商依赖性的增强、对新形式的探索以及媒介集团中的传统媒体与新媒体二者之间的复杂关系等（Baisnee & Marchetti, 2006; Boczkowski, 2004; Domingo, 2008b; García Aviles & León, 2004; Klinenberg, 2005; Quandt, 2008; Reinemann, 2004; Rosenstiel, 2005; Sousa, 2006; Velthuis, 2006）。这些成果的发表说明我的研究结论也许也可以解释其他国家的情况。[5]此外，本研究结论也与近年来有关新闻媒介系统和产品融合趋势的比较分析结果一致（Hallin & Mancini, 2004; Natarajan & Xiaoming, 2003; Shoemaker & Cohen, 2006）。

不同类型的新闻报道共存于一个媒体机构中，反映了新闻编辑工作在不断变化的特征。尽管 Ultimo Momento 部门的日常工作违背了与传统的使用消息来源和写作相关的规范，但无论是从实践层面还是影响层面来看，它仍然没有放弃自己做编辑工作。它的做法预示着在当代背景下新闻业的定义有待拓展。Ultimo Momento 部门员工的日常生产活动对新闻业的两个关键要素——新闻报道的选择和呈现——产生了影响。在本书第三章和第四章中，我们会看到这些做法也会对他们的同行和整个媒体环境产生影响。第五章和第六章中与新闻消费有关的民族志研究将会告诉我们，消费者并没有质疑 Ultimo Momento 部门发布的新闻的合法性，即使他们意识到 Clarín.com 的竞争对手也在生产类似内容。

上述描述除了对软硬新闻生产做出了理论化贡献外，也揭示出新闻领域向着"工作中的新闻"转型的动力和后果。转型在软硬新闻生产逻辑的出现和演变中至少在三个方面发挥着重要的作用。首先，新闻发布频率和数量的初期增长帮助 Clarín.com 的高级编辑发现新闻网站受众发生的变化，这对于硬新闻特征的形成十分关键。正如吉尔勒莫·库莱利所说，"我们知道了使用者长什么样，知道了他们的文化，知道了他们在哪里"。正如库莱利坚持认为的，"当我们决定生产内容，并在受众与产品之间建立起桥梁时，我们发现了'工作中的新闻'这个现象"（个人访谈，2005 年 12 月 16 日）。其次，Clarín.com 的高级编辑认为"工作中的新闻"现象作为一种结构性的变化，导致网页的设计、结构的组织和编辑的规则发生了变化，最终导致 Ultimo Momento 和 Conexiones 两个部门的分野，进而引起软硬新闻生产之间差异的加剧。最后，"工作中的新闻"成为从业者描述网络媒介独特性、受众身份和空间位置的重要内容，会引发更多的从业者去思考如何将对转型的回应纳入内容生产。

Ultimo Momento 和 Conexiones 部门的存在意味着，和以往相比，受众和新闻从业者都可以接触到更多的新闻。长期以来，记者一直有监看其他媒体的习惯，有时还会模仿其他媒体发布的新闻报道。今天新闻数量的增加是否与监看和模仿的变化有关？监看和模仿是否正从流行于网络新闻编辑部，走向盛行于印刷新闻编辑部？这是下一章要讨论的主题。

注　释

① 在本章及下一章中，加西亚（García，2008）的研究描述了 Clarín.com 的演变过程。
② 对技术和媒体的研究表明，生产者对受众的想象，会极大地影响其对最终产品的生产以及产品在社会上的渗透和流通（Akrich，1992，1995；Ang，1991；Bardini，

2000; Boczkowski, 2004; Ettema & Whitney, 1994; Mackay, Carne, Beynon-Davies, & Tudhope, 2000; Woolgar, 1991)。

③ 该部门在2008年秋天关闭。

④ 不管是在此处，还是在本书的其他部分的比较分析中，用来表示比例差异的显著性测试都基于效度指数 h，即反正弦转换比例之间的差异。同时在适当的情况下，n 的调和平均值，遵循科恩（J. Cohen, 1988）的步骤和临界值。

⑤ 民族志的方法可以研究新闻工作语境下信息搜集和新闻报道写作的独特模式（Bishara, 2006; Clausen, 2004; Hasty, 2006; S. Hughes, 2006; Stahlberg, 2006）。在民族志视野下，Clarín.com 在本研究期间的独特性也许会限制"硬新闻和软新闻具有不同的生产逻辑"这个结论具有更大的启发价值。首先，与其他新闻网站相比，Clarín.com 拥有更多的资源，这可能有助于它发展出稳健的软新闻生产部门和多种形态的新闻业。其次，Clarín.com 在比其他新闻机构更有竞争压力的环境中运作，可能会有助于研究者观察到更多的新闻生产模式。再次，因为本研究中提及的硬新闻生产方式与传统新闻机构的日常生产惯例和职业价值观存在冲突，所以那些与传统新闻编辑部结合更紧密的新闻网站在软硬新闻生产惯例方面的差异可能比较小。最后，Clarín.com 认为它的大多数受众都对最新、最全面的新闻报道非常感兴趣，因此在服务于不同类型受众群体的媒体机构中，软硬新闻生产惯例的差别可能比较小。

第三章　新闻生产中的监看与模仿

2005年6月4日下午，阿根廷国家足球队对战厄瓜多尔队。当天早些时候，Clarín.com 的 Ultimo Momento 部门的工作人员之间发生了如下对话：

胡安（Juan）[①]对玛丽亚（Maria）说，"你看到 Infobae.com 上的新闻头条了吗？他们竟然引用了《民族报》的文章"。玛丽亚说，"看到了，那条新闻是他们从《民族报》那抄来的"。卡拉（Carla）听到他们的谈话，说 Infobae.com 还发了新闻，说卡洛斯·特维斯（Carlos Tevez，阿根廷足球运动员）接受了《布宜诺斯艾利斯日报》（*Buenos Aires daily*）的采访，同时她问弗朗西斯科（Francisco，负责体育新闻的记者）特维斯说了什么。弗朗西斯科回答，他发表了阿根廷国家队的声明，而通讯社电讯稿上还没有这条消息。卡拉继续说，那是个独家专访。何塞（José）说，《号角报》已经登过专访的消息了。卡拉抱怨道，"他们引用了《民族报》而不是《号角报》"。弗朗西斯科继续工作，发布了一条有关特维斯的声明的新闻。随后一名编辑到达编辑部，看着 Clarín.com 的主页对弗朗西斯科说，"同一件事我们发了两条新闻"[②]。弗朗西斯科解释说他们发布第二条新闻是因为 Infobae.com 登了一条特维斯的新闻，还引用了"一家重要的早间日报"的报道。第二条新闻不久后

便被撤下了。（田野调查笔记，2005 年 6 月 4 日）

Ultimo Momento 的工作人员在网站主页上重复发布同一个事件的新闻并不常见，这个小插曲生动地说明了本章的核心观点：新闻生产有一定的模式。如果把这个小插曲和《民族报》国际部副主编伊内斯·卡普德维拉（Inés Capdevila）日常编辑工作中的一些基本要素放在一起看，新闻生产模式立刻就清晰了起来。在常规的工作日里，卡普德维拉通常午夜时分离开编辑部。短短十分钟的出租车车程后，这位密苏里大学的毕业生回到家。尽管她离开编辑部才一会儿工夫，但她还是打开电脑"查看是否有新的事情发生"（个人访谈，2007 年 2 月 21 日）。几个小时后，她开着电视，伴随着CNN 频道的节目声音入睡。"直到有一天我在睡觉的时候听到阿拉法特在那个早上（布宜诺斯艾利斯时间）去世的消息，我还以为我梦见阿拉法特死了，后来才意识到这不是梦，是我在 CNN 新闻里面听到的"（个人访谈，2007 年 2 月 21 日）。卡普德维拉每天早上 7 点醒来，她会先花两到三个小时通过不同媒体浏览各家的新闻，包括报纸、地方电视台、广播以及世界各国大约二十个新闻网站，随后稍事休息，下午 1 点 30 分左右到达编辑部继续工作。

只要坐在办公桌边，卡普德维拉就会通过浏览电讯稿、电视和互联网持续关注阿根廷和世界其他地方正在发生的事件。她说，"这是一种自动的、机械的行为……不断地进出网络……我可能一天会看二十次《纽约时报》的网页"（个人访谈，2007 年 2 月 21 日）。从下午 4 点到 6、7 点记者的"截稿时段"（dead period），这一例行工作更为紧迫。卡普德维拉除了浏览其他目标媒体，在这段时间内还会重复浏览 Lanacion.com 和 Clarín.com，看它们怎么报道同样的话题。"每天下午 6 点到 7 点，Clarín.com 会在首页突出报道第二天早上出版的《号角报》的重点新闻……如果我们发现其中哪个标题我们还没有，就立刻把它添加到我们第二天的报纸中。在那个时间段里，Clarín.com 对我们来说就像是观察《号角报》的窗口。"

这两个小插曲所反映的事件并不相同。它们发生在相互竞争的两个媒体机构《号角报》和《民族报》之间，并且发生在网络和印刷两种不同类型的新闻编辑部内；它们的时间跨度不同：前一个时间很短，第二个则持续一整天；不同数量的人物参与到两个插曲当中，第一个是一个团队，第二个则是个人。然而，这两个小插曲中有三条重要且共同的线索贯穿其中：第一，新闻领域中相互监看的竞争对手及其他参与者都宣称，日常新闻生产是集中的、高强度的并以报道平凡人物为重心；第二，从业者不会面对面地监看其他人，而是会采用一系列复杂的新旧媒体技术；第三，以技术为中介的监看获得的信息有助于编辑决策，从而加剧媒体间的模仿。本章通过讨论这三个共同点来讲述新闻生产中的监看和模仿。

本书第二章分析的网络新闻生产的变化引发了意想不到的后果，新闻记者在看待竞争对手或其他媒体机构同行认为有新闻价值的报道时，态度发生了质的转变。记者是否会利用这种转变，取决于他们生产的内容类型，而不是他们为之工作的媒介，与他们所属的报纸之间的联系更是非常弱。第一，生产硬新闻的记者加强了对其他新闻机构的监看，增加了基于监看的对新闻报道的模仿，但是生产软新闻的记者在监看和模仿方面的变化都比较小。第二，印刷媒体和网络媒体记者的监看和模仿行为虽然存在一定的差异，但都基于共同的基础。第三，不同机构的监看和模仿行为不存在重要的差异。研究表明，技术在监看和模仿的方式转变中发挥了至关重要的作用，但不能完全决定转变的模式。监看和模仿的模式是实践和语境等一系列因素相结合的产物。本章在结论中将对上述内容加以阐述，接下来的两节将首先描述新闻编辑工作中的监看和模仿活动。

监　　看

　　Clarín.com 的 Ultimo Momento 部门对其他媒体发布的信息严重依赖，这些媒体（特别是新闻网站）在白天不断更新内容，因此 Ultimo Momento 部门的工作人员需要每小时若干次、全面且高强度地监看其他媒体机构的行为不足为奇。一位编辑表示他会一直盯着竞争对手的网站，"我不想错过它们网页上的任何内容"（个人访谈，2005 年 12 月 15 日）。类似的监看行为也是 Lanacion.com 负责生产硬新闻的记者工作流程中的重要组成部分。一位撰写政治新闻的记者说："我不断地关注 Clarín.com、Infobae.com、Ámbito.com 和 Perfil.com……我的电脑屏幕上开着很多窗口，我一直在它们中间切换查看。"（个人访谈，2006 年 12 月 18 日）

　　印刷媒体记者长期监看通讯社、电视、广播和其他印刷媒体的新闻，将它们作为自己新闻生产的一部分，但《号角报》和《民族报》负责硬新闻的记者说，网络媒体正在他们的日常监看中发挥越来越大的作用。大多数受访者声称，这一变化大约始于 2002 年或 2003 年，当时 Clarín.com 和 Lanacion.com 已经明确显现出白天不断发布新闻的发展趋势，这一趋势发展迅速、愈演愈烈。《号角报》的三位主编之一胡里奥·布兰克（Julio Blanck）回忆说，他自 2003 年 4 月担任主编的那天开始就定期监看 Clarín.com。"我想说的是这段时间监看其他网站的惯性行为不断增多……我不知道是否会继续增加，因为我现在做的就已经很多了。我一直盯着 Clarín.com 看它发布了什么新闻。"（个人访谈，2006 年 12 月 14 日）呼应布兰克的话，《民族报》都市新闻部的编辑费尔南多·罗德里格斯（Fernando Rodríguez）表示，他"每十分钟"就会看一次当地的新闻网站，"我的屏幕底部有这些网站的窗口标签，我一直都在点击它们"（个人访谈，2007年3月20日）。

记者监看新闻领域至少出于三方面的目的。首先，为了获取最新的消息。《号角报》国内新闻部的记者阿尔贝托·阿马托（Alberto Amato）说："一般来说，我通过浏览新闻网站来确定世界上没有任何重大事情发生，我也没有漏掉什么消息。"（个人访谈，2007年2月22日）其次，为了寻找日常工作中可能有用的信息。《民族报》的费尔南多·罗德里格斯说，他浏览 Lanacion.com 一部分是"为了得到一些对我第二天的工作有用的信息"（个人访谈，2007年3月20日）。最后，为了帮助记者在新闻竞争的关键时刻决定如何行动。一位 Ultimo Momento 部门的工作人员回忆起一次持续性事件的报道，他说："观察竞争对手必不可少。当我们确定要使用的标题和导语时，我们做的第一件事就是去看 Lanacion.com 和 Infobae.com 怎么写。"他又补充道，"这几乎是自然而然的做法。这就是我们构思新闻报道的原则——看看别人怎么做"（个人访谈，2005年7月28日）。作为对上述观点的回应，Lanacion.com 一名经常在发布新闻后去查看竞争对手新闻的政治记者说，"我把这种做法看成是一种容易使用的控制方式……如果看到一条新闻的报道框架与我的完全不同，我不会担心，但我会关注这个事件，因为这意味着我可能错过了什么"（个人访谈，2006年12月18日）。此外，《号角报》国内新闻编辑费尔南多·冈萨雷斯（Fernando González）也注意到 Lanacion.com 在午夜后就发布印刷版报纸的内容，"星期六的凌晨1点或1点30分，我盯着它们的网站，因为星期日的报纸非常重要。这时我们自然仍有一半的报纸还没有印刷，因为我们一直到凌晨4点都在印刷。如果有什么地方需要更改并拿出第二版，我可以做得到。这样的更改非常重要，尽管这种情况还从未发生过。但是，我的确得一直盯着它"（个人访谈，2007年2月22日）。

几位接受访问的记者都提到了因监看行为而产生的某种疏离

感。《民族报》媒体和文化专栏记者苏珊娜·雷诺索（Susana Reinoso）说，近年来不仅记者接近新闻和信息的窗口大大增多，而且"我相信如果我不去接触所有这些窗口，就会远离一部分现实世界"。她补充说，"这就像在玩'写实小说'（reality-fiction）游戏，尽管我知道新闻媒体每天都在重建现实……但我仍然相信我必须一直打开所有窗口"（个人访谈，2007年2月22日）。同样，《号角报》娱乐新闻部的编辑阿德里安娜·布鲁诺（Adriana Bruno）说，"每次花费更多的精力去看别人在做什么的时候……我想这开始成为一件必要的事情……但它也成了一种惯性，开始发展成一种不再以读者而是将其他媒体作为参照的脑力训练。我们仿佛都坐上了旋转木马，忘记了我们曾拥有的个性"（个人访谈，2007年2月21日）。

网络媒体和印刷媒体记者都监看其他媒体，但由于各自媒介的独特性，监看的强度和范围存在差异。对于新闻网站的记者来说，本书第二章提到，持续不断的监看与新闻的高速生产有关，也与首发新闻的竞争加剧有关。Ultimo Momento 部门的体育新闻编辑法昆多·基罗加说，他一直在监看其他媒体，因为"当他们赢了的时候，我喜欢打败他们"。争第一是"记者的工作，我相信这对公众无关紧要。但我喜欢赢，如果输了我真的会很失望"（个人访谈，2005年12月15日）。因此，监看行为在记者中很普遍。他们发布一条新闻后，就立刻会去看是否在竞争中"获胜"了。特别是对突发事件进行报道的时候，求胜心更切。在 Clarín.com 曾发生过这样的事："一家有线新闻频道播出了迈克尔·杰克逊（Michael Jackson）的审判结果后，立刻引发了一波抢发新闻的竞争。七分钟后，最新的报道发布了。负责这条新闻的编辑马上去看了竞争对手的网站，并宣布：'是我们第一个发布的。'网站主页的编辑和他握手、祝贺他并说'和你一起工作真的很棒'"。（田野调查笔记，2005年6月13日）

正如在引言中所述，本研究开展田野调查的时候，《号角报》和《民族报》的网络和印刷新闻编辑部各自独立运作。像第二章中描述过的 Clarín.com 的 Ultimo Momento 部门工作人员需参加印刷编辑部会议一样，Lanacion.com 新闻编辑部的工作人员也喜欢出席它的印刷版编辑部中午和下午的会议，并试图让网站的报道与他们感受到的印刷报纸的报道取向保持一致，尤其在对公共事务进行报道的时候。据该网站副主编马里亚纳·罗宾（Mariana Robin）介绍，"我们必须遵循印刷报纸编辑新闻的趋势"（个人访谈，2007年2月21日）。不过，尽管网络新闻编辑部做了这些努力，尽管网络和印刷两个编辑部位于同一个办公空间（不像《号角报》，两个新闻编辑部位于相距超过两英里的不同建筑当中），这两个编辑部仍然拥有各自独立的新闻生产惯例。Lanacion.com 的体育编辑阿里尔·缇菲斯（Ariel Tiferes）说，"空间上的接近允许我们与印刷报纸的记者相互检查。但是，我们在日常工作中其实并没有关系；他们不会打电话告诉我们'有事发生，快报道'……我们是两个不同的新闻编辑部门"（个人访谈，2006年12月14日）。罗宾和缇菲斯的话说明了网络和印刷新闻编辑部在自主运作中关系的不对称性。前者试图在一定程度上与后者保持一致，后者却不这么认为。正如第二章提到的，这种不对称性和自主运作的机制传递出《号角报》的网络和印刷新闻编辑部之间关系的某些特征。《号角报》的一名体育撰稿人说，"我和网络新闻编辑部没有日常联系。我在巴西跟进博卡青年足球俱乐部的新闻时……我刚和教练谈过话，拿到了他们的出场阵容名单，就在这时候，Clarín.com 发布了一个完全不同的阵容……我明明就来自《号角报》，却感觉和他们处于两个不同的世界"（个人访谈，2007年3月20日）。

在印刷和网络新闻编辑部自主运作的背景下，网络媒体记者监看行为的第二个显著特点是他们试图让自己的报道与印刷报纸的报道保持一致。最直接的做法是出席印刷新闻编辑部中午和下午举行的编辑会议。另外一个既有连续性又能保持距离的方法是通过使用一个软件，在一天中随时能让记者在电脑上看到《号角报》第二天印刷版的版面变化。Clarín.com 的国际新闻撰稿人泽维尔·多明格斯（Javier Domínguez）说，"通常下午5点开始，我通过这个软件查看纸媒上的国际新闻报道"（个人访谈，2005年12月13日），他经常将纸媒的报道纳入网站的国际新闻报道栏目。

印刷媒体记者如今将过去用于浏览通讯社稿件的时间花费在浏览新闻网站上。丹尼尔·米格斯（Daniel Miguez）在成为《号角报》都市报的编辑之前曾在国内新闻部工作过好几年，他说，"自从几年前我们可以在编辑部上网……浏览新闻网站就取代了查看通讯社稿件"（个人访谈，2007年3月22日）。他在体育新闻部的同事胡里奥·查佩塔（Julio Chiappetta）同时注意到，"我现在几乎不看通讯社的稿件，因为最新的消息在 Clarín.com，比通讯社快多了。以前觉得通讯社的消息是最新的，现在 Clarín.com 才是最新的"（个人访谈，2007年3月20日）。

负责生产软新闻的网络和印刷媒体记者之间的监看远远少于报道硬新闻的同事。在 Clarín.com，Conexiones 部门的工作人员可能好几个小时都不会去浏览竞争对手的网站。前 Conexiones 撰稿人马塞拉·玛泽伊说，"我不怎么看别的新闻网站"（个人访谈，2005年10月13日）。另外，Conexiones 部门的员工不用像 Ultimo Momento 部门的同事那样，需要不断地监看其他媒体、寻找有新闻价值的主题，他们只在休息时间浏览其他媒体网站。电视节目撰稿人列奥·巴钦尼（Leo Bachanian）表示，他每天只会看一次竞争对手的网站，"一般在下午，通常在我们播出当天的电视报道之后"（个人访谈，2005年11月11日）。

生产软新闻的印刷媒体记者的工作模式也差不多，负责《民族报》每周技术报道的记者里卡多·塞姆班德（Ricardo Sametband）说自己"很少看 Clarín.com，看 Lanacion.com 会多一点点"。有时候，一条先刊登在 Lanacion.com 上的新闻可能会带来"一个好点子……不过我在 Lanacion.com 的对手专注于报道突发消息，所以对我这样关注'实用新闻'的人来说，那上面的新闻一般没什么用"（个人访谈，2007 年 3 月 21 日）。

技术在上述监看行为中发挥着至关重要的作用。如果没有计算机、电视、收音机、印刷报纸和杂志，以及大量的程序、设备、软件协议和物质基础设施，监看行为不太可能发生。技术的重要意义与有关新闻监看和模仿的技术及理论研究的缺乏形成了鲜明的对比。在新闻生产研究中，相比人际关系网络等因素获得的关注，有关监看技术的研究（Bourdieu，1998；Donsbach，1999；Shoemaker & Reese，1996；Tuchman，1978；B. Zelizer，1993）非常稀缺。研究者都认为，记者之间持续的面对面交流有利于形成社会联系，这些联系反过来有利于监看和被监看。这方面的典型案例是对创造了"子宫环境"（womb-like conditions）的竞选活动的监看增多了（Crouse，2003［1972］，p.7）。

在本书的研究中，当我们想要去理解 Clarín.com 为什么要改造有线盒（cable box）设备时，缺少强调技术作用的学术研究作为支撑。在阿根廷的印刷和广播新闻编辑部中，cablera（英语的"cable box"）这个西班牙语新词特指用来接收通讯社消息的设备。2004 年 5 月 Clarín.com 的业务重组后，查看 cablera 成为 Ultimo Momento 部门的一个新职位，在新闻编辑部拥有自己的工位。负责这项工作的一名员工称自己是"新闻猎人"（news hunter），被雇来"在所有通讯社，国内外新闻网站、广播、电视、图片社等信息来源提供的消息中，捕捉所有与我们相关的信息"（个人访谈，2005 年 11 月 28 日）。此项工作要求工作人员在八小时的工作时间内不间断监看

"所有时间发生的所有事件"(个人访谈，2005年11月28日)。负责此项任务的工作人员在Ultimo Momento部门中心区域工作，周遭环绕着"四台显示器——两台电视机和两台电脑屏幕，以及键盘、鼠标和扬声器。另外还有一个遥控器，一本贴满剪报的笔记本，一张写满笔记的纸……这个空间实际上与新闻编辑部的其余部分相互隔绝，监看者藏身于四台显示器的包围之中。该部门另外两台电视机成了他的背景墙，这堪称整个新闻编辑部中最私密的空间"(田野调查笔记，2005年5月2日)。

在新闻编辑部的这个技术饱和的场所中，有线盒工作人员利用各种各样的工具采集各类媒体上有趣的新闻，并将其通过即时消息发送给同事。编辑通常要先浏览这些信息，将其中有新闻价值的部分分发给撰稿人。撰稿人自己也经常看这些信息，主动联系编辑询问他们是否可以写自己认为主题合适的新闻。在Clarín.com的Ultimo Momento部门，即时消息在监看行为中发挥着重要作用。基于浏览互联网或收听新闻广播行为的直接或间接、积极或被动的特点，可以对监看进行分层，即时消息支持了间接的、被动的监看行为。生活新闻撰稿人米格尔·米多诺说："有时候我手头正在写一篇报道，没有时间去监看别人，15分钟可能就这么过去了，但我们可以利用有线盒工作人员的工作来弥补信息的缺失。他们会发送电子信息，你可以写完报道再回过头去看。"他补充说，"如果不发送电子信息而是大声喊叫，我们就必须中断手头的工作去做记录，否则可能会忘记"(个人访谈，2005年10月18日)。在网络新闻编辑部，即时消息对监看行为的影响与第二章中的发现相互关联。在编辑工作中，Ultimo Momento部门的工作人员比Conexiones的工作人员更多地使用即时消息，它有助于开展包容性强和多层次的监看。此外，它也提供了更迅捷、更多元的信息流。相比软新闻生产者，即时消息对于生产硬新闻的记者更为重要。

本节中的叙述揭示了不同类型的新闻生产中的监看行为存在着巨大差异,这种差异与媒介类型的关联较小,与不同媒介组织的相关性更可以忽略不计。在考察了编辑工作中与监看相关的模仿机制后,本书还将进一步讨论监看行为的差异。

模　　仿

对于一位天真的观察者来说,《号角报》和《民族报》的网络和印刷版记者日常生产实践中最突出的特征就是普遍地模仿别人。也就是说,当有机会在日常工作中模仿其他新闻机构的报道时,记者们通常不假思索、自发、无意识并务实地去这么做。本章开篇的两个场景充分说明了这个问题。正如 Clarín.com 的 Ultimo Momento 部门常规的新闻生产流程所示:一名记者通过查看电子邮件、通讯社消息、Infobae.com 和 Lanacion.com 寻找新的报道。她注意到 Lanacion.com 上有一条关于前科尔多瓦省(Córdoba Province)省长爱德华多·安吉洛兹(Eduardo Angeloz)的消息。她询问编辑是否已经有人在 Clarín.com 发布这条新闻了。编辑回答说:"没有。"她告诉编辑:"我来做。"半小时后,这名记者将新闻上传到发布系统中,并通过即时消息通知编辑(田野调查笔记,2005 年 4 月 11 日)。

新闻生产中的模仿行为建立在直接复制的逻辑之上。用 Clarín.com 的编辑的话说,"如果一条新闻已经被竞争对手刊登出来了,那我们也要发表。也许这不是很重要的新闻,我们会调低它在首页上的位置,但我们还是要发布它。别人有,我们也得有"(个人访谈,2005 年 7 月 28 日)。

直接复制的逻辑影响着新闻的选题和报道的结构。当被问到如何选择 Clarín.com 的报道主题时,米格尔·米多诺指出,"如果两家主要的有线电视新闻频道正在播放相同的新闻,那么除了在网上发布这条新闻,你别无选择"(个人访谈,2005年10月18日)。《号角报》的一名体育记者观察到,由于新闻网站的发布数量和频率在增加,"每时每刻你都能获得以前得不到的信息,这会改变你的工作习惯"。比如"Lanacion.com 有一条网球运动员 X 受伤的新闻,而你的编辑部负责网球报道的记者因为请假而没有报道……当 Lanacion.com 发布这条新闻时,其他网站都会照做,这种状况会改变你第二天的新闻报道计划"(个人访谈,2007年3月21日)。

以下两个发生在 Clarín.com 的简短互动说明了这种模仿的逻辑会如何影响新闻报道的叙事结构。2005年4月28日,意大利国家公共服务广播公司(Radiotelevisione Italiana,RAI)播出了意大利足球明星法比奥·卡纳瓦罗(Fabio Cannavaro)在20世纪90年代后期为意大利帕尔马足球俱乐部(Italy's Parma Football Club)踢球的视频。视频中的他正在注射一种当时允许运动员使用来提高成绩的药物。同时,卡纳瓦罗提到了另一位当时在场的队友的昵称,据说是著名的阿根廷球员胡安·塞巴斯蒂安·贝隆(Juan Sebastián Verón)。这条新闻备受阿根廷媒体的关注。布宜诺斯艾利斯时间下午7点50分,有关贝隆是否参与了这件事的消息仍在核实中。在 Clarín.com 编辑部发生了如下对话:

> 编辑告诉体育记者要在报道中加入意大利媒体的链接。体育记者认为,他们应该补充说明贝隆也在现场。
>
> 编辑:"……我们不要说得那么明显。"
>
> 体育记者:"但到处都传开了。"
>
> 编辑:"好吧,那加上吧。"(田野调查笔记,2005年4月28日)

几个星期后,三名 Clarín.com 的工作人员在决定主页上新闻的位置时,进行了如下交谈:

记者1："我们可以把巴勒斯坦总统阿布·马赞（Abu Mazzen）的新闻往上放，把委内瑞拉国家足球队的消息往下放。"

编辑："好。"

记者1："因为没有人关注委内瑞拉的报道，大家的网页上都是阿布·马赞的消息。"

记者2："对，阿布·马赞是Lanacion.com的头条。"（田野调查笔记，2005年6月4日）

与确定新闻选题一样，是否符合其他新闻机构选择新闻的标准决定了贝隆报道和阿布·马赞报道的内容和框架。

网络和印刷新闻编辑部的内部运行模式推动了组织之间相互模仿的共识的形成。而究竟是网络媒体还是印刷媒体主导着两者的关系，决定了组织内部运行模式的不同特点。当网络新闻编辑部试图与它的印刷母版联系在一起时，显示出要和印刷媒体的编辑取向保持一致、增强两者之间的整合的意愿（与内容同质化相关的问题将在本节后面部分进行讨论）。具体行动表现为诸如出席印刷媒体的编辑会议、就敏感新闻给印刷新闻编辑部打电话，以及每天使用跟踪印刷媒体版面更新状况的软件等。《民族报》的伊内斯·卡普德维拉指出，在下午晚些时候，Clarín.com成为了解《号角报》国际新闻的窗口。Clarín.com的工作人员泽维尔·多明格斯下午5点开始使用内部网络查看第二天《号角报》国际新闻报道的安排，并将这些信息纳入新闻网站。Clarín.com和Lanacion.com的记者对印刷媒体编辑部立场的关注以及避免过于偏离印刷版内容的尝试，都间接影响了组织内部的运行模式。

当印刷媒体是两者关系的主导者时，印刷和网络新闻编辑部的内部组织模式不同于前。虽然印刷媒体监看各种新闻网站，但它们通常更频繁地浏览本报的网站。在《号角报》新闻编辑部的电脑上，网络浏览器的默认主页是Clarín.com，记者不能自行修改设置。印刷媒体的记者认为使用报纸的网站比高频率监看其他媒体更重要。他们把报纸的网络版看作警报系统和通讯社的替代品，并通过它去搜索更多的信息。《号角报》的联合主编胡里奥·布兰克说，Clarín.com"取代了通讯社，我再也不用看通讯社的消息了"，他补充说Clarín.com的工作人员"看到通讯社的消息，按照合理的标准从中选择报道，发布在新闻网站上，对我们来说既方便又高效。他们会选择一些我们编辑部的记者不会看的有趣消息，比如科学和技术报道"（个人访谈，2006年12月14日）。由于新闻网站发布的新闻实际少于通讯社的消息，并且发布新闻的原则经常受到其他媒体机构的影响，所以用报纸网站取代通讯社的潜在风险是，可供编辑筛选的新闻网（news net）缩小了：可供印刷报纸使用的消息更少了，消息的多样性也被削弱了。

与信息来源的接触权限也会影响新闻生产中的模仿行为。《号角报》的一名体育记者说："有时候我会去观摩经常报道的足球队的训练，回到编辑部时，我非常确定我有什么信息可以报道，因为我亲眼看到了，我和新闻的提供者交谈了。那一天，我不需要那么多次去浏览其他新闻网站。"相比之下，"也许有一天我没有去观摩训练，没有这么多信息，我就可能要频繁地去查看其他新闻网站。下午3点看一次，5点再看一次……看多少次取决于我需要为报道填充多少信息"（个人访谈，2007年3月20日）。显然，接触消息来源可以减少模仿行为的发生。不过对一些记者来说，正常接触新闻消息源的机会似乎正因为当代媒体环境中工作速度的加快而变得复杂。就网络新闻而言，本书第二章显示在时间压力下，Ultimo Momento部门工作人员对信息源的采访极为稀缺。一些印刷媒体记者也提到采访的数量正在减少。比如《号角报》的费尔南多·冈萨雷斯就抱怨说："我每天收到两三百封电子邮件，我花费了太多时间去删掉它们和清理收件箱。你会希望过这样一种生活……通过和消息源喝一杯咖啡，就可以从他那里得到最好的消息。而通过电子邮件，除非他有告诉你的意愿，否则你不可能得到一条独家消息。现在和消息源坐下来喝一杯咖啡的时间真是越来越少了"（个人访谈，2007年2月22日）。

新闻生产实践的发展与记者对消费者认识的不断演变紧密结合在一起。如第二章所述，对典型的网络新闻消费者的认知最近才开始逐渐成熟。长期以来，记者认为报纸的读者已经形成了稳定的消费行为和偏好，但是记者们都感觉到，近年来消费者的行为和偏好发生着快速的变化，新闻消费变得越来越难以捉摸。据《号角报》联合主编西尔维娅·法斯奎特（Silvia Fesquet）说，"人们的需求让媒体机构越来越有吸引力，也促使它们发生转变，这些变化过去可能需要十多年的时间，现在则必须变得更快。以前媒体能吸引很多的读者，你的祖父母会买报纸，你的父母和你也会买，甚至你们都不知道为什么要买这份报纸或那本杂志……从前消费者的忠诚度更高"（个人访谈，2006年12月15日）。除了整体消费观念的迁移，消费者的表现也因媒介而异。

印刷媒体记者认为日常生活中的当代消费者从网络新闻里获得了比以往更多的知识。这种判断源自很大一部分消费者在工作日从网站获取新闻的现实，这些网站也正是记者们日常监看的网站。《号角报》的一名负责犯罪新闻报道的记者说："人们知道这一整天都发生了什么。他们知道关于某个事件的基本事实。"（个人访谈，2007年3月23日）体育部的一位同事也表达了类似的观点："不像不久以前，很多人第二天早上才会读到报纸，现在你们当天就已经可以在互联网上看到所有的新闻了。"（个人访谈，2007年3月21日）

消费者的行为有助于印刷媒体记者形成报道的议程，根据《号角报》的联合主编丹尼尔·费尔南德斯·卡内多（Daniel Fernández Canedo）的说法，这是一种在"旧媒体"时代已经存在的趋势。"读者想在报纸上看到前几天他已经在电视上看过的新闻的报道。"这种需求对于报纸打造头版来说尤其重要。费尔南德斯·卡内多是直接负责《号角报》头版的编辑，他认为第二天的报纸送达读者手中时，读者已经什么都知道了。这是首要难题，主编的主要焦虑在于我们如何去做一个已经成为话题的新闻。与此同时的另一个疑问是，我们必须发布这条新闻吗？在消费特征已发生变化的情况下，印刷媒体记者试图将自己的报道与其他纸媒或其他媒介的报道区分开来，他们较少提供新的信息，更多的是对信息进行原创性的阐释。记者将这种做法称为"*la mirada*"，大致可以理解为"视角"（the look）或是对事物的看法。据费尔南德斯·卡内多介绍，"相比新闻事实本身，我更关注这则新闻的'报道视角'，以求找到新的角度去观察正在发生的事情"（个人访谈，2006年12月14日）。他还指出，在我们访谈的前一天，周日（2007年2月18日）《号角报》头版头条的报道就是对通过不同视角去展示报道差异性的"高度概括"。

《6月3日，布宜诺斯艾利斯市长选举加快速度》（Speed up the Buenos Aires [mayoral] election: June 3rd）。③"加快"是标题中的特色元素，因为在当天下午2点报纸出版前人人都知道，6月3日要举行选举，"加快"意味着在政府日程中，选举被排在前面……印刷媒体，特别是《号角报》一直努力对新闻做出解释，因为我们与电视、广播以及网络媒体的竞争非常激烈，大多数人在读到报纸之前已经知道发生了什么。近年来，这种态势更加明显。现在的印刷媒体已经很难去深入报道某个新闻事件或者把自己和竞争对手区隔开来。（个人访谈，2007年2月22日）

网络新闻记者对消费者有不同的看法。与 Clarín.com 的同行一样，Lanacion.com 的工作人员也将"工作中的"消费者视为典型消费者。据该网站体育编辑阿里尔·缇菲斯介绍：

> 70%的消费者到达工作场所后就会登录网站。如果有时间，还会反复浏览，看看有什么新消息，然后继续工作。午餐时有时间还会再次浏览……他们也许听不到收音机，所以来访问我们的网站……我们意识到，观看体育比赛的网络直播也一样。当比赛在正常工作时间进行时，网站的访问量能增加300%。（个人访谈，2006 年 12 月 14 日）

除了对工作中的新闻消费现象的普遍看法之外，Clarín.com 和 Lanacion.com 的记者也深信，消费者期待阅读硬新闻的两个主要原因是时效性和全面性。如果消费者不能从某个网站中获取最新的报道，他们可能会停止访问这个网站，在第二章讨论 Clarín.com 的日常运作时我们讨论过这种担心。类似的担忧在 Lanacion.com 的员工中也很普遍。除了时效性，另一种担忧是，如果网站提供的新闻报道不完整，消费者也可能会放弃访问。在 Ultimo Momento 部门的会议中，一位编辑认为，消费者"可以同时在电脑屏幕上打开几个窗口，如果他在一个网站上没有发现什么新的消息，就会去另一个网站"（田野调查笔记，2005 年 4 月 21 日）。Lanacion.com 的马里亚纳·罗宾表达了类似的想法："如果明天小甜甜布兰妮说她怀孕了，我们必须把这条消息放在主页上，因为在收音机上听到这条消息的人会到我们的网站来看，如果她看不到相关报道肯定会离开。"（个人访谈，2007 年 2 月 21 日）提供最新的、全面的报道加剧了新闻网站上硬新闻生产者之间的互相模仿。对生产速度的要求减少了生产者寻找独特内容的时间，对当前事件进行全面报道的意愿则增加了从其他媒体复制新闻的可能性。

在第二章中，我提到新闻从业者通过使用类似软—硬、报纸—

杂志、冷—热以及暖区—灰色地带等对立词汇,去理解Clarín.com的Ultimo Momento和Conexiones两个部门不同的生产逻辑。记者内部另一个流行的比喻是将新闻网站视为加油站。它不但提供了理解消费者行为的窗口,而且是理解新闻生产相似性和差异化经验的窗口。Clarín.com的编辑马塞洛·弗朗哥将这个比喻描述如下:"你需要给车加满油,但没必要去挑选加油站,因为汽油的价格或质量在本质上没有重大差别。对我们来说,人们阅读硬新闻就像来我们这填满'油箱'一样。我们把自己和竞争对手区分开的可能性很小。因此,当客人来我们这'加油时',我们发明了新的服务〔原文是提供轻型机械服务(light mechanic service),意指新的服务。——译者〕。"(个人访谈,2005年12月14日)

这种"服务"指的是Conexiones部门生产的软新闻。Clarín.com的主管吉尔勒莫·库莱利回应了弗朗哥的想法,他说:"我们不得不通过添加一些内容去彰显我们的个性,把我们和其他网站区别开来……我们赌Conexiones提供的文章,它们不是从印刷媒体复制而来的,而是我们独家生产的"(个人访谈,2005年12月16日)。因此,新闻网站的从业者认为,"硬新闻"的消费者希望得到最新、全面的报道以满足基本的信息需求——类似于汽车需要加油。而"软新闻"的消费者希望在满足前一基本需求的前提下,获得某种原创性的附加值——类似于检查汽车胎压或者在加油站的商店购买汽水。

在加油站隐喻的建构中,硬新闻是一种通用商品,而软新闻成为差异化内容的载体。不过对于新闻生产者来说,硬新闻的商品化并不意味着它相对软新闻处于次要的地位。硬新闻是吸引消费者去浏览新闻网站的内容类型,就像汽油吸引人们来到加油站一样。一旦消费者去了加油站,就可能购买其他产品和服务。此外,新闻机构的一项关键工作是设置议程,硬新闻在此项工作上发挥的作用大于软新闻。Ultimo Momento 部门的编辑马科斯·弗格里亚认为，"软新闻给新闻网站带来差异性，而硬新闻尽管确实是一种商品，却持续塑造着国家新闻议程的主题"（个人访谈，2005 年 12 月 13 日）。

除了以加油站的比喻表达消费者的偏好之外，弗朗哥、库莱利和弗格里亚的意见也说明了新闻生产者的经验在模仿过程中的重要性。这些经验因媒介而异。当提起硬新闻的时候，网络记者都体会到了强烈的内容同质化倾向。Clarín.com 的一位记者评论说："现实是所有的新闻网站都刊登相同的新闻。"（个人访谈，2005 年 10 月 5 日）Lanacion.com 的体育专栏记者阿莱霍·韦泰雷回忆自己的生产实践时说，看看"Clarín.com 和 Infobae.com，你就能意识到模仿已经发生了，因为它们和通讯社犯同样的错误……我们都进入了一个循环——他们把新闻从那里搬过来，我们从这里搬走，一切工作都在为这个循环提供原料"（个人访谈，2005 年 10 月 5 日）。

负责制作硬新闻的网络媒体记者并不喜欢同质化的状况，因为这与他们的核心职业价值观和自我意识产生了冲突：一个人从事新闻工作不是为了去复制别人的报道。网络媒体记者试图在一个非常狭窄的能动空间内生产差异化的产品。Clarín.com 的一名编辑说，"我们试着在可能的约束条件内，用自己的视角去报道新闻，我们很清楚自己生活在互联网时代"（个人访谈，2005 年 12 月 15 日）。致力于内容差异化的努力在具体行为上表现为利用借助监看收集到的信息来改变一个已经发布的、与竞争对手类似的新闻的报道框架。④Lanacion.com 的马里亚纳·罗宾说："我们尝试使用和其他新闻网站不同的标题……这很有趣，因为有时我们会同时发布两个非常相似的标题，如果有一个 B 计划作为备份，我们可能会决定'好，我们换另一个'。如果竞争对手是 Clarín.com，它们或许也有同样的备份，也会调整自己的标题。"（个人访谈，2007 年 2 月 21 日）

印刷媒体，特别是《号角报》和《民族报》的记者对于报纸之间的竞争引发了更多相似的报道这个观点，看法并不一致。我在采访号角集团副总经理里卡多·罗亚（Ricardo Roa）时提到，我感觉这两份报纸的报道近年来越来越相似。他回答说："是的，过去它们的差异更明显，但就像你说的……我也注意到了这个现象。"（个人访谈，2007年3月23日）另一位体育部的同事表达了类似的想法："今天你在新闻编辑部里经常听到的话是，每个人的新闻报道都一样"（个人访谈，2007年3月21日）。不过这并不是普遍的观点。当我问《民族报》的都市新闻编辑费尔南多·罗德里格斯是否认为近年来他们的报道和《号角报》越来越像时，他回答说："不，我们就像一条有着独特的遗传基因的DNA链"（个人访谈，2007年3月20日）。《号角报》负责犯罪新闻的记者弗吉尼亚·梅西（Virginia Messi）对犯罪新闻报道相似性的问题是这么回答的："一般来说，《民族报》和《号角报》对犯罪新闻的报道完全不同。《号角报》的议题可能对《民族报》来说不算什么，而《民族报》强调的选题，我们甚至都不报道。"（个人访谈，2007年2月23日）

新闻机构声誉管理的问题也塑造了硬新闻生产中的模仿行为。经济学的研究提出了有关声誉在新闻模仿中的角色的重要见解（Bikhchandani & Sharma，2001；Choi，1997；Ottaviani & Sorensen，2000；Scharfstein & Stein，1990，2000；Zwiebel，1995）。其中一种看法与凯恩斯（Kenyes）的观点一致："对于声誉来说，传统的失败比创新的成功要好"（1964，p.158）；沙尔夫斯坦因（Scharfstein）和斯坦（Stein）也阐释了"分享过失效应"（sharing the blame effect）可能会驱动基于某种原则的投资行为负责人之间的模仿。根据他们的说法，当一位经理的声誉与她的同行的行为联系在一起时，这位经理很可能"只模仿其他经理的投资决策，而忽略了实质性的私人信息。从那些关心自己在劳动力市场上的声誉的经理们的角度来看，这种行为是合理的"（1990，p.465）。有关媒介的研究揭示了新闻生产中类似的情况（Breed，1955；Crouse，2003[1972]；Hamilton，2004；Kiernan，2003）。邓伍迪（Dunwoody）认为，"每个记者都知道，他的编辑正在通过监看竞争对手（报纸和通讯社的报道），评估记者生产的报道与竞争对手发布的报道是否**有关**。如果记者生产了与众不同的新闻，可能会有麻烦，他得为自己的选择找到理由。但如果所有的竞争对手当天发布的都是同样的报道，每个编辑都会认为自己的记者做得很好"（1980，p.17）。

接受本研究采访的印刷媒体和网络媒体记者对职业声誉的重视增加了他们在硬新闻生产中的相互模仿行为。一位网络记者说："记者有一种普遍倾向……即成群而行，他们对与众不同的行为怀有很大的恐惧。"（个人访谈，2007年2月21日）这种心态增加了记者报道其他媒体同时报道的事件的可能性。据 Clarín.com 的编辑说，"有一个评判标准，说我们必须向消费者提供竞争对手所拥有的一切而且还要提供更多……所以我们必须向消费者报道与其他媒体相同的消息"（个人访谈，2005年7月28日）。

一系列的实践、表现、经验和声誉因素，对于硬新闻生产中模仿行为的形成来说非常重要，但这些在软新闻的生产中都不存在。软新闻记者的监看行为没有硬新闻记者那么强烈和普遍。他们对新闻领域中的竞争对手和其他行为主体的产品知之甚少。反过来，这也让可供模仿的候选新闻变得更少。此外，一些组织内部的实践行为增强了硬新闻记者之间的模仿，但在软新闻生产中这种情况并不存在，或者呈现出相反的迹象。Clarín.com 的 Conexiones 部门的员工通常不会关注同行的报道，即便看到那些报道也尽量不去复制它。而且，生产软新闻的记者有更多的时间去完成每一个报道，因此他们似乎比生产硬新闻的记者更有动力去持续地接近消息来源。Clarín.com 要求每则报道须引用一定数量的消息源。但就像我们在

第二章已经提到的研究所发现的，Conexiones 部门的员工利用消息源收集信息后撰写的新闻比 Ultimo Momento 部门的同事多 6 倍以上，这反过来减少了生产相似新闻的可能性。

最后一种生产实践与硬新闻和软新闻记者生产的内容的本质区别有关。硬新闻的及时性限制了具有新闻价值的事件的范围，影响了记者的努力方向。记者必需互相监看以确保他们没有遗漏任何相关内容，这么做增加了产出相似内容的可能性。相比之下，软新闻的内容不用那么及时，反而减少了模仿的可能性。当问到《民族报》的里卡多·塞姆班德，报纸每周的技术报道副刊与《号角报》对应板块的相似之处时，他说，"因为我们的报道中有 90% 不受截稿时间影响，所以我们两家只会偶尔出现相似的报道"（个人访谈，2007 年 3 月 21 日）。

在网络新闻的案例研究中，我们发现消费者对硬新闻和软新闻记者工作的认知并不相同。消费者谈到软新闻时，认为需要独特的报道，记者模仿竞争对手的做法毫无意义。这种认知与声誉紧密相连，消费者褒奖的是报道的原创性，而不是生产硬新闻的记者追求的及时性和全面性。这种认知遏制了新闻生产中的模仿行为。

最后，生产硬新闻和软新闻的从业者之间存在着一种重要的经验差异。硬新闻记者在他们的日常工作中传递了一种"被事件推动"的感觉，这在网络记者中尤其普遍。硬新闻记者通常声称"新闻议程是强加给我们的"。《民族报》的伊内斯·卡普德维拉说："也许我们不设置议程，但议程已经为我们设置好了"。（个人访谈，2007 年 2 月 21 日）Lanacion.com 体育部的阿里尔·缇菲斯表达了类似的看法："在网上，新闻已经在那里了，你必须去报道它。"（个人访谈，2006 年 12 月 14 日）相比之下，生产软新闻的记者则有另一种感觉，即他们必须把事件"拉进"他们的报道。负责生产软新闻的记者在选题上有更大的自由，普遍表达了"必须走出新闻编辑部去完成报道"的意愿。Clarín.com 的 Ultimo Momento 部门的玛丽亚·阿尔塞说,"在 Ultimo Momento,你总是需要依赖第三方提供信息,因为你不是在大街上,你是在新闻编辑部里工作,信息可能来自电视、收音机、通讯社、互联网、电话,不论哪里总是来自第三方",但在 Conexiones,"我在生产信息……我走出编辑部,去对选题进行研究"(个人访谈,2005 年 11 月 2 日)。其他媒体报道的新闻给硬新闻记者施加了压力,迫使他们的工作与新闻同行保持一致。相比之下,软新闻记者在写作报道的时候接触到了更多的信息中介,他们得以寻找更多待挖掘的报道。

结　语

在本章中,我研究了《号角报》和《民族报》的网络和印刷新闻编辑部中存在的监看与模仿的问题。研究发现,生产硬新闻的记者比生产软新闻的同行更多地依赖技术进行监看,且监看行为的强度更大、更具普遍性。相比软新闻生产者,生产硬新闻的记者显然更好地利用了通过监看获得的信息,以便去模仿新闻领域的其他生产者。研究还发现,硬新闻生产者是在网络还是印刷新闻编辑部工作,决定了他们的监看和模仿行为的表现。不过,这些差异并未反映两种媒介之间本质的分裂,而是反映了从业者如何适应不同媒介的特性并完成工作。最后,尽管《号角报》和《民族报》的意识形态立场、编辑风格、历史轨迹和媒介文化之间存在差异,但组织之间的新闻监看和模仿行为趋于相同。

理解监看和模仿的差异模式需要重点考虑三方面的问题:组织领域内发生变革的过程、技术在其中扮演的角色、当前的实践模式和更宏大的社会结构之间的相互作用。新闻网站的新闻发布数量和频率的增加引发了媒介组织的转型,新闻生产者对这种变革既没有规划，也没有预见。值得注意的是，Clarín.com 决定增加产量的目的是回应外部消费的变化，变革是临时性和渐进式的。另外，只有当新闻生产者确信他们对网站访问量做出了保底的贡献后，数量和频率的增长才会成为硬新闻制作的战略。由于其他领先的新闻网站（如 Lanacion.com）也在增加新闻发布的数量和频率，所以这种操作模式在整个媒介组织范围内被制度化了（Berger & Luckmann, 1966）。由于前几章和本章所述的原因，许多新闻生产者并不喜欢硬新闻生产的紧迫性逻辑，但基于对制度化（由构成社会现实本质的共同概念和意义生成的框架）的"文化认知"（cultural-cognitive, W. R. Scott, 2001, p. 57），新闻生产者把这种逻辑视为理所当然，这也将有助于他们认识到组织领域的变革超出了他们的能力范围。

监看和模仿的变革可以说是技术为网络赋能（affordances）的无意识结果。⑤互联网环境下信息采集、复制和传播的成本低，信息发布也几乎没有延迟，这些技术条件能够让从业者大大增加信息，尤其是硬新闻报道发布的数量和频率。但这并不意味着所有的转变都由技术决定。⑥在 Clarín.com 和 Lanacion.com 上线的最初几年，相关的技术基础设施就已经存在，但在最初的一段时间里，网络记者并没有以第二章中描述的方式去利用这些技术。也就是说，那段时期在网络和印刷新闻编辑部以及它们生产的新闻产品中，监测和模仿的改变很少。在第四章分析新闻产品的时候将进一步阐明这一现象。此外，如果技术有决定性作用，那么硬新闻和软新闻的生产之间就不会存在很大差异。不过，没有决定性作用不等于没有任何作用。我们有理由相信，如果没有数字网络计算机提供的支持，监看和模仿的变革就不可能发生。因此，技术应被视为增加当代新闻工作中监看和模仿行为的必要但不充分条件。⑦

技术和技术实践两个维度对于理解监看和模仿的物质性（materiality）非常重要。首先，新闻生产者并没有使用特别的设备，而是使用一系列逐渐问世的硬件、软件、连接性设备并将这些设备与被称作基础设施的大型系统连接在一起（Bowker & Star，1999；Edwards，2003；Jackson, Edwards, Bowker, & Knobel，2007；Star & Bowker，2002；Star & Ruhleder，1996）。基础设施的概念强调技术通常不会以单独的形式（如计算机程序、电视技术）产生社会影响。只有在一系列复杂的设备、协议和标准中，对技术进行有倾向性和有技巧的运用，才能让技术发挥作用。例如，在对Clarín.com的有线盒放置的空间进行技术配置时，有线盒才显示出作为基础设施的特征。这个例子也指向第二个理解物质性的维度——技术实践。有线盒是一个主要用来观察组织场域，并支持在本地化的编辑部和分散的信息流交叉点上进行新闻生产实践的基础设施。它类似于克诺尔·塞蒂纳（Knorr Cetina）和她的同事在分析金融市场中的技术时所描述的"视觉系统"（Knorr Cetina，2003，2005；Knorr Cetina & Grimpe，2008；Knorr Cetina & Preda，2007）。不过，金融工作往往依赖所有参与者**必须**使用包罗万象的技术系统去完成工作，因此在他们的使用中彼此行为的差异较小。但在新闻生产的过程中，记者是否以及如何利用这些视觉基础设施，将导致行为出现巨大的差异。

  本章介绍视觉基础设施的重点在于强调技术在模仿中的价值。在第一章中，我认为大多数学术研究好像都在同一个前提下进行："模仿发生在一个不存在技术的世界里"。然而，忽视技术的作用将无法更好地解释监看的强化和模仿的增加。简单地说，忽视技术的分析无法帮助我们理解趋势的特点和变化的时机。此外，重点关注技术有助于我们重新思考某些关键因素（如社交网络）在改变模仿活动的程度中发挥的作用。如前所述，媒介学者长期以来都认为紧密联系和相互协调的社交网络是跟风新闻的原型孵化器。这种观点与主流的组织社会学者有相似之处，后者强调组织间的网络，如联合董事会作为模仿的渠道发挥的作用（Davis & Greve, 1997; Galaskiewicz & Wasserman, 1989; Gemser & Wijnberg, 2001; Haunschild, 1993; Haunschild & Beckman, 1998）。我认为不同新闻编辑部的记者和社交网络之间的相互作用可能并不像以往那样，是推动模仿的核心因素。社交网络过去在传播信息方面扮演的角色在一定程度上已经被某些广泛使用的技术取代。这与克诺尔·塞蒂纳和她的同事的发现一致，对金融工作中视觉系统的依赖与人际网络的流行和效率恰成反比。

技术基础设施和实践不断变化的模式有助于说明监看和模仿如何出现在实践和社会结构的交汇处。在第一章中，我认为尽管有关模仿的传播分析集中在实践的机制上，但有关组织间模仿的社会学研究则聚焦于更广泛的社会结构。对监看的分析也是如此，监看是模仿的关键，如果不知道其他人在做什么，就不可能进行模仿。

一方面，媒介领域有关模仿的学术研究已经对新闻生产中监看行为盛行的现象做出了解释（Breed, 1955; Crouse, 2003 [1972]; Donsbach, 1999; Noelle-Neuman, 1973; Reinemann, 2004; Shoemaker & Reese, 1996）。舒德森认为"新闻机构一直在监督彼此"（2003, p. 109）。对布尔迪厄（Bourdieu）来说，这是因为记者经常在"要知道该说什么，你必须知道别人所说的话"的假设下行事（1998, p. 18）。维尔苏斯（Velthuis）在一次世界贸易组织峰会上发布的民族志研究报告中指出，他和同事们经常"热切地监看电子媒体，看看我们的竞争对手写了什么、他们的编辑给予他们多大的空间，以及他们的文章发表在多显著的位置"（2006, p. 137）。

另一方面，用怀特的话说，"市场是生产者彼此观察的有形集体"（1981, p. 543），社会学领域对经济活动中模仿的研究，非常重视去考察促使参与者对竞争环境进行观察的结构条件。在这种学术取向下有两个流派的成果与本章涉及的问题高度相关。首先，对组织间模仿的研究通常集中在社会结构的变化如何改变组织环境的"可观察性",进而影响组织间相互模仿的比率(Dobrev,2007;Greve,1996,1998;Guillen,2002;Haunschild & Miner,1997;Labianca & Fairbank,2005)。例如,"一个组织倾向于模仿它的对手,是因为市场中的竞争压力使对手的可见度更高、更具有可比性"(Rhee,Kim & Han,2006,p.503)。其次,对"公共测评"(public measures)的解释试图确定,诸如排名这样广泛适用与合法化的知识,如何对组织的可观察性和组织之间的相似性产生影响(Anand & Peterson,2000;Elsbach & Kramer,1996;Espeland & Sauder,2007;Sauder & Lancaster,2006;Zuckerman & Sgourev,2006)。研究发现,排名的背后是各个组织为了符合更好的执行者评估标准而做出的努力,这反过来又加深了组织间的相似程度。

从记者的角度来看,网络新闻报道数量和频率的增长,让新闻组织的可观察性产生了质的飞跃。当一个新闻生产者监看竞争者时,更容易看到别人在做什么。例如,《民族报》的伊内斯·卡普德维拉每天下午晚些时候就可以在 Clarín.com 上看到《号角报》计划在第二天的报纸上发表什么内容。这种可观察性的质的飞跃在新闻机构中具有潜在的"公共知识"效应,类似于将排名引入组织领域所产生的效果。记者们不仅能比以前更仔细地观察对手,也知道对手同样可以获得合法性知识。然而,记者能否利用这种逐渐提高的能力去观察组织环境,是否会受到知识的"公共性"的影响,取决于他们的监看实践能否提高竞争环境的能见度。如果因为某种原因,一位新闻生产者不能或没有收集到相关信息,又或者这些信息对他来说没有意义,那么环境的可观察性和知识的公共性对他来说就几乎不会产生任何影响。比如相比生产硬新闻的记者,软新闻生产者的监看强度远没有那么大。所以,新闻监看的加强以及由其带来的新闻模仿的增加,应该可以被理解为出现在实践和社会结构变革的交汇处。社会结构条件由组织环境的可观察性和公共性所决定。实践则由诸如编辑惯例、组织内的关系和对公众的再现等不同因素引发，这些因素会影响新闻生产者的监看行为，将结构条件的变化当作新闻生产可利用的资源。

同样，模仿也受到新闻工作的技术、竞争和受众层面的结构性改变的影响，但这些改变并不足以解释为什么不同新闻类型之间的产品差异巨大，而不同媒介类型之间的产品差异较小。硬新闻和软新闻之间的主要差异体现为信息采集模式、网络和印刷新闻编辑部之间内容校准的过程、对消费者的认知、从业者的观念和情感体验，以及对声誉管理的需求等方面的差异。而媒介类型的不同带来的新闻产品之间的相似性，主要受到技术赋权、编辑惯例以及新闻生产者对新闻产品日益增长的相似性的认识水平等因素的影响。在日常生产实践中网络和印刷新闻生产者试图去生产差异化的内容，由此产生的对抗性力量和上述因素的影响力彼此中和。该如何确定这些生产要素以及同时存在的产品差异化努力对新闻产品产生的影响？我将在下一章中分析网络和印刷新闻在新闻的选择、呈现和叙述方面的相似性模式。

注　释

① 皆为化名。
② 当天上午在《号角报》发表的新闻也可以在 Clarín.com 上找到。
③ 这也是那天《民族报》的头条，其报道的位置和篇幅与《号角报》的头版惊人地相似。《民族报》的标题是"乔治·泰勒曼（Jorge Telerman，时任布宜诺斯艾利斯市市长）对 6 月 3 日的选举结果表示惊讶"（*Sorprendió Telerman al fijar los comicios para el 3 de junio*）。《民族报》的报道在有些用词上和《号角报》不一样（最明显的是对句子主语的处

理），但两个标题总体来看表现出了趋同的阐释策略和编辑重点。

④ 这种差异化的努力，不是在与竞争对手保持同步的情况下去完善某条新闻，而是类似印刷记者用不同的报道"视角"（*la mirada*）区分彼此的尝试。

⑤ 有关媒体和信息技术研究中对赋能的不同理解，参见 Boczkowski（2001）、Gibson（1977, 1986）、Norman（1988, 1993）、Pea（1993）、Wellman（2003）等人的研究。

⑥ 关于技术决定论的一般性讨论，参见 Bijker（1995）、Brey（2003）、MacKenzie（1984）、Staudenmaier（1989）、Williams and Edge（1996）、S. Wyatt（2007）等人的研究。关于媒体和信息技术的讨论，参见 Dutton（2005）、Edwards（1995）、Kling（1994）、Pfaffenberger（1989）、Slack and Wise（2002）以及 Winner（1986）等人的研究。

⑦ Bijker（2001）、Bowker and Star（1999）等人的研究引发了对技术重要性的关注，他们试图以避免技术决定论陷阱的方式去探究技术带来的后果。

第四章　新闻产品的同质化

为了确定 Clarín.com 的访谈对象，我四处寻求建议。一位特别了解阿根廷媒体的朋友说："你一定要和阿尔贝托·阿马托谈一谈。"他补充说，"阿尔贝托会和你说实话的"。阿尔贝托·阿马托是一位有着三十多年从业经验的资深记者，曾在多个新闻编辑部供职，他迅速并积极地回应了我的访谈要求。我们见面时，他提议一起去喝杯咖啡。在走向始建于 18 世纪的塔夸里（Tacuarí）街小酒吧的路上，我们聊起了《号角报》从业者的日常生活。出于对工作的热情，阿马托渴望与我分享他对网络新闻现状的看法，他甚至打印了几份报道，用来说明他正在关注的问题。我问他是否注意到近年来阿根廷媒体提供的报道在相似性上有什么变化。他直视着我，暂停了几秒钟，不无沮丧地回应如下。

阿马托：如今这三家报纸，《号角报》《民族报》和小型左派日报《第十二页报》（*Página/12*）在头版上发表一样的照片。三家报纸都一样！这说明印刷新闻业的想法都一样。为避免漏报新闻，我们特别关注《民族报》和《号角报》将要报道什么。

采访者：这种情况近来有所改变吗？

阿马托：是的，变得更糟了。（个人访谈，2007 年 2 月 22 日）

阿马托提到的图片是时任阿根廷总统内斯托尔·基什内尔（Néstor Kirchner）和时任委内瑞拉总统乌戈·查韦斯（Hugo Chávez）在两国发起的一次联合行动中的照片（图4.1）。阿马托没有提到，这期《号角报》和《民族报》的头版头条新闻还有两个相似的选题（一起发生在布宜诺斯艾利斯贫民区的事件和一起交通事故），另外《号角报》和《第十二页报》都报道了意大利政治危机。换句话说，每家日报一半的头版新闻都被至少另外两家媒体中的一家报道过。本章将探讨阿马托所说的、近年来阿根廷主要新闻网站和印刷媒体在新闻供给上出现的相似性模式，通过这个独特的窗口去了解新闻工作中监看和模仿的转变如何影响最终的新闻产品。

为了研究这个问题，我对印刷和网络媒体头条新闻的内容进行了分析（我在引言中已经简明扼要地介绍了这个研究，并在第一章和附录一中对研究思路和方法做了更为充分的介绍）。头条新闻是指当天被放置在报纸头版或网页顶部的新闻。我们在1995年、2000年、2004年和2005年这四个年份中，每年分别抽取十周《号角报》和《民族报》的头条新闻数据。网络数据来自Clarín.com、Lanacion.com和它们强大的竞争对手Infobae.com，在2005年一个为期十周的时间段内，每天三次从网站上采集数据。2005年网站数据采集的时间正好也是印刷媒体数据采集的第四个阶段。这项研究旨在检验哪些报道被**选择**（selected）出来放在头版和首页上、以什么样的方式被**呈现**（presented）以及它们如何被**叙述**（narrated）。

内容分析有四个主要发现。首先，在网络新闻发布体量和更新频率增长的同时，报纸头版在新闻选择和呈现方式上的相似度在增加。其次，同一时期，印刷媒体和网络媒体在报道的选择上相似度

图4.1 《第十二页报》《号角报》和《民族报》的头版（2007年2月22日）

工作中的新闻：信息充裕时代的模仿

很高。再次，不同的新闻网站在报道的叙事方式上高度相似。最后，相似度模式只适用于解释硬新闻生产。从时间发展的维度看，印刷媒体新闻相似度的增加、相似度增加的时机、近期印刷和网络媒体之间相似度的高度增长、印刷媒体和网络媒体新闻产品的差异，以及这些模式仅适用于解释硬新闻生产的发现都与本书第二章、第三章的结论一致。在本书第一章的结论中，我详细阐释了在模仿周期中看待产品和生产的不同阶段获得的启发。鉴于阿根廷媒体的异质性特征，新闻相似度的增加是否受到内斯托尔·基什内尔总统任职期间（2003—2007）政府和新闻业之间的政治关系的影响呢？我将以相关分析作为本章研究的结尾。

新闻的选择

这里以 2000 年 8 月 8 日的《号角报》和《民族报》的头版新闻（图 4.2）为例。两家报纸的头版都对两个相同的事件进行了报道：一篇关于一名阿根廷军官在欧洲被捕（《号角报》的头条新闻）；另一篇关于一次以教堂为目的地的年度游行。对比 2005 年 11 月 23 日的头版新闻（图 4.3），两份报纸当日的头版报道了三组相同的事件：一篇是关于时任经济部部长讲话的文章（两家报纸都将其作为头条新闻）；一篇是对一场具有重大政治影响的刑事诉讼的报道；还有一篇是关于阿根廷网球选手大卫·纳尔班迪安（David Nalbandian）在赢得 2005 年上海大师赛后回到家乡的文章。除了对相同事件的报道数量增加之外，比较图 4.2 和 4.3 时，我们的直观印象是头版失去了"真正的价值"，在报道的选择方面没有任何新意。

图 4.2 《号角报》和《民族报》的头版（2000 年 8 月 8 日）

图 4.3 《号角报》和《民族报》的头版（2005 年 11 月 23 日）

接下来我们看看 2005 年 11 月 17 日上午的 Clarín.com、Lanacion.com 和 Infobae.com 的主页（图 4.4）。在探讨报道选择的相似度之前，尤其是在对硬新闻和软新闻的区分上，首页在设计风格

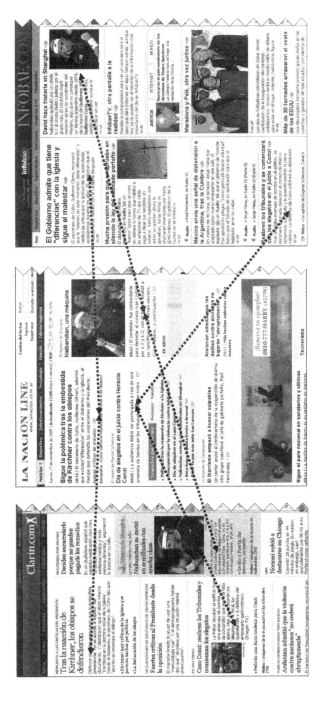

图4.4 Clarín网站、Lanacion网站和Infobae网站的首页（2005年11月17日）

第四章 新闻产品的同质化

上的高度相似非常值得关注。①在上述三个网站中，硬新闻都被放在屏幕左侧，软新闻和其他类型的内容则被放在屏幕右侧（图4.4中移除了软新闻和其他类型的内容，以增强硬新闻的易读性）。我们可以看到研究样本中每家网站早间版的九个热门报道中，平均有三分之二的报道是不同的，不过三个主页上都有三组关于同一事件的报道。首先，位于所有网站屏幕左上角的头条新闻，报道了阿根廷当时的总统和国家主教之间的冲突。其次，这三个网站都发布了网球运动员大卫·纳尔班迪安赢得上海大师赛半决赛的报道，它们为新闻配发的照片也非常相似。如上所述，在六天后纳尔班迪安赢得了比赛，有关报道同时成了《号角报》和《民族报》的头版新闻（图4.3）。最后，三家网络报纸都报道了一次正在进行中的犯罪调查。粗略地看一下这几家网站首页的硬新闻部分，不难发现它们惊人地相似。

对这些头版和首页的比较揭示出一个明显的趋势，即近十年来印刷媒体新闻选择的相似度日趋增强，同一时期印刷和网络媒体新闻也具有相当高的相似度。为了测量相似度，本研究考察了一则发布在印刷媒体或者网络媒体上的新闻是否会成为另一家印刷媒体或者至少一家网络媒体新闻报道的主题。为了确定每一个报道的形式和主题可能产生的影响，研究同时关注了另外两个问题。第一个问题是，报道属于硬新闻还是软新闻，或者其他较不常见的新闻类型。这个问题十分重要，有助于在前两章中已经分析的新闻生产动力和本章聚焦的新闻产品之间建立联系。第二个问题是，报道中的主要议题属于公共事务议题（public affairs，指关于政治、经济、商业、国际新闻的报道），还是非公共事务议题（non-public affairs，指关于体育、犯罪、科学、技术、医药、自然灾害、事故等的报道）。对这个问题的回答将有助于确定网络和印刷新闻中的主题模式，这对于评估新闻同质化可能带来的文化和政治后果非常重要。

表 4.1 新闻内容分析中印刷数据组和网络数据组的一般特征

	印刷数据组					网络数据组		
	1995	2000	2004	2005		上午	下午	晚上
样本量	208	235	237	247		540	540	540
头版/首页新闻的平均数	5.2	5.9	5.9	6.2		N/A	N/A	N/A
内容类型								
硬新闻	91% (190)	89% (208)	81% (192)	84% (207)		66% (359)	71% (383)	82% (441)
软新闻	90% (18)	10% (24)	16% (38)	10% (25)		21% (112)	9% (48)	10% (55)
社论采访和专栏	0% (0)	0% (1)	3% (7)	4% (10)		2% (11)	11% (57)	7% (40)
预先安排的娱乐新闻	N/A	N/A	N/A	N/A		11% (58)	10% (52)	1% (4)
其他	0% (0)	1% (2)	0% (0)	2% (5)		0% (0)	0% (0)	0% (0)
内容重合								
内容重合的硬新闻	70	70	80	98		181	197	241
内容重合的硬新闻在所有硬新闻中的比例	37%	34%	42%	47%		50%	51%	55%

第四章 新闻产品的同质化

如上所述，本研究收集了四组不同年份的印刷报纸样本和一组网络报纸样本。从分析的目的出发，数据根据样本的媒介类型（来自印刷版还是网络版）而不是报纸所属的媒体组织进行整合，因为样本中有关报道类型和内容重合的变量适用于所有报纸，通过比较样本，主要发现就会一目了然。在一组或多组样本中有关某一家报纸的独特结果将在合适的时候予以说明。

该项研究得出了两个具有普遍性的结论。第一，所有印刷报纸和除了三个案例之外的所有网络报纸中选题相同的报道都属于硬新闻。这一发现与硬新闻和软新闻的不同生产逻辑以及前两章中分析的不同类型的内容在模仿行为上的差异结论一致。第二，所有样本中绝大多数报道都是硬新闻（表4.1）。此外，在纸媒样本中，尽管硬新闻占报道总数的比例在逐年减少，但是硬新闻报道的总量保持相对不变。这是因为尽管头版新闻的数量在增加（2005年的样本量比1995年增加了19%），但似乎大部分增加的报道都属于其他类型而不是硬新闻。因此，在本节和后面的章节中，我会将硬新闻报道中选题重合的报道比例作为新闻选择相似度的主要指标。这有助于控制新闻报道总数以及不同样本中的硬新闻报道比例的变化。除了这两个具有普遍性的研究结果外，还有一些具体结果也可以解释两份报纸之间、三家网络媒体之间以及纸媒和网络媒体之间的相似度。

关于印刷报纸，《号角报》与《民族报》的内容重合程度有所提高，虽然从1995年的37%微降到2000年的34%，但在2004年和2005年分别提高到42%和47%（见表4.1）。1995年和2000年的样本合并为网络报纸发展的"前期"（*Before* Period），当时的网络报纸尚未强化不断更新内容的生产理念，因此印刷报纸中表现出来的内容重合并不重要。2004年和2005年的样本合并为"后期"（*After* Period）。比较这两个时期，内容重合的硬新闻报道比例显著增加了10个百分点（$p<0.01$）（见表4.2）。从"前期"到"后

期",印刷报纸头版相似度增加的时间点恰好与新闻网站出版量和更新频率增加的时间点相吻合,这也印证了印刷媒体增加彼此之间的模仿行为与新闻网站生产理念的变化有关。此外,内容重合程度的加深还与报道主题的变化有关:相比前期,后期公共事务报道的内容重合比例上升了16%($p<0.01$)(表4.2)。即使前后两个阶段公共事务和非公共事务报道的比例以及非公共事务报道重合的比例保持相对不变,这一增长仍然在进行。

表4.2 硬新闻选择的同质化

印刷	前期 (398条新闻)	后期 (399条新闻)	差异
内容重合	35%	45%	+10% ***
内容关注点			
所有的公共事务新闻	60%	56%	-4%
仅内容重合的新闻	33%	49%	+16% ***
所有的非公共事务新闻	40%	44%	+4%
仅内容重合的新闻	38%	39%	+1%
网络	上午和下午 (742条新闻)	晚上 (441条新闻)	差异
内容重合	51%	55%	+4%
内容关注点			
所有的公共事务新闻	63%	57%	-6%
仅内容重合的新闻	51%	53%	+2%
所有的非公共事务新闻	37%	43%	+6%
仅内容重合的新闻	51%	64%	+13% ***
印刷—网络	2005年的 印刷报纸 (207条新闻)	2005年的 网络报纸 (744条新闻)	差异
内容重合(仅《号角报》和《民族报》)	47%	47%	0%

*** $p<0.01$

关于新闻网站，研究显示出较高的内容重合度，一天中三个时间段的平均内容重合度达到52%。此外，这个原本已经很高的重合水平还随着一天中时间的推移而提高：从早上的50%到下午的51%，再到晚上的55%。在所有的印刷和网络样本中，55%可以说是不同媒体新闻选择差异的最低水平。由于上午和下午的样本之间的差异很小，出于分析的目的，它们被聚合成一个样本，与晚上的样本形成对照。通过表4.2的比较可以看到，新闻网站全天内容的相似度上升了4个百分点（表4.2）。

这三个新闻网站除了在报道选择上高度相似之外，随着一天中时间的变化，还出现了两个重要的主题变化。第一，非公共事务报道的比例从白天到晚上增长了6个百分点，主要原因是体育报道一般都在一天中的晚些时候发布（表4.2）。更重要的是，从白天到晚上，非公共事务报道的相似程度也显著提高了13个百分点（$p<0.01$）。第二，研究还分析了某个时间段中重合的选题是否还会在另外两个时间段中的至少一个当中与其他报道的内容产生重合。结果显示，只出现在晚上的新闻比只出现在"上午—下午"时段的新闻显著增加了20个百分点（$p<0.01$）（表4.3）。进一步来看，尽管一天中不同时段的重合选题在报道议题的比例上没有发生变化，即三分之二的重合报道有关公共事务新闻，三分之一有关非公共事务新闻，但在全天不同时段重合度不高的新闻中，非公共事务新闻的比例在晚上显著上升了23个百分点（$p<0.01$）。[②]总的来看，上述报道主题的变化与前两章中提出的差异化问题相呼应。首先，新闻网站通过对非公共事务的报道将自己与印刷版区分开来，但这并不意味着新闻网站之间存在更大的差异性，因为它们的目标都是在非公共事务报道上寻求差异化。其次，新闻网站的从业人员所体验的、与印刷新闻编辑部之间既要对标找齐又强调差异竞争的压力，似乎也可以通过对报道主题的选择表现出来。重视对标表现在

对公共事务的报道中，强调差异更多地在非公共事务报道中体现。

表 4.3　与持久性相关的网络新闻内容重合的日间变化

	上午和下午 （378 条新闻）	晚上 （241 条新闻）
持久性		
是（新闻出现在至少两个时段）*	64%	44%
否（新闻只出现在一个时段）*	36%	56%
内容关注点		
持久性新闻		
公共事务新闻	67%	67%
非公共事务新闻	33%	33%
非持久性新闻		
公共事务新闻*	61%	38%
非公共事务新闻*	39%	62%

说明：行后面的星号表示从上午、下午到晚上的显著性差异（$p<0.01$）

在研究印刷新闻和网站新闻之间的同质化时，由于缺少 *Infobae* 集团印刷报纸的数据，我的分析主要使用了 Clarín.com 和 Lanacion.com 2005 年的数据。[③]研究有三个发现。通过对印刷版和网络版各自新闻报道的重合率进行比较，发现媒介之间的相似度水平没有差异（表 4.2）。这一发现与第三章分析的新闻生产机制相一致，并再次强调了该章提出的不同内容类型之间的差异比不同媒介之间的差异更明显。

研究还发现，一天之中新闻的变化存在两个关键时间点，它们揭示了媒体组织在印刷版和网络版之间建立联系的重要模式。第一个时间点是上午的新闻报道从印刷版往网络版的迁移；另一个时间点搭建了新闻网站晚间报道与第二天的印刷报纸头版之间的桥梁。在每天上午的第一个时间点，47% 的《号角报》和 46% 的《民族报》上的硬新闻同时是它们各自新闻网站首页报道的内容。④此外，报纸头版发布的报道与它的竞争对手新闻网页上的报道之间也存在着实质性联系。45%的《号角报》发布的硬新闻也是 Lanacion.com 早间主页上报道的事件；反过来，41%的《民族报》的报道是 Clarín.com 早间主页上的新闻。当一天快要结束时，新闻报道从网络版过渡到第二天早上的印刷版，在新闻选择上表现出很高的相似度。⑤Clarín.com 和 Lanacion.com 晚间网站主页上的硬新闻估计分别占第二天的《号角报》和《民族报》的头版硬新闻的58%和51%。不同的媒介形态和媒介组织之间也存在实质性的报道重合：Lanacion.com 的晚间网站主页预计与第二天《号角报》的头版将近一半（48%）的内容重合，而 Clarín.com 的晚间网站主页内容与第二天《民族报》超过1/3（36%）的内容重合。Clarín.com 晚间网站主页和第二天《民族报》头版重合率相对较低的情况，与前者较多报道非公共事务而后者较少报道此种类型的新闻有关。

跨媒介和跨组织的新闻选择相似度的研究发现，至少在四个方面为前几章中对生产机制的分析提供了论据。尽管《号角报》和《民族报》之间存在历史、战略、编辑和文化上的分野，但这两家媒体组织内部的印刷新闻和网络新闻部门之间的关系几乎没有区别。基于这种关系形成的新闻生产方式导致的结果与此前的阐述一致：第一，两家媒体组织由于相互模仿而导致产品缺乏差异。第二，印刷报纸与其新闻网站的早间版在新闻选择上的相似度是由于网站记者普遍倾向于跟踪印刷报纸的议题所致。第三，通过前一天新闻网站晚间版的报道可以预测第二天印刷报纸的头版报道，这与新闻网站和印刷报纸生产流程中的两个要素相关：一是新闻网站从业者在晚上加强了与印刷版内容的对标工作；二是印刷媒体记者必须面对一天中不断增长的新闻知识"公开性"（publicness）的压力。目前尚且不能确定哪个要素对新闻产品的产出有更强的影响，也许二者都对从第一天到第二天过渡期间的跨媒介新闻选择发挥了作用。第四，大量的跨媒介、跨组织实践上的连续性进一步突显了当前阿根廷媒体业中普遍存在的同质化新闻选择图景。

在第三章对记者的访问中，从业者承认要想通过选择报道哪些新闻而让自己的产品与众不同，面临的困难已越来越多。《号角报》联合主编丹尼尔·费尔南德斯·卡内多认为，由于意识到了这一趋势，他和同事们越来越多地采用所谓的"视角"或者坚持对某条消息的单一立场，在更广泛的新闻领域将自己与竞争对手和其他媒体区分开来。但是，"视角"在多大程度上能有所作为？在新闻报道同质化程度增加的情况下，记者可以通过叙事让自己的报道脱颖而出吗？接下来的两节将回答这些问题。

新闻的呈现

有两项研究试图解答以上章节提出的问题。它们使用的分析数据来自新闻选择中重合的报道。第一项研究有关报纸头版或网站主页上信息的呈现，从对报道文本（主题、动词和标题的其余部分）的评估、视觉（排版和配图）元素的建构和对相似度的测量等不同维度展开。第二项研究针对新闻网站，它排除了视觉元素的作用，因为不同网站对视觉资源使用的差异会导致分析 Clarín.com、Lanacion.com 和 Infobae.com 的主页时引发系统性偏差。[6]

图 4.2、图 4.3 和图 4.4 中的两组和三组内容重合的标题为研究提供了观察印刷媒体和网络媒体的报道呈现出的相似度的案例。图 4.2 中的报纸头版有两组内容重合的报道。第一组关于一名在欧洲被捕的阿根廷军官，标题为"一名阿根廷军官被拘留在意大利"

(《号角报》）和"他们根据法国的要求拘留了一名退伍军人"（《民族报》）。两个标题使用了相同的动词"拘留"，但主语或标题的其余部分不同。它们在排版、配图和阐释上具有中等相似度。第二组报道关于一次主要由失业者参与的、以圣卡耶塔诺教堂（San Cayetano）为目的地的年度游行。《号角报》的标题是"圣卡耶塔诺，超过一百万"，《民族报》的标题是"在圣卡耶塔诺，许多人寻求就业岗位"。这两条新闻使用的主语不同，动词、标题的其余成分和阐释方面的相似程度相对较低。然而，这两则报道都配有图片，尽管并不相同，但在排版上呈现出中等相似度。

图 4.3 中的头版有三组内容重合的报道。第一组是时任经济部部长罗伯托·拉瓦尼亚（Roberto Lavagna）关于公共工程预算问题的声明。两家报纸的标题为："拉瓦尼亚谴责公共工程的额外费用"（《号角报》），"拉瓦尼亚敦促限制公共工程支出"（《民族报》）。这两个标题在主语、排版和配图方面都具有很高的相似度；在标题的其余部分和阐释方面有中等水平的相似度；在动词选择上具有较低的相似度（"谴责"与"敦促"），这体现了两家报纸在编辑立场上的主要区别。第二组报道关于一年前在布宜诺斯艾利斯的一次名为克鲁马努人（Cromagnon）的音乐节上造成一百多人死亡的火灾调查。标题分别是"克鲁马努人：一个女孩说她知道是谁发射了照明弹（点燃了火焰）"（《号角报》）和"克鲁马努人（司法）案中的证词"（《民族报》）。这两则报道在排版和配图方面具有很高的相似度，在阐释方面具有中等相似度，但在具体文本元素上相似度较低。第三组新闻关于赢得了当年上海大师赛冠军的网球选手大卫·纳尔班迪安的回乡之旅。标题分别是"偶像，回家"（《号角报》）和"从中国到科尔多瓦，属于纳尔班迪安的派对"（《民族报》）。两则报道在排版、配图和阐释方面具有很高的相似度，

在动词选择方面具有中等相似度，而在主语和标题的其余部分相似度较低。

图 4.4 中的新闻网站首页包含了三组内容重合的报道。每家网站的头条新闻都报道了当时的阿根廷总统和国家主教之间的冲突。各自的标题为："在总统内斯托尔·基什内尔做出回应之后，主教们为自己辩护"（Clarín.com）、"内斯托尔·基什内尔攻击主教之后，论战继续"（Lanacion.com）和"政府承认与教会的'差异'，不适感在持续"（Infobae.com）。Clarín.com 和 Lanacion.com 的报道在主语和动词的选择上相似度较低，而在标题的其余部分和对事件的阐释上具有中等相似度。Clarín.com 和 Infobae.com 在标题上的相似度最低。除了在阐释上具有中等的相似度外，Infobae.com 和 Lanacion.com 的相似度也比较低，这恐怕是"论战"的概念与双方的"不适"感之间微妙的融合所导致的结果。

第二组报道关于网球选手大卫·纳尔班迪安赢得上海大师赛半决赛的胜利，新闻网站的标题如下："纳尔班迪安为进入半决赛付出了很多努力"（Clarín.com）、"纳尔班迪安，就像一台机器"（Lanacion.com）和"大卫在上海创造了历史"（Infobae.com）。所有的报道都使用了类似的主语——纳尔班迪安或大卫，Clarín.com 和 Infobae.com 在阐述上具有中等水平的相似度。其余的元素在整体报道中表现出非常低的相似度水平。第三组报道关于一次司法调查："'康兹案'（Conzi case）：法院重新开庭，听证会开始"（Clarín.com）、"审判奥拉西奥·康兹的听证会召开的日子"（Lanacion.com）和"法院重新开庭，'康兹案'中的辩论听证会将要开始"（Infobae.com）。这三则新闻在阐释上具有很高的相似度——它们主要表达了审判中特定的阶段正在发生，Clarín.com 和 Infobae.com 的标题几乎相同，Lanacion.com 则与前两者完全不同。

表 4.4 硬新闻呈现的同质化

印刷	前期（140 条故事）	后期（178 条故事）	差异
所有新闻的相似水平	33%	49%	16% ***
内容关注点的相似水平			
仅公共事务新闻	34%	49%	15% **
仅非公共事务新闻	32%	50%	18% **
新闻元素变量的相似度			
文本变量（主语、动词和标题的其他部分）	20%	37%	17% ***
视觉变量（配图和排版）	52%	63%	11% **
阐释差异	36%	56%	20% ***

网络	上午和下午（378 条新闻）	晚上（241 条新闻）	差异
所有新闻的相似水平	33%	28%	5%
内容关注点的相似水平			
仅公共事务新闻	34%	32%	2%
仅非公共事务新闻	33%	25%	8%
	持久性（349 条新闻）	非持久性（270 条新闻）	
所有新闻持久性的相似水平	28%	36%	8% **

印刷—网络	2005 年的印刷报纸（98 条新闻）	2005 年的网络报纸（350 条新闻）	差异
相似水平（仅《号角报》和《民族报》）	49%	35%	14%

*** $P<0.01$　　** $p<0.05$

通过对新闻标题的研究，我总结出报纸头版和网站首页在新闻呈现上的相似度模式。总的来看，"印刷新闻的相似度随着时间的推移不断增加并超过网络新闻"。接下来本节将对这些模式进行更详细的分析。

1995 年至 2005 年间的数据分析表明，《号角报》和《民族报》

头版的相似度从前期的 33% 上升到后期的 49%，显著增长了 16 个百分点（$p<0.01$）。相应地，头版中公共事务报道的相似度增加了 15 个百分点，非公共事务报道的相似度增加了 18 个百分点。这些发现表明，模仿行为的增加不仅决定了网站首页选择什么新闻，还影响了报道如何被呈现。各类报道在内容呈现上的相似度增加说明这是一个强大的发展趋势。

从前期到后期，在报道呈现的相似度上，文本元素（主题、动词和标题的其余部分）的表现比视觉元素（配图和排版）更显著。相比文本元素的相似度显著增长 17 个百分点（$p<0.01$），视觉元素的相似度显著增长了 11 个百分点（$p<0.05$）（见表 4.4）。这个数值之所以值得关注，是因为这两个元素常用来强调编辑立场的不同侧重。文本元素常用来说明编辑对于报道的观点，而视觉元素通常体现了某个报道与头版其他报道相比的重要性。它们的作用并不在于确定什么新闻更重要，而在于如何对某个报道进行建构。自 1995 年以来，《号角报》和《民族报》之间相似的新闻标题越来越多，这是文本元素相似度增加的重要表现。2005 年的样本中有几组完全相同或几乎相同的标题，而在 1995 年的样本中没有出现这种情况。例如 2005 年 9 月 27 日，两家报纸发表了两组选题重合的头版新闻。第一组报道关于当时最高法院法官安东尼奥·博加诺（Antonio Boggiano），新闻标题为"博加诺断言是政府背叛了他"（《号角报》）和"博加诺说政府背叛了他"（《民族报》）。第二组报道有关当时美国总统乔治·W. 布什（George W. Bush）的发言："布什强调巴西在拉丁美洲的领导地位"（《号角报》）和"布什强调巴西在该地区的领导地位"（《民族报》）。⑦

相比之下，网站在新闻呈现上的相似度要低得多。分析显示，所有时段的平均相似度为 31%，从上午和下午时段的 31% 到晚间的 28%，微降 5 个百分点（表 4.4）。这主要由晚间非公共事务报道呈现的相似度下降了8个百分点所致,说明新闻网站更多地通过加强非公共事务报道来突出自己的差异化特征。

持久性分析为观察网站新闻呈现的相似度提供了另一个维度。在第二章和第三章中,我们发现,具有持续性的新闻在一天中会不断被调整和补充。分析显示,持续一个时段以上的报道具有28%的相似度,而只存在于一个时段的报道具有36%的相似度,两者相差8个百分点($p<0.05$)(见表4.4)。此外,通过对新闻报道持久性的考察可以发现随着时间的推移,新闻的相似度在降低。上午和下午都出现的报道相似度分别为35%和25%。下午和晚上都出现的报道相似度分别为35%和27%。对持久性的研究表明,可以不断更新信息的报道在新闻呈现上相似度在降低。正如Lanacion.com的马里亚纳·罗宾所说,当她和同事看到他们的标题和一个或多个竞争对手的特征相似时,他们有时会修改标题。说得更通俗些,上述持久性模式说明新闻网站的记者觉察到内容同质化在增加。他们不喜欢这种状况,于是试图在可能的条件下做出改变。

为了比较2005年《号角报》和《民族报》的印刷版和网络版的数据,在计算印刷版的相似度时,没有将视觉元素考虑在内,主要原因是在网络版报道样本中没有对视觉元素进行编码。分析结果显示,两家报纸印刷版样本中的新闻有49%的相似度,它们各自的网络版有35%的相似度,二者之间存在14个百分点的显著差异(见表4.4)。两者相似度的差异为何如此之大?主要有三方面的原因。首先,从技术的角度来看,修改新闻网站的首页(或任何一个网站的页面)比修改日报的头版便宜得多。一方面,修改的成本让记者很容易去修改某个特定页面。民族志研究和有关持久性的研究数据表明,网站记者至少在一定程度上是这么做的。另一方面,正如我们在第三章中看到的,即使有些记者,如《号角报》的费尔南多·冈萨雷斯也许会通过监看竞争对手的网站去了解即将发行的印刷新闻，并据此改变自己头版的报道，但他们几乎不会因为获得这些信息而去重新印刷报纸。其次，虽然对印刷媒体和网站记者的采访都显示二者皆不喜欢新闻的同质化，但网站新闻记者对同质化的感受更敏锐，反过来，这可能更有力地推动了他们为内容的差异化做出努力。最后，网站记者非常重视标题和导语，所以他们差异化的努力方向是针对网站首页的内容进行调整。

最后，回到本书采访过的印刷媒体记者提出的问题：不同的"视角"能否带来差异化的报道？本节的结论表明，《号角报》和《民族报》的头版并没有实质性的差异。相反，在两者相似的新闻选择中，报道呈现的相似度也在显著增加。此外，与第二章、第三章中的民族志研究结论一致，与报纸相比，新闻网站的结构令其在内容呈现上的相似度水平较低。不过，与在头版和首页上选择什么报道、呈现什么信息相比，更多的关注应放在新闻内容本身。因此，下一节我将继续通过报道的叙事来分析新闻的同质化。

新闻的叙事

我们通过另一项研究继续分析新闻的同质化。该项研究的目的是确定头版和首页中内容重合的报道在叙事框架上的异同。该研究主要从新闻写作、消息来源和图片的使用、整体阐释的相似性等方面对不同媒体的报道进行比较和评估，再用同样的方法去考察新闻网站的报道。出于与研究新闻呈现时相同的原因，排除了视觉元素在其中的作用。

对印刷媒体新闻中重合部分的分析显示，前期和后期新闻叙事的相似度分别为23%和30%（见表4.5），存在不太显著的7个百分点的增长，比头版中新闻呈现33%和49%的相似度数据要低很多。公共事务和非公共事务报道在叙事上的相似度表现出一致的增长趋势，但前者的增长更为明显。此外，本研究考察的所有维度，不管是文本变量还是非文本变量，相似度的增长都表现得比较一致。

表 4.5 硬新闻叙事的同质化

印刷	前期 （140 条故事）	后期 （178 条故事）	差异
所有新闻的相似水平	23%	30%	7%
内容关注点的相似水平			
仅公共事务新闻	22%	34%	12%
仅非公共事务新闻	25%	29%	4%
新闻元素变量的相似度			
文本变量（写作和信源）	27%	33%	6%
视觉变量（配图）	28%	34%	6%
阐述差异	13%	22%	9%
网络	上午和下午 （312 条新闻）	晚上 （196 条新闻）	差异
所有新闻的相似水平	50%	46%	4%
内容关注点的相似水平			
仅公共事务新闻	53%	55%	2%
仅非公共事务新闻	46%	39%	7%
	持久性 （302 条新闻）	非持久性 （206 条新闻）	
所有新闻持久性的相似水平	47%	50%	3%
印刷—网络	2005 年的 印刷报纸 （98 条新闻）	2005 年的 网络报纸 （350 条新闻）	差异
相似水平（仅《号角报》和《民族报》）	32%	53%	21%***

*** $p<0.01$

前期和后期新闻叙事相似度增长的数据变化和特征与第三章中提及的新闻生产惯例有关。首先，头版新闻报道在叙事框架上相似度的增加远远低于新闻呈现的相似度，因为新闻编辑通常在叙事而不是呈现上投入更多的努力。其次，尽管前后期相似度增长的变化既不大也不显著，但由于它与本研究中所有类型的报道和叙事建构的所有元素相关，仍然值得注意。最后，新闻叙事对报道相似度的影响相对比较小，这与印刷媒体记者的努力分不开。记者认为通过选择新闻来区分报道非常困难，而充分利用"视角"或者独特的观点可以最好地实现差异化。然而，尽管新闻叙事对相似度的影响较小，但随着时间的推移，新闻产品的相似度仍在增加，记者在报道叙事中感受到的限制也越来越多。记者们认为种种限制的出现与媒体领域中不断增加的模仿行为密不可分。

从新闻叙事框架的关键组成部分来看，头版新闻报道相似度的增加显而易见。起始段落越来越类似，写作风格趋向于采用短段落和开门见山的语言。在后期，真实的信息占据更为主导的地位，意识形态立场的清晰表达变得极为罕见。匿名来源在减少，观点的数量和多样性在增加，但在信息源的选择和引证方面却有明显的趋同。也就是说，虽然每条新闻的来源和引证数量都在增加，但是随着时间的推移，不同报纸依赖的信源和对引证的使用越来越趋于重合。《号角报》对图片的使用方式一直保持不变，而《民族报》正在逐渐向它靠拢。例如，它用图表来代替漫画，这是《号角报》长期以来的特色之一，因此导致两家报纸的视觉相似度在增加，所有这些变化都会导致内容多样性的减少。通过以下对**前期**和**后期**两组报道的比较分析，可以进一步说明叙事结构如何导致报道相似度的增加。

1995年秋天，伊比利亚—美洲地区的总统首脑峰会在阿根廷西南部的巴里洛切（Baliroche）召开。《号角报》和《民族报》派出特约记者报道此事。两家报纸都在1995年10月18日的头版上刊登了关于首脑会议的报道。两篇报道在编辑框架上有很大的不同。在下面的示例段落中，《号角报》的报道开篇就批评了对古巴的禁运，并在后文提到了总统卡洛斯·梅内姆。相比之下，《民族报》的报道则以总统卡洛斯·梅内姆评论古巴总统菲德尔·卡斯特罗（Fidel Castro）的立场变化开始，并在后文中提及禁运。这些段落清楚地表达了两家报纸的意识形态立场：《号角报》批评总统和禁运，《民族报》支持总统的立场、不批评禁运。

《号角报》

第一段，关于禁运：

昨天，以创立以来最强烈的表达方式和间接讨论问题的谨慎态度，伊比利亚—美洲首脑峰会对美国自1962年以来一直对社会主义国家古巴采取的商业禁运提出反对。

报道的后文，关于总统梅内姆：

在卡斯特罗离开了举行第五次峰会的Llao-Llao酒店后，总统卡洛斯·梅内姆没有出现在会议上。在第五次首脑峰会闭幕的新闻发布会上，针对来自《号角报》的提问，他坚持过去的要求，即实现岛内社会主义制度"民主化"，尊重人权。（Pazos, Santoro & Viceconte, 1995, p.2）

《民族报》

第一段，关于总统梅内姆：

总统卡洛斯·梅内姆指出，这个事实似乎可信，"卡斯特罗还承诺了其他改变，比如与国际货币基金组织和世界银行相关的一些改善工作，这些承诺都以一丝不苟的言辞表达，没有一点儿头脑发热"。

报道的后文，关于禁运：

然而后来，在回应古巴可能采取的一些政治开放的制度，以及承认首脑会议反对美国禁运时（总统梅内姆）说："我们与卡斯特罗进行了非正式会谈，但我没有看到任何可能性。"（Bellando, 1995, p.8）

十年后的2005年9月27日，两家报纸头版都发表了关于国家政府决定重新任命海岸守卫队队长的新闻。与上一对内容重合的新闻样本的叙事方式不同，这两家媒体新闻的首段几乎相同，即强调事实真相，并提到同样的事实，很难区分它们的意识形态立场，这在1995年非常罕见。值得注意的是，每篇报道的标题下都有署名，表明负责报道的记者是实质性地、直接地参与了采访。以下是两则报道的开头段落：

《号角报》

政府更换了海岸警卫队负责人佩德罗·帕斯特里斯（Pedro Pasteris），他被怀疑在20世纪80年代初的军队独裁时期参与了人员失踪事件。当时他负责连接帕索德洛斯利夫雷斯（Paso de los Libres）的科连特斯市（Corrientes city）和巴西的乌鲁瓜亚纳（Uruguayana）之间的国际桥梁的安全工作。（Braslavsky，2005，p.3）

《民族报》

政府昨天更换了海岸警卫队负责人佩德罗·帕斯特里斯，他在司法调查中被指对1980年至1983年间的9人失踪事件负责，其时他担任帕索德洛斯利夫雷斯国际桥梁建设负责人。（Colonna，2005，p.6）

与印刷新闻不同，新闻网站内容重合的报道在叙事上的相似度非常高，一天三个时段的相似度平均达到了49%。[⑧]高相似度证明了第二章、第三章有关内容生产的研究结论：从业者没有充足的时间去搜集和寻找独特的信息，只能对竞争对手和其他媒体加强监看和模仿。每天网站首页上的新闻相似度随着时间的推移略有下降，从上午、下午时段的50%下降到晚上的46%（见表4.5）。这个变化主要是因为非公共事务的报道增加了。这个发现与Clarín.com和Lanacion.com的新闻生产模式一致，强调了一个观点，即非公共事务报道能够体现差异化。此外，持久性分析同样提供了观察内容差异化的窗口。分析表明，持久性在新闻叙事上发挥的作用比新闻呈现更为有限：具有持久性的新闻在叙事上有47%的相似度，而不具有持久性的新闻也表现出了50%的相似度（见表4.5）。这个发现毫不令人意外，与调整标题和导语相比，网站记者生产硬新闻的工作惯例让他们根本没有机会去调整报道的叙事方式。

高水平的相似度反映出新闻报道在某些特定时段或内容类别上

的普遍特征。尽管许多报道包含完全相同或几乎相同的段落，但在某些情况下，几组内容重合的报道的内容也不尽相同。在大部分几乎相同的段落中，一则报道的文本与其他报道有些许不同，这说明新闻网站并不会复制、粘贴和别家一样的报道。网站从业者在相同题材的报道发布之前都会进行修改，不过基本不会改变叙事方式。以下两个有关公共事务和非公共事务报道的例子，说明几乎相同的报道内容确实存在，也提供了记者试图改变的证据。

2005年11月11日，Clarín.com 和 Lanacion.com 发表了时任经济部部长罗伯托·拉瓦尼亚在《号角报》集团举办的活动上发言的新闻，标题分别为"拉瓦尼亚说，与国际货币基金组织的协议并非不可或缺"（Clarín.com）和"拉瓦尼亚说，与国际货币基金组织的协议并非不可或缺"（Lanacion.com）。⑨两则报道的前三段如下所示。

Clarín.com

经济部部长罗伯托·拉瓦尼亚今天下午肯定，2006年与国际货币基金组织达成的协议"并非不可或缺"。但他承认，与国际货币基金组织达成合理的谅解将对国家有利。

在由号角集团组织的创办60周年系列研讨会演讲结束时，经济部部长说"并不是说不可或缺，但是有一个合理的协议，会让事性变得更容易"。

尽管部长强调目前经济政策的核心内容没有谈判的余地，但他又强调说："我们将尽全力达成协议。"（"Lavagna dijo，"2005）

Lanacion.com

经济部部长罗伯托·拉瓦尼亚今天肯定，2006年与国际货币基金组织达成协议"并不是不可或缺的"，但他承认与国际货币基金组织达成合理的协议将对国家有利。

经济部部长在研讨会结束时讲到"这不是说不可或缺，但是有一个合理的协议，会让事情变得更容易"。

尽管部长强调目前经济政策的核心内容没有谈判的余地，但他又强调说："我们将尽全力达成协议。"（"Lavagna dice，"2005）

这两则报道的前面几个段落极其相似。除了一些话语风格的差异和 Lanacion.com 省略了拉瓦尼亚部长是在《号角报》集团组织的活动上演讲这件事之外,几乎完全相同。

十一天后,在 2005 年 11 月 22 日,Clarín.com 和 Infobaec.com 都发表了前足球运动员迭戈·阿曼多·马拉多纳(Diego Armando Maradona)的声明。这位因在博卡青年队(Boca Juniors)踢球而出名的运动员表达了他对竞争对手河床队(River Plate)与当时的联赛领跑者格纳斯亚队(Gimnasia y Esgrima de la Plata)即将到来的比赛的支持。和上面两组新闻不同,这两则新闻的标题完全不一样:"马拉多纳:'星期天,我会支持河床队'"(Clarín.com);"迭戈远离博卡青年队 90 分钟"(Infobae.com)。除了 Clarín.com 在报道的开篇部分提供了一些独特的背景信息之外,两则报道的前三段显著相似。

Clarín.com

比赛即将结束,博卡青年队排名第二,但他们知道要取得胜利还需要一些来自竞争对手河床队的帮助。这就是为什么这个星期天,从博卡头号球星马拉多纳开始,许多博卡的粉丝将去支持河床队的比赛。马拉多纳在参加胡安·帕布鲁·瓦尔斯基(Juan Pablo Varsky)主持的电台节目"花费几美元"时发表了声明。

Infobae.com

据《阿根廷人》(NA)[①]报道,马拉多纳今天发表了惊人的声明。他强调,星期天他将首次支持河床队,并且要求博卡的教练阿尔菲奥·巴西莱(Alfio Basile)"确定最终阵容"。

第四章 新闻产品的同质化

Clarín.com

马拉多纳说:"星期天将是我人生中第一次支持河床队,反对阿根廷青年队(Argentinos Juniors)。我支持河床队,因为我不能忘记在拉帕特纳尔(La Paternal)(临近阿根廷青年队所在地)经历的一切。"[30]

此外,他谈到博卡:"现在已经到了做决定的时候了,巴西莱必须确定最终阵容。"他说他仍然看不出他们会是拉里贝拉(La Ribera,博卡青年队所在地区的流行叫法)的冠军。"阿根廷足球队中最棒的球队是韦莱兹(Vélez),他们踢得很好,互相的配合也很棒。"("Maradona," 2005)

Infobae.com

他说:"星期天将是我人生中第一次支持河床队,反对阿根廷青年队。我支持河床队,因为我不能忘记在拉帕特纳尔经历的一切。"

关于教练阿尔菲奥·巴西莱,他表示:"现在已经到了做决定的时候了。可可(Coco,巴西莱的昵称)必须确定最终的阵容。阿根廷足球队里最好的是韦莱兹,他们踢得很好,互相的配合也很棒。"尽管博卡青年队上个周日刚在糖果盒体育场(La Bombonera,博卡青年队的体育场)战胜了他们。("Diego se aleja," 2005)

鉴于新闻网站样本之间具有高相似度而印刷样本在后期具有较低的相似度,2005年网络和印刷版的《号角报》和《民族报》之间存在相当大的差异。为了确切地计算这些差异,我们没有将印刷新闻的视觉元素考虑在内,因为在新闻网站中没有对视觉元素进行编码。研究显示,新闻网站叙事的相似度高达53%,印刷新闻叙事的相似度为32%,存在21个百分点的显著差异($p<0.01$)(见表4.5)。值得注意的是,这是所有跨媒体比较中最大的差异。第

二章、第三章提出的有关新闻生产流程的论据可以支持这个差异。此外，如此高的相似度说明了在这两个媒体的新闻编辑部中占据主导地位的报道叙事模式的差异。生产硬新闻的网站记者每天生产大量报道，并在新的信息出现时对报道进行更新；而印刷媒体记者通常一天只能撰写一则报道。网站记者严重依赖媒体世界中已经存在的信息，大大阻碍了自己在叙事建构上的努力；而印刷媒体记者试图找到新的事实和原始的引证，也有更多的时间去写作报道。虽然印刷媒体新闻叙事的相似度随着时间的推移呈现上升趋势，但 2005 年这一趋势的高点仍然低于同时期网络新闻叙事同质化的水平。

分析了新闻的呈现和叙事的相似性模式后，到了再次提出问题的时候了：视角在多大程度上能有所作为？答案是：不足以对抗新闻选择中同质化的影响。通过观察印刷媒体在新闻呈现上相似度的惊人增长、新闻网站在新闻叙事上的高度相似以及印刷新闻相对较小但也在不断上升的叙事相似度可知，在当代媒体领域中，不管是选择什么新闻去报道还是如何报道新闻，都已经形成了同质化趋势。下一节我还将深入讨论这些模式。通过本章和前两章的分析，我主要阐述了上述分析在理论和方法论上对模仿研究的价值。

结　　论

本章展现了新闻工作中模仿行为的结果。所有内容重合的印刷报纸和新闻网站的案例几乎都是硬新闻，这清楚表明了硬新闻和软新闻在生产上的不同逻辑，特别是前者的监看和模仿比后者更为盛行。表 4.6 通过三个分析层面总结了随着时间的推移，硬新闻重合的主要发现，为印刷新闻之间的同质化，以及当代语境中印刷新闻和网络新闻的同质化提供了有力的证据。总体而言，2005 年印刷新闻的同质化相较以往有了显著增加，印刷和网络新闻之间的同质化程度表现出较高的水平。有三个趋势支持了上述变化：首先，印刷媒体在新闻选择上的相似度随着时间的推移到 2005 年上升了 10 个百分点，印刷新闻和网络新闻之间的相似度达到 47%；其次，报纸头版在新闻呈现上的相似度显著增加；最后，2005 年印刷媒体在新闻呈现上的相似度为 49%，而网络媒体在新闻叙事上的相似度为 53%。以上数据说明在第三章中讨论的生产机制的力量，能够对最终的新闻产品产生实质性的影响。虽然这个分析没有包含广播媒体，但第一章提到的现有研究表明，它们的议程依赖报纸，因此有理由相信印刷新闻同质化的趋势可能会渗透到整个媒体行业。

表 4.6 新闻产品内容分析的主要发现

	新闻选择的分析	新闻呈现的分析	新闻叙事的分析
印刷媒体（《民族报》和《号角报》，1995—2005）	近几年相似度大幅增长	近几年相似度大幅增长	近几年相似度增幅较小
网络媒体（Clarín.com、Lanacion.com 和 Infobae.com，2005）	随着一天的结束，相似性增长幅度较小	随着一天的结束，相似性增长幅度较小	随着一天的结束，相似性增长幅度较小
印刷版和网络版的《民族报》和《号角报》，2005	印刷=网络，两者有同样高的相似度（47%）	印刷>网络 印刷：高水平相似度（49%） 网络：中等水平相似度（35%）	印刷>网络 印刷：高水平相似度（32%） 网络：中等水平相似度（53%）

要想改变印刷和网络媒体内容的显著同质化，必须先了解不同媒体之间和网络媒体内部的变化模式。印刷新闻和网络新闻的主要区别与新闻呈现和新闻叙事的不同模式有关。一方面，从新闻呈现上说，2005 年印刷新闻的相似度比网络新闻的相似度高出 14 个百分点。另一方面，同一年，从新闻叙事上说，印刷新闻的相似度比网络新闻的相似度低了 21 个百分点。印刷新闻和网络新闻之间的差异可以归因于第二章、第三章中探讨的日常实践中的差异。印刷

新闻从业者的主要工作是报道新闻，大多数记者和编辑的日常实践都是通过新闻采集和写作来建构报纸的内容，而根据第二章中描述的 Clarín.com 硬新闻生产的具体情况来看，大多数网络媒体日常实践的重点是建构主页。日常实践的差异也包括印刷媒体记者和网络媒体记者对新闻同质化水平的认识差异。相比印刷媒体记者，网络媒体记者对同质化有更统一和更强烈的感知。因此，尽管两类媒体的记者都对同质化感到不满，但这种更高程度的感知在一定生产条件下，可能会令网站记者更重视把自己的报道和其他媒体区分开来，这种感知直接导致了内容的差异化。

如第一章所述，大多数有关媒体和传播的研究都很重视新闻内容的同质化。科特尔（Cottle）认为，"迄今为止，新闻差异的本质一直没有被理论化"（2003, p.19），并呼吁要努力阐释新闻产品的异质性问题。媒介经济学的研究从"产品差异"的角度出发，一定程度上实践了这种努力（Gal-Or & Dukes, 2003; George & Waldfogel, 2003; Spence, 1976; Spence & Owen, 1977; Steiner, 1952）。这些研究揭示了影响新闻和信息市场产品差异化的一些供需侧因素。本章重点介绍第一种因素，第六章将研究第二种因素。

在新闻报道中，至少有两种与目前研究的案例相关的供给侧因素在新闻的差异化方面发挥了正面影响。首先，价格的下降可能引发生产者强化不以价格为基础的差异化策略，如免费访问新闻网站是本研究期间阿根廷和大多数国家的普遍现象。其次，市场竞争力的提高可以激励生产者为了维持利润和市场份额，持续提供差异化的产品。在本研究期间，新闻网站的出现和数量的增加说明阿根廷媒体业的竞争水平确实出现了大幅度上升。

总而言之，这些供给侧因素表明，行动者本该采取实质性的差异化的努力，这些努力本该带来比以往更大的产品差异。但是本章和前两章的研究结果表明，虽然行动者进行了多样化的尝试，试图区分各自的硬新闻产品,但这些尝试的整体效能还不足以抵抗更强大的模仿动力。⑫因此,报纸记者尝试抓住机会,发布竞争对手也许不会发布的头版报道,并赋予其独特的新闻视角或观点。而他们的网站同行,在更新竞争对手已经报道的新闻时,抓住这个机会在首页上改变新闻的呈现方式。总的来说,这些尝试还是不能抵消第二章、第三章中讲到的新闻生产中强大的同质性。此外,基于不同程度的强度和信念,不少从业者试图让新闻产品更加多元,但现存的差异化和模仿力量表明,盛行于阿根廷媒体领域的硬新闻同质化趋势仍在加强。除了市场的非个人力量之外,产品差异化还受到不喜欢新闻内容同质化的记者的个人偏好的推动。研究期间的分析发现,尽管存在一些业内人士的推动,模仿的实践却依然在增加和盛行。

  本章和前两章的研究提供的论据,突破了以往对新闻同质化和对模仿的学术研究的局限性。如第一章所述,专注于单一媒介和某一个时间点的研究常常会阻碍对新闻同质化的经验性研究。本章的研究思路突出了使用历时性和跨媒介方法研究同质化的价值。一方面,如果仅搜集某一个时间点的数据,那么分析结果将无法预测十年内的印刷媒介和一天中的新闻网站在新闻选择相似度上的演变规律。另一方面,如果数据来自单一媒介形态,则分析结果无法解释印刷和网络两种不同的媒介形态之间究竟是否存在差异。

  本章在对模仿进行研究时将有关生产和产品的数据联系在一起,令本研究具有了更广泛的价值。如第一章所述,现有的学术研究往往通过"二选一"的方法来研究新闻生产或者产品,很少在一项研究中将两者结合起来。本章在生产与产品、实践与结果之间搭建了桥梁。只依靠生产数据,无法系统性地得出生产过程如何影响产品的结论。反之,如果只考察产品的相似性,也无法阐释产生这些结果的实践究竟如何。"生产—产品"的双重方法让研究者不仅能够分析生产动力机制之下产品的相似度，还能研究催生相似度的动力机制。接下来的两章我还将通过考察消费问题来拓展这一研究视角。

尾　声

报纸的内容重合和相似度增加的时期恰好是内斯托尔·纳什内尔总统执政时期（2003—2007）。第一章指出，纳什内尔政府收紧了政府机构向新闻界的信息流动。政府试图通过发布国家广告的方式来操纵媒体，限制批评性报道。这种政治环境有可能直接和间接地以两种方式导致新闻模仿的增加。《号角报》和《民族报》集团可能受到政府直接的压力，选择在某一天的头版上发表特定的报道，或选择以某种形式来呈现和叙述新闻。这两家报纸也可能受到政府的影响选择不发布某些新闻，或者避免以某些方式来呈现和叙述新闻。这都将间接增加其他报道在当天头版上发表的可能性，或者运用其他的呈现或叙述方式。

报纸也许会在政府压力之下选择发表或不发表，或以某种方式发表某些报道。这种假想的政治压力也许会提高《号角报》和《民族报》在头版报道中内容重合或相似的程度，不过受到这种压力影响最大的新闻类型是国内新闻报道，或者说是政治和经济报道，因为这些议题能对政府工作产生直接影响。[13]为了检验本章和前几章中研究的新闻产品中的变化究竟归因于政府的压力还是模仿实践的改变，我对报纸样本进行了第二次分析，并对国内新闻与所有其他类别的新闻进行了比较。这项研究首先对比了以下三个语境中前期和后期报纸头版内容重合和相似程度的增长率：

A. 当所有报道被包含在内时；
B. 当只有国内新闻被包含在内时；
C. 当只有其他类别的新闻被包含在内时。[14]

为了说明变化的比率**不能**归因于假设有来自政府的压力，在三个研究语境中都需要将非国内新闻（其他新闻）的增长率应用到**前**期样本中。

研究显示，就头版上的新闻选择来说，整体样本的增长率为29%，国内新闻样本为31%，其他新闻类型的样本为22%（见表4.7）。⑮如把其他新闻类型22%的增长率应用到整体样本从**前**期到**后**期的增长中，可以得到调整后的**后**期增长率为43%，**前**期和调整后的**后**期的变化从35%上升至43%（35%×1.22 = 43%——译者），显著增长了8个百分点（$p<05$）。分析表明，政府压力的因素随着时间推移只在10个百分点中占据2个百分点的份额（整体样本前后期的增长差异是45%-35% = 10个百分点，其他新闻的增长差异是8个百分点，所以政府压力因素的增长差异只占10%-8% = 2个百分点。——译者）。换句话说，政治压力对新闻界产生影响并无说服力。

表4.7 政治可能对新闻同质化产生的影响

分析层次	前期（398条新闻）	后期（399条新闻）	前期到后期的增长率	其他新闻后期调整后的增长率	前期和调整后后期的差异
选择：硬新闻重合的比率	35%	45%	29%	43%	8%**
仅国内新闻	39%	51%	31%		
仅其他新闻	32%	39%	22%		
呈现：硬新闻重合的相似度	33%	49%	48%	48%	15%**
仅国内新闻	32%	50%	56%		
仅其他新闻	34%	49%	44%		
叙事：硬新闻重合的相似度	23%	30%	30%	29%	6%

(续表)

分析层次	前期 (398 条 新闻)	后期 (399 条 新闻)	前期到 后期的 增长率	其他新闻后 期调整后的 增长率	前期和调 整后后期 的差异
仅国内新闻	23%	31%	35%		
仅其他新闻	24%	30%	25%		

** $p<0.05$

关于首页上新闻的呈现，整体样本的增长率为48%，国内新闻样本为56%，其他新闻样本为44%（见表4.7）。当把其他新闻类型44%的增长率应用到整体样本从前期到后期的增长中，就可以得到调整后的后期增长率48%（33%×1.44=48%——译者），显著增长了15个百分点（$p<05$）。假设国内新闻的相似度增长较大是因为政府压力发挥了作用，但是研究显示，政府压力因素只占1/16个百分点（整体样本前后期的增长差异是49%-33%=16个百分点，其他新闻的增长差异是15个百分点，所以政府压力因素的增长差异只占16%-15%=1个百分点。——译者），或者少于可观察到的变化的10%。

对新闻叙事的研究显示，整体样本的增长率为30%，国内新闻和其他新闻类别的增长率分别是35%和25%（见表4.7）。当把25%的增长率应用于前期23%的相似度水平时，调整后的后期增长率为29%（23%×1.25=29%——译者），仅比原来30%的增长率水平低一个百分点（整体样本前后期的增长差异是30%-23%=7个百分点，其他新闻的增长差异是6个百分点，所以政府压力因素的增长差异只占7%-6%=1个百分点——译者）。结合其他分析，政府对新闻界施加的压力在前后期新闻叙事的相似性增加中只产生了较小的影响：在相似性增加中占1/7个百分点，也就是仅观察到14%的变化。

上述结果共同表明，在新闻的选择、呈现和叙事中，绝大多数的内容重合并不支持政府对新闻界施加了压力的假设。当然这不意味着这种压力不存在，也不意味着该压力对新闻的同质化没有产生效果，但也无法确定这种压力存在或有效。如果假设政府压力存在，那么国内新闻报道中产生的相似性差异应当比上述研究结果的数值更大。然而上述研究有理由认为即使没有政府对新闻界施加压力，大多数目前观察到的差异也会出现。换句话说，这个研究虽不能判断观察到的相似性结论是否武断，但无论纳什内尔政府的新闻—政治机制如何运转，都可以得出这样的结论：模仿的力量塑造了新闻生产，也间接影响了新闻产品。

注　释

① 第二章分析了硬新闻和软新闻生产背后的基本逻辑。有关本研究概念和操作方面的问题的详细信息，请参阅附录一。

② 由于这项研究没有在一天中系统地收集数据，所以无法对在晚上、第二天上午或下午首次出现的报道比例进行研究。然而，由于上午和下午两个时段中公共事务报告的比例远远高于晚上，大部分内容重合的非公共事务报道在第二天被这三个新闻网站中的一个报道的可能性并不大。

③ 如第一章所述，*Infobae* 是一家小型金融日报，其内容和模式与大型综合性报纸《号角报》和《民族报》存在很大差别。我没有从 *Infobae* 集团搜集印刷报纸的数据，也是考虑到媒介性质上存在差别，很难将其与《号角报》《民族报》进行有意义的比较。

④ 该样本与本研究主要使用的 2005 年的印刷报纸样本不同，我单独搜集这个样本主要用来研究早间印刷报纸头版与新闻网站内容之间的关系。

⑤ 我们在工作日搜集数据，所以分析的是从周一到周四的新闻网站的晚间版本和周五的印刷版，不分析周五晚新闻网站的数据和周

六的印刷版数据。

⑥ 关于本节和下节中的测量标准和编码的具体信息，请参阅附录一。

⑦ 这两个西班牙语标题在翻译为英文时存在差异：《号角报》将主语置于动词之前，《民族报》则调换了这两个句法元素的顺序。

⑧ 此处因为技术问题而导致新闻网站报道数据丢失（参见附录一中对数据丢失正常性的描述以及处理该问题的方法），因此，619 条网络新闻数据中只有 508 条被用于叙事层面的分析。

⑨ 西班牙语版标题的翻译存在轻微的词序差别。原标题分别为"Lavagna dijo que un acuerdo con el FMI 'no es imprescindible'"（Clarín.com）和"Lavagna dice que no es imprescindible un acuerdo con el FMI"（Lanacion.com）。

⑩ 马拉多纳在阿根廷青年队开始了他的足球生涯。

⑪ NA 是当地新闻机构《阿根廷人》的首字母缩略词。

⑫ 差异化的努力可能对生产其他类型的内容，如软新闻和评论更为有效。这些类型的内容在报道的选择上不太容易出现重合。表 4.1 中的数据表明，硬新闻在报纸头版的比例从前期的 89% 下降到后期的 82%，在网站首页的硬新闻的比例是 73%，这比前期报纸上的比例还要低。尽管数据表明，硬新闻之外的内容类别中包含着差异化的努力，但硬新闻仍是头版和主页占主体地位的内容。因此，针对硬新闻的、反抗模仿动力的产品差异化的努力失败，将对新闻产品的整体格局产生重大影响。即使差异化战略仍在软新闻和评论中存在，也依然不会改变结果。

⑬ 纳什内尔领导的政府向来缺少对国际事务的兴趣。

⑭ 在**前期**，内容重合的 140 篇报道中，有 68 篇是国内新闻，72 篇是其他新闻。而在**后期**，有 92 篇是国内新闻，86 篇是其他新闻。

⑮ 整体报道增长率并非国内新闻与其他新闻的平均值，因为这两种报道类型之间的差距从**前期**的 6% 增长到**后期**的 10%，国内报道在逐渐减少。

第五章 工作场景中的网络新闻消费

35岁的联邦政府工作人员菲比安娜（Fabiana）是一位热衷于阅读网络新闻的消费者。每当她谈论起网络新闻，身体都要随着语调的起伏而摆动，以表达她对这种内容的喜爱之情。在官僚作风浓厚的公共机构中，网络新闻能为她带来一丝宽慰，缓解办公室单调的气氛。菲比安娜从20岁开始就在这里工作，当时她刚刚高中毕业。2000年起，这家机构开始运营自己的网站，员工得以接触互联网，也就是在这个时候，菲比安娜接触到了网络新闻。从那以后，网站慢慢成为她获取新闻的主要来源，甚至代替了星期天的报纸。在访谈中她说，"我五个月前就不买周日版的《号角报》了"（个人访谈，2007年2月20日）。我们在这个距离她的工位仅有几步之遥的办公室交谈时，菲比安娜已经养成了消费网络新闻的习惯，尤其是在工作日中消费网络新闻。她的日常消费行为具有明显的特征：

> 每天午饭时我会花一个半小时访问新闻网站。我每次都会看Clarín.com、Lanacion.com和Infobae.com这三个网站。我先从头到尾看完网站的整个主页面，然后再从屏幕顶端开始点击各条报道。接着，回到家时我会再次简单浏览网站，看看从上次阅读过之后有什么新的事情发生。然后我就不怎么看新闻网站了……通常，在我们吃午饭时，办公室很多人都会看网络新

闻。我的主管会看，我们也会评论，会说"你看了这条新闻了吗?"……我们部门一共五个人，总有人在新闻网站上看了某条新闻后开始讨论。如果我不知道这些人在讨论什么，就会登录网站或者直接问他们"你们在说什么?"……我最喜欢比较不同的网站如何报道同一件事……我们办公室经常讨论对诺拉·达尔马索事件（Nora Dalmasso）（一个教师母亲被儿子性虐杀的事件——译者）的看法（研究期间，全国各家媒体的头条新闻持续数周报道该事件）。我在 Perfil.com 和 Lanacion.com 上都看到了这条新闻。案件中可怜的母亲已经死了，而此前她还在举办宴会。我们想知道她是怎么死的……我们谈论一些事情，然后必须得乐和乐和，否则生活会很无聊。（个人访谈，2007 年 2 月 20 日）

虽然菲比安娜的消费行为在某些方面比较独特（仅有小部分受访者会在每个工作日花 90 分钟看网络新闻），但她的叙述也反映了本书中许多访谈对象都具有的网络新闻消费的某些特征。在本章，我基于两个相关但不相同的目标去进一步分析、探究这些特征。首先，我从新闻消费的不同维度进行了研究，这是传统受众研究的核心。借助这项研究，我重新思考了很多有关现代社会中媒介使用和工作场景产生交集的问题。其次，我为下一章分析受众对日益同质化的内容的消费提供了关键的背景信息。

为了实现第一个目标，我从新闻消费的三个维度展开研究：新闻消费的顺序与变化、消费新闻的时间与空间坐标，以及新闻消费与线上线下社交活动的联系。关于新闻消费的顺序和变化，我的研究发现，新闻消费是一种惯常行为，通常分两个时段进行。在菲比安娜的例子中，每天她在午餐时第一次访问新闻网站，浏览整个网页并点击某些新闻报道，之后她在当天晚些时候再次阅读网络新闻。在这种惯常行为中，第一次访问的覆盖面较为广泛、有条理、耗时长，而第二次访问通常是有限、无条理且简单的阅读。关于消费新闻的时间与空间坐标，菲比安娜的个案清楚地说明了，办公室的工作节奏、与同事交流中的角色等情景的变化会影响新闻消费的体验。至于新闻消费的社交性问题，网络新闻消费已经融入现有的社交网络。社交活动伴随着阅读新闻和讨论新闻的过程发生，这也在菲比安娜的生动描述中有所体现。

在传统的媒介消费特征的语境中，通过对这三个维度的分析，我认为网络新闻消费出现的新特点标志着"工作中的新闻"现象的诞生。理解受众行为的持久性与变化的特性，对于评估什么导致了新闻生产的日益同质化至关重要。此外，本章还用较大篇幅讨论了工作场景与媒介使用之间的交集发生的变化。本章最后我通过在当今复杂的组织活动和信息活动中分析媒介消费中不断变化的工作与家庭的边界、工具性目的与娱乐性目的的边界，去揭示"工作中的新闻"的意义。

网络新闻消费模式

在第一章中，我认为在我开展研究的时候，新闻网站获得访问量的时间和地点与大部分上班人群的工作时间和地点相吻合。因此，当问及他们消费网络新闻的习惯时，多数受访者很自然地提到自己在工作中浏览新闻的情况。同菲比安娜一样，从大学时期就开始在会计师事务所工作的 24 岁的朱利安（Julián）认为这是一种常态。当我们问他，在工作环境中阅读网络新闻是否有什么问题时，他回答说，"没有。可能在我 2001 年刚开始上网看新闻时，我的主管们并不是很赞同我的行为，因为当时这种行为并不普遍。但是现在就十分普遍了，每个人在工作的时候都会使用即时通信软件，在他们的电脑浏览器上也会一直打开新闻网站"（个人访谈，2007 年

1月4日)。

和菲比安娜一样，对于那些业已养成日常新闻消费习惯的人来说，工作中的网络新闻消费习惯的养成与传统媒体被数字媒体完全取代的转型息息相关。[①]一些受访者表示，他们已经放弃了阅读传统报纸，因为主要的新闻网站都可以免费阅读，并且可以在工作时间内访问，不用浪费与家人共处或休闲的时间。28岁的文字编辑胡安·奥古斯汀（Juan Agustín）说，他以前每天会在上班路上读报纸，但当他开始接触网络新闻之后便转向了网络，"当我有了电脑，我发现阅读网络新闻更便宜……并且事实上你从来也不会把整张纸质的报纸读完"（个人访谈，2007年2月8日）。37岁的精神病科医生亚历克西斯（Alexis）认为："因为时间有限和互联网的出现，我不再买报纸。我从过去每天都会买《号角报》和《第十二页报》这两份报纸，到几年后只买其中的一份。视每天的情况不同，我会在这两份中挑选一份。再后来，我只在周末买《号角报》。现在我连《号角报》也不买了。"（个人访谈，2006年12月26日）受访者的媒体使用情况虽然反映了纸质媒体被电子媒体替代的现象，但并不意味着纸质媒体生产的内容消失了。与之相反，下面我们将提到消费者通常可以通过网络上的电子版来阅读印刷版的内容。

对30岁以下的受访者来说，工作中的网络新闻消费已经成为他们培养阅读新闻习惯的入口。[②]换句话说，很多年轻的受访者进入职场后，便养成了阅读网络新闻的习惯。在此之前，他们通常只会零散地或偶发地阅读新闻。即使那些从小家里就接入了互联网的人，也未必养成了阅读网络新闻的习惯。例如会计师事务所员工朱利安回忆，他有规律地阅读新闻是"从参加工作开始的"。"以前我上高中的时候下午5点才放学，在学校没法看网络新闻。我回到家才能上网，但当时我家的计算机配置很老旧，上网很困难。"（个人访谈，2007年1月4日）25岁的斯特拉（Stella）是民意调查公司的一名职员，当被问到是在家里还是在工作中开始阅读网络新闻时，她回答说，"我在工作后才开始阅读"（个人访谈，2007年3月5日）。

也许因为在工作中阅读新闻的行为让人们消费新闻的日常习惯从印刷媒介转向数字媒介，又或者是因为人们通过在工作中消费新闻逐渐形成了阅读新闻的习惯，总之本研究中受访者的共同点就是在工作的时候消费网络新闻。这种新奇的现象以新闻消费的三种不同模式为特征，对它们的解读有助于我们理解人们在消费越来越同质化的新闻时的实践和体验。这三种模式是：网络新闻消费的顺序与变化、消费新闻的时间与空间坐标，以及新闻消费与线上线下社交活动的联系。接下来我将会逐一分析。

新闻消费的顺序与变化

通过研究报纸、广播、数字媒体的新闻消费可以得出这样的结论：人们的媒介实践由相对可预测的顺序和变化模式组成（Bogart, 1989; Gauntlett & Hill, 1999; Jensen, 1990; Lull, 1982; Tewksbury, Hals, & Bibart, 2008）。所以这种模式同样出现在工作中的网络新闻消费中就不足为奇。不过，网络新闻消费中的顺序和变化模式在某些方面与传统媒体，特别是与印刷媒体极为相似，在其他方面又表现出重要的独特性。

多数受访者表示他们每天浏览新闻网站超过一次，和阅读报纸一样（Bogart, 1989）。然而，与纸媒消费最大的不同体现在一系列网络消费活动中。受访者每天第一次访问新闻网站与当天随后多次访问网站的行为在很多方面存在差异。每天仅浏览一次新闻网站甚至更少的人，浏览方式常常与频繁访问网站的人的每日首次访问相似。首次访问相对后续访问的不同模式只适用于工作日。周末访问新闻网站的模式与工作日不完全相同，我会在下一部分进行讨论。

对新闻网站的首次访问具有双重含义：每个人通常都会在每天的同一时段访问网站，并且每天浏览新闻网站的大致流程不会有太大的变化。多数受访者的首次访问发生在早晨，通常在刚到办公室或者坐在家里准备工作之后、正式开始工作之前。23岁的汽车代理公司接待员胡列塔（Julieta）说，"我每天9点上班，打开电脑，检查我的邮箱，之后打开Página/12.com。我通常浏览网页到9点20分，这段时间足够让我看完所有感兴趣的首页内容"（个人访谈，2007年2月28日）。35岁的路易斯·伊格纳西奥（Luis Ignacio）是位经营文化产业的企业家，通常在家办公，他评论道，"我在早上喜欢做的第一件事就是花一个多小时去浏览几家新闻网站"（个人访谈，2006年12月13日）。

人们每天首次访问新闻网站的另一个集中的时间段是午餐时间。之前提到过的菲比安娜就是如此。21岁的网吧职员塞西莉亚（Cecila）也是这样，"下午1点到2点没有人的时候，我会浏览新闻网站"（个人访谈，2007年1月24日）。早间或午餐时间是首次访问的重要时段，与阅读印刷报纸的时间相似。"59%的人通常在午餐结束之前看报纸。"（Bogart，1989，p.150）网络新闻消费的实践与传统收看电视的行为不同，"人们通常在工作和晚上的休闲时间之间收看电视"（Jensen，1990，pp.63-64）。

受访者提到自己每天首次访问喜欢的新闻网站时，浏览方式基本不会发生变化。这种规律和人们对传统媒体的消费有异曲同工之处。比如，早期，勒尔（Lull）对电视受众的观察研究得出结论："收看的惯例形成于一种受规则控制、有规律可循的氛围中，在电视播出季的前几周里，大多数家庭看电视的时候几乎没有互动交流"（1982，p.810）。在工作场景中阅读网络新闻时，虽然每个人日常的消费习惯不尽相同，但也存在一些共通之处。首先，阅读的行为系统性强、涉及面广，人们试图先涵盖每个网站的主要内容，再关注最感兴趣的新闻或话题。其次，消费的惯例通常是为了获取外部世界的一般性信息和与工作直接相关的特定内容。很少有人会在热门新闻网站的参与式空间上耗费精力，比如参与博客和论坛的讨论。最后，首次访问会持续很长一段时间。尽管时间长短因人而异，但多数受访者认为，首次访问网站的时间要比后续访问的时间长很多。

每天首次访问网站的人通常会浏览整个页面，有的人会从网页上面往下看，有的会从下面往上看，也有的人会按照非常特殊的顺序浏览。之后，人们会点击一些感兴趣的新闻。25岁的马丁（Martín）是一名律师，他说自己看某个主页时会"一直下拉，只看大标题和导语"（个人访谈，2007年2月27日）。33岁的马塞拉（Marcela）是一名广告行业从业者，她对此表示赞同："我会浏览整个网页，遇到我感兴趣的新闻，就会点开看看"（个人访谈，2007年1月29日）。33岁的电影制作人伊格纳西奥和他们的体验一样，"我会先看页面上所有的大标题，然后选想看的报道点进去"（个人访谈，2007年3月10日）。

受访者普遍表示在首次访问网站时仅会点开少量新闻，并且和完整浏览首页不同的是，他们很少完整阅读新闻报道。23岁的娜塔莉亚（Natalia）是一名大学生，兼职做文员工作。她说，"我只有几次在网站上读完了整条新闻"（个人访谈，2006年12月18日）。33岁的电视编剧塞巴斯蒂安评论道，"你不用读完也知道新闻在讲什么，我每次在网站上读那些报纸已经报道过的新闻时都这样……网络新闻里总会有一些没用的信息"（个人访谈，2007年1月15日）。36岁的营销专员劳拉（Laura）在接受访问前刚在一个网站看过新闻，她说，"我一般读一两段，如果我发现它了无新意，就不再看下去了"（个人访谈，2006年12月1日）。

Clarín.com、Lanacion.com以及*Página/12*和*Perfil*这样小型但

全国性报纸的网络版,都拥有强大的纸媒作为报道的支撑,受众对首发在纸媒上的报道产生的兴趣为这些网站贡献了首次访问的流量。通常在早间几个小时里,Clarín.com 和 Lanacion.com 的主页上会大量出现自家报纸的内容。根据第二章、第三章的描述,之后两家新闻网站各自的编辑部会开始发布新的报道。与此同时,来自报纸的报道会从主页的顶部转移至其他位置,或者干脆被删掉。不过,新闻网站的忠实读者即便是在当天更晚时候,也能毫不费力地找到这些报道,因为他们知道主要的新闻都在哪里。为方便用户寻找,Clarín.com 和 Lanacion.com 还提供了一个专门的区域用来单独放置来自纸媒的报道。

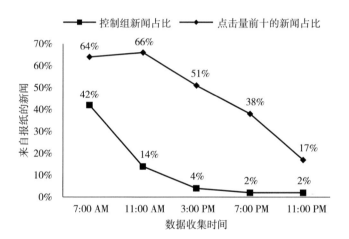

图 5.1　在《民族报》网站 Lanacion.com 上,来自报纸的新闻在网站点击量前十位的新闻和在控制组新闻中所占比例

图 5.1 的数据说明了报纸的报道对 Lanacion.com 首次访问流量的重要性。图中呈现的数据比较了 Lanacion.com 从周一到周五随着一天的时间变化点击量居前十位的新闻中来自报纸新闻的比例和网站主页上的其他新闻中来自报纸新闻的比例。③在早上 7 点,网站主页中 42%的控制组新闻和 64%的点击量前十的新闻来自报纸。4 小时后,网站主页上的控制组新闻中 1/7 来自报纸,点击量前十的新

闻中有 2/3 来自报纸。下午 3 点，主页上的新闻几乎全部由网站原创，而纸媒的报道仍在点击量前十的新闻中占据半壁江山。晚间 11 点，纸媒新闻在点击量前十的新闻中的比例降到 17%，触及一天中的谷底。一天中排名前十的新闻的点击量是累加计算的（将首次访问和再次访问累加计算——译者），而再次访问的点击量会比首次访问时少很多。因此，图 5.1 中的数据可能高估了下午与晚上时段纸媒新闻的重要程度。不过，可以看到早上 7 点，控制组新闻和点击量前十的新闻中来自报纸的新闻占比的差距达到 22 个百分点，且尚未受到延滞效应（carryover effect）的影响，因此可以判断巨大的差异由首次访问造成（上午 11 点相差 52% 和下午 3 点相差 47%）。这揭示了一个重要结论：当人们首次访问网站时，纸媒新闻是网站的信息源。

对新闻网站的再次访问与首次访问有所不同。再次访问的时间和间隔并无规律可循。它没有固定时间，可以是工作日刚开始时或者吃午饭的时候，随人们休息时间的不同而变化。汽车经销商接待员胡列塔说，一般早上看过新闻网站后，她会一直开着自己喜欢的新闻网站，"但有时我一次都不会去点开新闻，这得看我有多少时间"（个人访谈，2007 年 2 月 28 日）。同样，47 岁的律师阿尔芭（Alba）说，她首次浏览新闻网站后会"每个小时再去看一两眼，但如果我要开会，当然就不能看了"（个人访谈，2007 年 2 月 13 日）。35 岁的作家约瑟芬娜（Josefina）是这么说的，"生活中的闲暇越多，登录网站的次数就越多"（个人访谈，2007 年 3 月 19 日）。

受众再次访问新闻网站的初衷通常是想分散一下注意力，或想了解某个事件更多的信息。约瑟芬娜提及，"每次我休息的时候……都会去看一下 Clarín.com 的标题"（个人访谈，2007 年 3 月 19 日）。27 岁的电脑维修店员工曼纽尔（Manuel）评论道："一般我第二次去浏览新闻网站一定是为了找一些特别的信息，比如去看看网站上体育比赛直播的最新比分,去找一些电影院里正在上映的电影信息,或者是我想了解一个突发事件更详细的内容。所以我再次去看新闻网站一般都有明确目的。我不会去看已经看过的新闻。"(个人访谈,2007年3月30日)因此,再次访问的频率和时机取决于消费者是否得空、是否需要分散注意力、是否发生了突发事件(按照突发事件的定义,它是变化莫测的),和首次访问相比,再次访问确实没有太多规律可循。

再次访问和首次访问的不同还表现在再次访问的范围并不广泛,更无系统性可言,耗时不长,也没有太多来自报纸的内容可供阅读。它具有有限的、无组织的、简短的和聚焦突发新闻或新奇内容等特征。消费者浏览时通常只看网站首页的最上端,确认自从上次看过后有没有出现新的内容。24岁的费德里克(Federico)是一名经济学家,很喜欢 Infobae.com。说到再次访问,他表示:"通常我只会看一下主页上部的内容。我要是已经访问过这个网站,下次就只会看一下顶部的新闻,因为那些是刚刚更新的。"(个人访谈,2007年1月18日)26岁的电影剪辑师费尔南多提到他浏览 Clarín.com 时也有相似的习惯,"我从网页顶部往下拉,等看到早些时候已经看过的新闻时,我就停下来……这个过程超级快"(个人访谈,2007年1月17日)。

此外,如果受众再次访问的目的是深入了解一个突发事件,他们就只会去了解与这个事件相关的信息,而不会拓展到去了解其他报道。这与美联社在印度、英国和美国进行的新闻消费民族志研究的发现一致:"受访者说他们是为了打发时间或者疏解在工作中的无聊情绪,才去看一看网站的最新消息和头条新闻。他们日常看得最多的新闻就是头条新闻和最新消息。"(Associated Press,2008,p.40)48岁的赫拉尔多(Gerardo)是一家汽车公司的工程师,他说:"我每天第一次访问新闻网站的时候会从头看到底,什么都会看……之后，我就不会再细看所有的新闻细节了。不过如果我在听广播的时候，听到了感兴趣的故事，就会去网上查找相关新闻看看。"（个人访谈，2007年4月10日）受访者普遍反映，当他们再次访问新闻网站时，一般会花费更少的时间，点击更少的新闻，经常在浏览网站的时候做别的事情。精神病科医生亚历克西斯说：

> 每天我都不止一次地浏览 Clarín.com 和 Lanacion.com……尤其会看它们的头条和突发新闻，并且我会一直关注事件的进展……我在这次访谈之前完全没有意识到自己有这样的习惯，但是现在我发现自己每天会看很多次（这两个网站），（每次花）很少的时间……大概一天看5到10次……你有没有注意到我们每天必须加快节奏做事，被日常生活裹挟？没错，我和我妹妹打电话的时候，边讲话边看网页。也许我什么都没有看进去，但我确实访问了这个网页。（个人访谈，2006年12月26日）

首次访问和再次访问中展现出来的新闻消费顺序与变化的特征，与新闻消费的空间和时间坐标有关。

新闻消费的空间与时间

新闻消费的地点和时间是媒介研究者长期关注的议题（Bogart, 1989; Gauntlett & Hill, 1999; Lull, 1980; Webster & Phalen, 1997）。过去最典型的新闻消费地点是在家里。西尔弗斯通（Silverstone）对日常电视观看行为的研究有力地论证了这一点："电视机是一种家庭媒介。它在家中被观看，在家中被忽视，同时在家中被讨论"（1994, p.24）。戴扬（Dayan）和卡茨（Katz）将这一观点拓展为一种观看的实践，提出"媒介事件**使家庭享有特权**"（1992, p.22）。博加特（Bogart）基于80%的晨间读报活动、94%的晚间读报活动和60%的广播新闻收听都发生在家里的数据，强调了家庭空间对报纸、广播新闻消费的重要性（1989, p.153）。各项有关印刷、广播媒介的研究还关注了一周中新闻消费时间模式的变化。根据博加特的研究，星期日是一周中读报纸最多的日子，星期六的报纸阅读量少于星期一到星期五的阅读量（1989，p. 79）。对消费电视来说，冈特利特（Gauntlett）和希尔（Hill）得出的结论是"受访者通常觉得周末压力最小，他们在工作日因为更在意时间而不能看的节目，这个时候可以看一些"（1999，p. 29）。此外，最近一项涉及6个欧洲国家（受众媒介使用时间）的调查得出的结论是，听广播的高峰期集中在早上6点到9点，看电视的时间集中在晚上7点到11点（Online Publishers Association—Europe 2007）。

　　本书中的研究表明，在网络环境中，存在着不同于传统媒体时代普遍存在的新闻消费的空间和时间模式。消费地点是家里还是办公场所？消费时间是工作日还是周末？时空模式将如何影响网络新闻消费习惯？50位受访者中的48位就以上问题展开了大量的讨论。结果发现消费时间与空间的坐标分布非常均匀。在这48个人中，有19人仅在家里看新闻网站，17人仅在办公室看，12人在两个地点都会浏览网络新闻。在这个微缩的样本库中，以上各类人数占总采访人数的比例分别为40%、35%和25%。另外，有22位受访者仅在工作日消费网络新闻，剩下26名周末也会看（分别占比46%和54%）。

　　办公室的物理环境会影响人们的新闻消费习惯，特别是对在开放空间办公的人来说影响更大。比如24岁的保险公司职员安娜（Ana）的办公桌是开放式的，"我的经理就坐在我座位后面的小隔间里，刚好能看见我的背。但就算我的身体可以挡住电脑屏幕，她也可能会看到我在做什么。所以，我尽量不经常看新闻网站。当她不在的时候，我会多看些"（个人访谈，2007年3月8日）。与其相反，31岁的佛罗伦西亚（Florencia）是一名健康服务公司的职员，她说，"我身后没有坐人，没人能看见我在干什么……有的办公室里很多人都能看到你的屏幕上有什么。但我这里不一样，我有很多隐私。隔壁办公室也一样，他们也会在网上看很多别的内容"（个人访谈，2007年4月19日）。

一些受访者表示，在应该专心工作时，看新闻会被认为是某种个人或休闲行为。因此除办公室布局外，这种行为导致的愧疚感也严重影响了办公室新闻消费。④ 25岁的人力资源专家娜塔莉亚说，"我看网络新闻的时候也会接电话，但是我不想有人经过时看到我在看新闻"（个人访谈，2007年3月19日）。23岁的会计分析师西尔维娅（Silvia）评论道："你去办公室不是去浪费时间的，你是去那里工作的……如果你没什么事可做……然后就开始在网上看新闻……这就是道德问题了。"（个人访谈，2006年12月4日）就职于跨国公司的23岁的经济学家胡安·马丁（Juan Martín）与西尔维娅的看法类似："从道德或伦理约束的角度来讲，如果你在浏览新闻网站，就意味着你没工作。除此之外没有什么别的解释。"（个人访谈，2007年2月21日）这种愧疚感并不能阻止这些人和其他受访者在办公室消费网络新闻（几乎所有受访者都会这么做），但多少会限制他们在网络新闻上投入太多的时间和注意力。另外，这种愧疚感并不适用于其他一些受访者，比如前面提到的菲比安娜或朱利安，在他们的办公环境里消费网络新闻被认为是一件再平常不过的事。当民意调查公司职员斯特拉被问到在工作时间访问新闻网站是否会被认为是一件不太好的事时，她回答道："不会……我老板也看，还会和我讨论新闻的内容。"（个人访谈，2007年3月5日）

定期在办公室消费网络新闻的受访者也提到担心个人隐私受到影响。27岁的律师帕布鲁（Pablo）说，他不会看视频或听音频，"因为我是在办公室"（个人访谈，2007年2月21日）。⑤ 保险公司职员安娜说，当她在家访问新闻网站的时候，"会看那些在办公室里不允许看的东西"（个人访谈，2007年3月18日）。与办公室的物理环境一样,这些对个人隐私的担忧并不会阻止人们访问新闻网站,不过,某些情况似乎影响了人们的网络新闻消费行为。35 岁的迭戈(Diego)是一名食品公司的工程师,他总结了公司规范和在办公室看新闻网站这一行为之间的张力:"办公室有关于在工作中如何使用网络的成文规定。如果存在滥用网络的行为且需要采取惩戒措施,这些规定会保护公司。某些措施相对较为严格,人们一般都有节制地使用网络,以免被追究责任。虽然这些措施非常严格,但公司里的每个人都会在一定程度上违反规定。"(个人访谈,2007 年 4 月 13 日)

办公室里的网络新闻消费也影响了办公室外的新闻消费。工作日下班回到家后和周末不需要在办公室加班时,用户很少会去看网络新闻。受访者常将网络新闻与电脑相联系,而电脑又与工作相联系。这说明受访者通常试图在工作与家庭之间构建一种观念与情感的距离,这对他们在办公室以外的场所的网络新闻浏览倾向产生了消极影响。⑥40 岁的电脑专家阿莱霍(Alejo)是位自由职业者,他说:"我家楼上有台电脑,但是我从来不用它。我在家不会看新闻……因为我的工作就是和电脑打交道………我有个儿子,我在家里一般陪他玩。我刻意这样做,因为我不想在家里继续工作。我不想在家里办公,所以我得有一间办公室。"(个人访谈,2007 年 3 月 19 日) 安娜的观点和阿莱霍一样,"我一天都对着电脑工作,尽管在办公室不能使用聊天工具、微软邮箱、雅虎或者我的个人邮箱……但我回到家后还是不想碰电脑"(个人访谈,2007 年 3 月 8 日)。那些仅在办公室浏览网络新闻的受访者离开办公室后就会将电脑用作他途。他们经常用电脑做一些私人或者休闲的事情,比如回复个人邮件、搜索假日出行计划。33 岁的瓦莱里娅(Valeria)是航空公司的行政人员,她明确地将阅读网络新闻同工作联系在一起,并将个人邮件及其他借助互联网的事情与家庭环境联系起来:

> 瓦莱里娅：我很少在晚上看网络新闻（在工作日离开办公室之后）。
>
> 采访者：你在家里会用电脑做别的事情吗？
>
> 瓦莱里娅：会啊，一般会浏览互联网，去找一些我需要知道的信息，发邮件，然后就没有别的了。**我在家里不会用电脑工作**。（个人访谈，2007年4月17日）

在办公室浏览网络新闻会对这些网站周末的访问量带来消极影响。通过对17位在办公室浏览网络新闻的受访者进行调查，我发现只有1位受访者会在周末继续浏览网络新闻（见表5.1）。与此相反，19位在家中访问新闻网站的受访者中，有16位（84%）会在周末访问新闻网站。对比一周七天均访问新闻网站的人数与仅在工作日访问的人数，可以发现这两种不同类型的网络新闻消费者之间比例的差距达到了78%（$p<0.01$）。33岁的咨询公司工程师加斯东（Gastón）说："我们尽量不在周末打开电脑……因为我们在工作日整天对着电脑。除非周末不得不在家工作，否则我尽量不打开电脑。"（个人访谈，2007年4月4日）31岁的精神科医生费德里克同样表示不喜欢在周末的时候看网站，"因为我在工作中需要不停地接触电脑。我试着在周末少碰它……从周一到周五我的电脑一直开着。我等着病人来，登录账户。在家我不得不打开电脑……但我并没有什么兴趣（打开它）。因此一般来说，我不怎么上网"（个人访谈，2006年12月28日）。35岁的网站设计师艾斯特班（Esteban）说他的新闻消费模式在一周内没有什么变化，"因为我在家中办公，并没有固定的工作日程。与其他日子相比，星期六和星期日对我来说并没有什么不同"（个人访谈，2007年1月16日）。

表 5.1　网络新闻消费发生的空间和时间坐标

	网络新闻消费地点		
	仅在家 （19 名受访者）	仅在办公室 （17 名受访者）	家和办公室 （12 名受访者）
每周网络新闻消费天数			
仅在工作日*	16%	94%	25%
工作日和周末*	84%	6%	75%

说明：行间的*号表示家庭和办公室之间消费行为的差异具有显著性（$p<0.01$）。

这项对比研究涉及在家庭环境中消费网络新闻的人群，包括仅在家中访问或在家中、工作中都会访问的人群。在仅在家中访问网络新闻的 19 人中，只有 4 人在办公室工作，其他大部分都在家办公，剩下的是退休者、无业者或全日制学生。其中一些受访者在一天之中不断访问新闻网站。39 岁的伊丽娜（Irina）是一家小型视频制作公司的老板，她一般在家里或者离家不远的办公室工作，她说："我每天看 3 次新闻网站：早上一次，下午一次，晚上一次。"（个人访谈，2007 年 2 月 20 日）21 岁的政治学专业学生胡列塔和她的新闻阅读规律差不多："早上（看一次）……中午（看一次），下午还会看一次"（个人访谈，2007 年 3 月 19 日）。其他人，像网页设计师艾斯特班更喜欢在深夜看网络新闻："昨晚我凌晨 5 点才睡觉。我熬夜工作直到天亮……很多时候我都会工作到天亮。并且我比较喜欢晚些时候看网络报纸。大概凌晨 2 点半到 3 点，我会看一下 Clarín.com 和 *Olé*（体育日报）的网络版是否已经发布了最新内容"（个人访谈，2007 年 1 月 16 日）。56 岁的莫妮卡（Mónica）曾经是一名教师，也有晚上看新闻的习惯："我通常在晚上 10 点半或 11 点的时候看新闻网站。"（个人访谈，2007 年 3 月 21 日）

在 12 位同时在家和办公室都会阅读网络新闻的受访者中，有 10 位在办公室工作，剩下的 2 位同时在家和办公室工作。其中一些受访者在家里看新闻网站是因为他们的工作安排相当紧张，在办公室很少有闲暇时间看新闻。经济学家胡安·马丁说，他一般在"有空的时候才会读新闻，但是在办公室一般都没空……所以，当我下午 6 点回到家，可能会看几份网络报纸……下午回家后读报的时间要比在办公室花的时间多得多"（个人访谈，2007 年 2 月 21 日）。其他受访者比如政府部门职员菲比安娜，也提到自己会晚上在家访问新闻网站，这时她会继续关注白天在办公室看到的新闻，或者看看在她离开办公室后有没有什么新的事件发生。与在办公室消费网络新闻相比，她在家里的阅读较为局限和短暂。

表 5.1 里的数据和信息指出那些在家消费新闻网站的人，无论是仅在家消费，还是同时在办公室消费，都会在工作日和周末阅读网络新闻。这可能因为他们的电脑和工作之间的联系没有那么紧密，更有可能的是，相比那些只在工作日消费网络新闻的人，他们的工作和家庭的界线更加模糊。就像网站设计师艾斯特班和作家约瑟芬娜说的那样，"我尽量不在周末工作，但是如果我必须写一点东西，我就得做……我没有把（工作日和周末）分得很清楚，所以能随时访问互联网、随时看网络报纸是件好事"（个人访谈，2007 年 3 月 19 日）。受访者中许多人是自由职业者，很少有人在工作期间监督他们的工作。除了这些人以外的其他人对于世界、空间、工作和家之间的区分越模糊，在工作中浏览新闻网站所产生的愧疚感就越少。家庭环境也让他们减少了对隐私问题的担忧。

综上所述，网络新闻消费的空间模式与关键时间坐标相关，工作日和周末的新闻消费存在差别。对消费者的访谈表明，当他们首次访问新闻网站时，印刷报纸的内容在网站上占据了很大的比重，但消费者在工作日很少会购买印刷报纸。这个情况在周末则相反：更多人会买印刷报纸，但消费者对网站上来自印刷报纸的内容的兴趣会减弱。30 岁的平面设计师阿曼达（Amanda）总结了大多数受访者的共同点："每天我去办公室上班，最先做的事就是看一看《民族报》和《第十二页报》的网络版，然后我还会在网上看《国家报》（西班牙日报）和《世界报》（法国日报）……星期六我几乎不会看新闻，周日我会买一份纸质报纸。"（个人访谈，2007 年 3 月 22 日）西班牙语教师洛雷纳表示自己在工作日和周末也会对网络新闻和纸质新闻有不同的阅读习惯："我在周六和周日会读纸质报纸。我没有笔记本电脑……而且我会在周末躺着读报纸。另外，我很喜欢纸制品。"（个人访谈，2007 年 3 月 2 日）广告行业职员马塞拉的回应与洛雷纳相似："我周末不会去看新闻网站。我喜欢坐下来，看看报纸……只有在周末我才有时间这样做。"（个人访谈，2007 年 1 月 29 日）

网络新闻消费者常会在周末购买报纸，但很少在新闻网站上阅读来自报纸的报道，这一消费模式也与用户对体育比赛直播，尤其是周日的体育新闻的偏好有关。民意调查公司职员斯特拉说："昨天（周日）下午，我上网看看有什么新闻，我就看了足球比赛新闻。"（个人访谈，2007 年 3 月 5 日）人力资源专家娜塔莉亚评论道："我在周日时不时会看新闻网站，大部分是去看体育专栏，为了了解足球比赛和其他体育比赛的比分。"（个人访谈，2007 年 3 月 19 日）律师马丁同斯特拉和娜塔莉亚差不多，他说周末"主要看体育新闻。因为周末会有很多体育比赛，新闻网站会随时更新比赛成绩。我一般会打开 *Olé*，不断点刷新键。我会花一个半或两个小时浏览 *Olé* 的网站。但同时我也会做一些其他的事情，比如看看我的即时消息，再看看 *Olé*"（个人访谈，2007 年 2 月 26 日）。

表 5.2　Clarín.com、Lanacion.com 和 Infobae.com 点击量最高的五大主题

	Clarín.com		Lanacion.com		Infobae.com	
	工作日 ($n=500$)	周末 ($n=200$)	工作日 ($n=500$)	周末 ($n=200$)	工作日 ($n=500$)	周末 ($n=200$)
位置						
第一*	体育 25%	体育 54%	体育 26%	体育 40%	体育 30%	体育 42%

(续表)

	Clarín.com		Lanacion.com		Infobae.com	
	工作日 ($n=500$)	周末 ($n=200$)	工作日 ($n=500$)	周末 ($n=200$)	工作日 ($n=500$)	周末 ($n=200$)
第二	犯罪 20%	EAC 8%	政治 24%	政治 23%	EAC 20%	EAC 22%
第三	EAC 15%	国际 7%	EAC 15%	STM 11%	STM 17%	STM 10%
第四	国际 8%	犯罪 6%	国际 10%	国际 8%	犯罪 7%	犯罪 4%
第五	政治 7%	政治 6%	犯罪 5%	EAC 6%	国际 5%	国际 4%
前五名总和	75%	81%	80%	88%	79%	82%
第一名与第五名相差*	18%	48%	21%	34%	25%	38%

说明：行间的 * 号指每个新闻网站工作日和周末的统计结果存在显著差异（$p<0.01$）。EAC = 娱乐、艺术、文化。STM = 科学、技术、医疗。

表5.2把 Clarín.com、Lanacion.com 和 Infobae.com 中点击量前十的新闻分为五个最流行的类型（各网站最热门的分类稍有不同）。表5.2除了对各网站、各类型新闻进行界定和排序外，还展示了不同类型的新闻网站点击量最高的新闻的百分比以及不同类型新闻的占比在工作日和周末的变化。表中反映出四个值得注意的模式。第一，总体而言，五大类型的新闻吸引了网站绝大多数关注度；无论在工作日还是周末，五大类型的新闻占据了至少四分之三的新闻版面。第二，无论在工作日还是周末，各网站用户的内容偏好相当稳定：各网站的五大分类基本一致；主要差别是五大分类在各网站的排序和所占百分比的不同。第三，粗略看一下这张表就可以发现，体育类在各个网站都排在首位。第四，值得注意的是，在工作日和周末，体育内容的受欢迎程度大不相同。在工作日体育新闻分别占

Clarín.com、Lanacion.com 和 Infobae.com 三个网站最高点击量新闻的 25%、26%、30%。到了周末，占比分别增长到 54%、40%、42%。从工作日到周末，三个网站在体育新闻点击量上的显著差异（$p<0.01$）分别达到了 29、14、12 个百分点。周末体育新闻盛行的另一个标志是每个网站排名第一和第五的类别之间存在巨大差距。Clarín.com、Lanacion.com 和 Infobae.com 三个网站中第一类与第五类内容份额的差距分别从工作日的 18%、21%、25%，增长到周末的 48%、34%、38%。三个网站分别显著（$p<0.01$）增长了 30、13 和 13 个百分点。

除了对体育新闻感兴趣（特别是频繁访问网站查看比分）外，大部分用户在周末访问新闻网站的时间远少于工作日，因为他们在周末更喜欢出门参加一些休闲活动。律师阿尔芭说，"我在周末看新闻网站的次数远少于平时，因为我周末更喜欢出门，接触电脑的时间更少"（个人访谈，2007 年 2 月 13 日）。精神科医生亚历克西斯也认同，"昨天（周日）我就在晚上看了会儿新闻网站，因为我白天一整天都在外面"（个人访谈，2006 年 12 月 26 日）。但是也有少量受访者表示，他们在周末会花更多时间去访问新闻网站，因为这是他们一周之内仅有的大量的空闲时间。比如，保险公司职员安娜说："我起床很早……打开电脑，坐在桌前喝着咖啡吃饼干……我一边听音乐，一边看新闻网站，用谷歌搜索信息，查看邮件。在家里比在办公室轻松许多。"（个人访谈，2007 年 3 月 8 日）因此，不论人们在周末访问新闻网站花费的时间是更少还是更多，他们消费新闻的习惯总会和工作日有所差别。

新闻消费的社交性

与新闻消费习惯相关的研究总是强调这些习惯在人们日常生活的关系结构中有多么根深蒂固（Bausinger, 1984; Bogart, 1955,

1989; Chan & Goldthorpe, 2007; Jensen, 1990; V. B. Martin, 2008; Palmgreen, Wenner, & Rayburn, 1980; Robinson & Levy, 1986）。在格雷伯（Graber）关于人们如何加工新闻的研究中，她发现，"当一个话题成为消费者与朋友、同伴对话的焦点时，当这个话题引起了很多公众争论时，或者当消费者身边的某个人不断提起这个话题时，他就会去搜索关于这个话题的相关信息"（1984，p.83）。同样，有关传播技术的研究表明，新科技常用于加强现有的社交网络（Baym, Zhang, & Lin, 2004; Hampton, 2007; Hampton & Wellman, 2003; Kline, 2000; Ling, 2008）。因此，费舍尔（Fischer）在关于电话使用的研究中认为"美国人使用家庭电话是为了拓宽和加深现有的社交模式，而不是改变它们"（1992，p.262）。

从前述新闻与传播技术研究的结果可知，社会关系的模式会在一定程度上影响工作场景中的网络新闻消费。我们可以从两个方面来分析，网络新闻消费者的社交活动其实完全脱离了网络。首先，网络新闻消费者的人际沟通建立在现有的社会关系之上，如和同事、家庭成员或朋友之间的交流，而非构建了新的社会关系，比如仅在线上交流。换句话说，没有受访者说他们会和聊天室、博客或其他虚拟空间的用户讨论新闻。文化企业家路易斯·伊格纳西奥直截了当地说："虚拟朋友（网友）？不需要。"（个人访谈，2006年12月13日）其次，多数受访者表示，一般关于新闻事件的交流还是首先通过面对面的方式，其次才会采取网上交流的方式，比如通过邮件传送新闻文件或相关链接。此外，一些受访者提到他们根本不会通过电子邮件传送新闻，部分原因是办公室环境的限制。航空公司职员瓦莱里娅说："我不会（通过电子邮件发新闻）……因为你发给某人一条新闻，他们很可能觉得你在浪费时间。如果我看到某个报道很有意思，我会打印下来，和同事讨论。或者我会把打印的新闻留在桌子上，说不定有人想要读一下。"（个人访谈，2007年

4月17日）

在通过电子形式发送新闻的受访者里，很多人发送的要么是娱乐新闻，要么是猎奇新闻。政治学专业的学生胡列塔从临近省的一个小镇搬到了布宜诺斯艾利斯，她说，"我通过电子渠道发送的最后一条新闻是：在哥伦比亚某个城市里传播谣言会被处罚。我把这个故事发给了之前小镇上的每一个人，他们都特别害怕。（其实）这只是一个玩笑而已"（个人访谈，2007年3月19日）。和她的情况类似，20岁的书店员工何塞说，"有一天 Lanacion.com 发布了一条关于'法国人希望能强制小睡'的新闻，我把它发给了我的经理。同时我的朋友给我发了一张丹尼尔·肖利（Daniel Scioli，阿根廷副总统）没有戴假肢的照片（他在一场事故中不幸失去了一条胳膊，现在用的是假肢）。朋友对我说，……'他（肖利）怎么会被拍到卸下假肢的照片'，我说'我不知道，可能他在博取同情'，之后我们因为此事还乐呵了一会儿"（个人访谈，2007年2月6日）。

与同事交谈和与家人、朋友交谈的内容不太一样。在办公场所讨论的新闻有两个特征：一是避免政治或经济方面的敏感话题[⑦]，二是多讨论一些轻松的话题或者与工作相关的新闻。经济学家胡安·马丁，就第一个特征举了个例子，"坐在我旁边的同事每次看 Lanacion.com 的时候，总会说'来看看泰国发生了什么，印度尼西亚发生了地震'之类的话，但是从来没有谈论过关于政治或国家经济的新闻"（个人访谈，2007年2月21日）。当健康服务公司职员弗洛伦西亚提到在办公室避免政治敏感问题的策略时说："我和办公室里一位同事都是30多岁，另一位同事则是50多岁的保守派……她来自军人家庭，所以我们从来不讨论政治问题，因为如果我们说'我不认为政府做的这件事是对的'，她就会说'是的，坦克应该上街才对呢……'，所以我们避免和她交流这些话题"

第五章　工作场景中的网络新闻消费

（个人访谈，2007年4月19日）。⑧律师帕布鲁提到，"工作时，我们会谈论很多有趣的事情。我们互相发电子邮件，然后一起大笑。但我们不会像在咖啡馆那样去讨论世界大事，因为我们觉得办公室这样的环境不适合谈论这些"（个人访谈，2007年2月21日）。

帕布鲁的描述与何塞、菲比安娜一样，都强调了他们倾向于在工作中谈论关于网络新闻的轻松话题。电影剪辑师费尔南多说，在他工作的地方，人们通常谈论"娱乐相关的新闻。谁又在哪里喝醉了或者谁又离婚了……都是一些愚蠢的事情。是的，这些话题才会引发更多的讨论"（个人访谈，2007年1月17日）。会计师事务所职员朱利安说，他们办公室一般会讨论另外一种轻松的话题——体育新闻（虽然一些话题有时候会引发激烈的争论）。他说："我们主要讨论……体育新闻。'博卡青年队要把这个球员卖掉'，然后讨论就开始了……我们会在做简单工作的时候讨论这些新闻。"（个人访谈，2007年1月4日）⑨

与工作相关的新闻通常也会成为同事之间社交话题的一部分。市场专员劳拉说："如果联合利华新开了一个门户网站……我一定会告诉客户经理，'快来看一下这个，你一定会感兴趣的'。"（个人访谈，2006年12月1日）40岁的老师瓦妮娜（Vanina）分享了自己的一段经历，有关此类与新闻相关的社交活动，"某天有一条新闻，我不太记得是在Lanacion.com还是Clarín.com上看到的，说意大利一位名叫弗朗西斯科·托努西（Francesco Tonucci）的教育学家认为，儿童应该多参与学校的管理工作……我觉得很有意思，就发给了我的同事们看，我们还讨论了这条新闻。另外一位同事几乎同时也把这条新闻分享给了大家，我们讨论的就更多了"（个人访谈，2007年2月22日）。

亲朋好友间有关网络新闻的社交关系，可能会更加关注个人，也会更加包容有关公共事务报道的激烈争论。失业教师莫妮卡说，

"我有一个住在巴黎的朋友,她来自(阿根廷东北部城市)巴拉那……所以当瓜莱瓜伊丘(巴拉那附近的一个城市——译者)高速公路旁开始发生政治动乱时⑩,我给她发邮件说,'你怎么不关注一下发生了什么事呢?……快去看看网上的新闻……赶快了解一下'"(个人访谈 2007 年 3 月 21 日)。28 岁的市政府职员塞西莉亚说,"我会和我的朋友、男朋友、家人讨论网络新闻……我和朋友们分析了很多次诺拉·达尔马索案件……我有个朋友是国会女议员的助理,有时我们也会讨论和国会法案有关的新闻。比如我们会讨论被强暴的智障女孩的人工流产问题……有时我会和我的男朋友讨论政治问题"(个人访谈,2007 年 3 月 20 日)。

很显然,社交性与网络新闻消费之间存在相互作用:社交互动影响了网络新闻消费,网络新闻消费也影响了某些社交互动方式。这种相互作用会发生在某次特定的、与新闻相关的社交活动前后。一方面,为了参与对话,人们有时会在特定的新闻事件上花费比平时更多的注意力。换句话说,在实际讨论开始之前,人们会因为预感到关于某些新闻的讨论很有可能发生而特意去阅读相关消息。健康服务公司职员弗洛伦西亚说他们在办公室"会讨论卡洛斯·卡拉斯科萨事件(Carlos Carrascosa case,一起关注度极高的犯罪事件),所以大家去看这条新闻的部分原因是为了参加讨论"(个人访谈,2007 年 4 月 19 日)。另一方面,当一个人在一次社交活动中第一次得知了某条新闻,她会访问新闻网站去了解更多信息。汽车代理公司接待员胡列塔说,"如果两个人在讨论一条新闻,而我一无所知,放心,我会尽快去上网查查他们在说什么"(个人访谈,2007 年 2 月 28 日)。会计师事务所员工西尔维娅赞同胡列塔的说法,"如果你和同事一起去吃午饭,他们告诉你一些你不知道的事情,当你回到办公室,就会去(网站上)找一找(相关内容)"(个人访谈,

2006年12月4日)。因此,无论是事前还是事后,社交性对于网络新闻消费来说都非常重要。

总　　结

本章对工作场景中的网络新闻消费进行了研究,得出了几点值得探讨的结论。对于许多工作人士来说,网络新闻消费是日常生活中再平常不过的事情。在工作中阅读新闻促使用户的消费习惯从传统媒体向数字媒体转移,也令原本不上网看新闻的用户逐渐养成了数字媒体消费的习惯。此外,通过对工作中网络新闻消费的顺序与变化的研究可以发现,"可读性强的网站"很受欢迎。相比在"可评论网站"参与博客、论坛或者其他空间的讨论,人们更喜欢直接从新闻网站上获取信息(更多的论据将会在下一章讨论)。非公共事务报道、中午之前来自报纸的新闻和网站主页的内容会受到更多用户的关注。新闻主页的重要性说明人们不会经常点进链接去看新闻,特别是在再次访问的时候。人们确实会点击新闻,不过数量很少且通常不会全部看完。本书第四章探讨了网络新闻生产的内容策略,主页及其主要报道的重要性使得内容策略在消费端的适用性更具说服力。

对工作场景中网络新闻消费的研究表明,空间、时间坐标和社交模式都会对受访者的消费习惯和经历产生影响。一些受访者考虑到在办公场所阅读网络新闻的正当性,会产生愧疚感,并且也会担忧隐私问题。无论工作日还是周末,这些人都不太倾向于在家里看新闻网站,除非他们在周末也工作。此外,周末的新闻消费特点是:对非公共事务内容更感兴趣。虽然更多人会购买纸质报纸,但对纸质报纸上的内容兴趣并不大。最后,现有的社交关系和网络新闻消费行为相互建构。办公场所的交流会避免讨论公共事务报道中经常出现的争议性话题，而更多地讨论娱乐新闻或者与工作相关的报道。

网络新闻消费对传统媒体新闻消费的特点既有继承也有割裂。首先，在新闻消费的顺序和变化上，日常网络新闻消费的习惯、一天中的多次访问和首次访问中呈现出来的特点与看电视新闻，特别是读报纸新闻等消费行为皆有相似之处。但是，首次访问和随后访问网站的区别，尤其是随后访问中的行为特征又与阅读报纸的传统模式或者看电视新闻时的换台模式大有不同。

其次，网络新闻消费与传统媒体消费最明显的差别在于空间与时间坐标的不同。办公场所成为工作人士进行网络新闻消费的重要场所，而且占比很大。这改变了过去人们把家当作获取新闻的重要场所的习惯。工作时间也成为获取新闻的主要时间，这改变了人们以往普遍利用上班前或者下班后的时段读新闻的习惯。此外，新的时间坐标还影响了工作日和周末进行新闻消费的时间占比。周末是人们阅读纸质报纸最多的时候，而在工作日人们通常阅读网络新闻。

最后，社交性是继承能力最强的传统。同纸媒和广播媒体一样，（网络）新闻消费扎根于现有的社会关系。由于大部分受访者的工作环境中都存在着规约社交活动的准则，因此网络新闻消费与传统新闻消费唯一的割裂在于，工作中交流的新闻一般都倾向于非公共事务报道。相比之下，与亲朋好友讨论公共事务话题时会更加开放。

上述分析揭示出，"工作中的新闻"现象具备了网络新闻消费的新特征（比如再次访问、主页内容重要性增加、时间空间再定位和对公共事务的关注减少），也延续了传统媒体消费的特点（比如首次访问的惯例、周日仍然看报纸、与现实的社交网络相关）。然而要判断这些新特征是短暂的过渡还是持久的趋势还为时尚早。

"工作中的新闻"现象最近才出现，还不能对尚未步入职场的年轻一代的互联网用户产生影响。本研究没有对 18 岁以下人群的网络新闻消费习惯进行调查。因此，我们不能判断当年轻一代（调查时未超过 18 岁）到了青少年时期及成年早期时，他们在工作中通过网络获取新闻的习惯是否会与现在截然不同。如果"数字原住民"的影响存在，可能将打破现有新闻消费模式的平衡，令对传统媒体的消费渐渐消失。

本章除了总结网络新闻消费的特点之外，还对有关工作和媒介的学术研究中被视为理所当然的假设提出了质疑。一方面，组织研究分析了媒介与信息技术如何应用于工作当中（Orlikowski, 1992, 2000; Rice & Gattiker, 2001; Sproull & Kiesler, 1991; Yates, 1989）。这些研究关注技术在工作环境中的应用，有助于人们理解传播、物质性和劳工三者之间的交集。但是此类研究的主要关注点忽视了技术的休闲用途及其对工作中社交结构的影响。另一方面，传播研究一直以来都很自然地把家庭当作媒介消费的场所，并且着眼于将放松作为消费的主要理由。这些看法显然模糊了其他可能的设定，比如办公室或家庭都可以是工作的地方和消费新闻的场所。

这些假设回应了米尔斯（Mills, 1951）提出的工业化之后产生的将工作与非工作的实践和意义分开的"大分裂"（big split）现象。根据尼普特-恩格（Nippert-Eng）的观点，"对家庭和工作的规范性期望，既由价值观、活动、社会功能的区别塑造，也因家庭成员和同事处于不同的时空而形成"（1995, p. 18）。这种家庭和工作的分离引发了社会科学领域的反响，并促使泽利泽（V. Zelizer, 2005a）在他的"倾向公式"（apt formulation）中提出"敌对世界"（hostile worlds）的观点，把关于生产和经济合理性的研究与基于消费与休闲逻辑的研究截然分开。⑪然而这样的分类并不能用来充分描绘任何一个社交化的世界，当需要对各种现象的区别进行研究时，僵化分类的弊端变得越来越明显，比如工作场所中的背景音乐（Bull，2007；Korczynski，2003，2007）、做家务时对媒体和技术的使用（Cowan，1983；Spigel，1992）、承包商文化（Barley & Kunda，2004）、经济生活中亲密关系的动力（V. Zelizer，2005b，2009）和工厂中副产品的作用（Anteby，2008）。

我对于网络新闻消费的研究发现，我们需要将有关工作和家庭、技术和媒介的工具性功能与休闲性功能的主要特征从既定结论转变为社会探究的结果。随着"工作中的新闻"这一现象的出现，办公室已经成了一个具有工具性质的信息技术使用环境，而休闲的家庭环境也不再是唯一的，甚至不再是主要的新闻消费场所。工作中的社交世界和媒介正在发生转变，我们已经无法通过使用理所当然的假设或过去已经存在局限、现在严重过时的学术研究成果去理解当代环境。

最后，本章论述的工作场景中的网络新闻消费的普遍实践、解释和经验，为理解下一章的主题"日益同质化的新闻消费"提供了重要背景。

注 释

① 关于对网站的使用是否代替或补充了报纸、广播媒介新闻消费的研究，可以参见 Ahlers（2006），Chyi and Lasorsa（2002），Dimmick, Chen, and Li（2004），Dutta-Bergman（2004），Lin, Salwen, Garrison, and Driscoll（2005）。最近一项涉及欧洲6个国家的调查发现，超过27%的在工作中阅读网络新闻的受访者，较少阅读印刷报纸（Online Publishers Association—Europe，2007）。

② 童年和青春期在学校和家庭中的社会化（Mindich，2005）以及成年早期走向独立的转变（Bogart，1989）都会对形成新闻消费习惯

起到重要作用。在阿根廷，年轻人可以在工作场所随时享受优质宽带网络，工作场所便成了网络新闻消费的关键社会化场所。这与最近一项关于工业国家中年轻人大范围地从传统媒体转向网络媒体的结论相一致（Coleman & McCombs, 2007; Diddi & LaRose, 2006; Hasebrink & Paus-Hasebrink, 2007; Ogan, Ozakca, & Groshek, 2008）。

③ 对 Clarín.com 没有进行类似的分析是因为我们仅在一天将要结束时采集该网站的数据，而对 Infobae.com 没有进行这类分析是因为它的报纸版地位太重要，和其他网站不具可比性。

④ 在组织生活中存在着很容易被忽视的道德模糊的空间，安特比（Anteby）将其称为"工作中的灰色空间，即员工和管理人员都会去做的、虽然被官方禁止却被组织容忍的事情"（2008, p.10）。

⑤ 对6个欧洲国家网络用户的调查发现，16%的人在工作时下载音乐，55%的人在家里下载；16%的人在工作时看视频，41%的人在家里看；8%的人在工作时玩网络游戏，28%的人在家里玩。（Online Publishers Association-Europe, 2007）

⑥ 尼普特-恩格的研究发现，人们对于工作和家庭的界限有着不同的看法。这些差异可以在概念上被定义为从"聚合"到"分散"的统一"范畴"（1995, p.5）。在家庭中工作的人倾向于"聚合"，在办公室工作的人倾向于"分散"。

⑦ 关于工作场所的交流中政治内容的普遍性和影响的一系列观点，详见 Beck（1991），Conover, Searing, & Crewe（2002），Finifter（1974），Mutz（2006），Mutz and Mondak（2006），Putnam（2000），Rosenberg（1955），R. Wyatt, Katz, & Kim（2000）。

⑧ 借用埃利亚索（Eliasoph）对日常生活中政治冷漠的研究的观点，在工作环境的谈话中避免涉及政治话题是需要付出努力的（1998, p.6）。

⑨ 体育报道成为办公室交流的重要话题，某种程度上是因为体育新闻广受网络新闻消费者欢迎，这与埃里克森（B. Erickson）的研究结论相一致。她在对加拿大企业互动模式的研究中发现了体育在跨阶级协调中发挥的作用，"体育是一种跨阶级且影响广泛的

兴趣，它在处理阶级内或跨阶级的工作关系上十分有用"（1996，p. 235）。

⑩ 此次动乱是因为修建造纸厂引起的人们对环境问题的抗议，它发生在弗赖本托斯城（Fray Bentos，一座跨越乌拉圭河的城市）。

⑪ 这种分离现象与斯塔克（Stark，2009）在关于经济行为和塑造该行为的社会关系的研究中得出的"分类"定义相类似，长期以来这一"分类"一直被用于区分经济学和社会学的学科范畴。

第六章　日益同质化的新闻消费

2007 年 2 月 22 日是访谈安排得满满的一天，其中一些访谈让我几个月来一直在构建的关键观点得以成形。我在第四章的开头提到了其中一个访谈，对象是 Clarín.com 的阿尔贝托·阿马托。在此之前，我刚访谈了他的国内部编辑费尔南多·冈萨雷斯。冈萨雷斯一度提及有关报纸读者的一些问题。我趁机问他是否注意到受众如何消费 Clarín.com 的印刷版新闻。他抓起一张报纸说道：

> 这是我今天的新闻预算，我一般把它写在排行榜的背面。这个榜上列出了 Clarín.com 当天排名前 20 位最受欢迎的新闻。所以我从今天的报纸上知道……我们国内部的头条新闻排在第 12 位。如果读者不感兴趣，我们很难在排行榜上安排任何一篇新闻。所以你要去竞争（他停下来，看了看当天的排名）。现在大家都在为"小甜甜"布兰妮感到难过。在每周的烹饪栏目上安排一篇关于奶酪和乡村面包的报道也并不容易。（他大声朗读了下面的新闻标题）"（网球选手）吉列尔莫·卡纳斯（Guillermo Cañas）不断鼓动公众。"让一个政治家不断鼓动公众对我来说还更容易些。（个人访谈，2007 年 2 月 22 日）

这一天开始于在咖啡厅和学校老师瓦妮娜共进早餐，这个咖啡厅位于伊达尔戈（Hidalgo）和迪亚斯·维莱兹（Díaz Velez）的拐角处，距离卡巴利托（Caballito）的帕尔克·森达里奥公园（Parque Centenario）仅有几个街区。在那里，当我们沉迷于牛角面包和可塔朵咖啡的香味时，瓦妮娜这个定期访问数个网站的网络新闻的狂热消费者多次谈到她对 Clarín.com 和 Lanacion.com 的印象：它们经常报道类似的新闻。谈到 Clarín.com 时她说，"如果非要说出 Clarín.com 和 Lanacion.com 有什么区别的话，我就没法解释了……它俩在第一次报道某条新闻的时候，真没什么区别。作为一个读者，我没发现什么实质性的差异"。随着谈话的深入，我问瓦妮娜对主流媒体提供越来越相似的新闻报道怎么想以及有什么感受。她说，"这让我感到胃痛，因为有种垄断的感觉，它们两家告诉你同样的新闻……这让我感受到幽闭恐惧……让我觉得像在坐牢"。鉴于她反感的情绪越来越明显，我又问她觉得这种状况是否会改变，会怎么改变。

即使技术条件允许，我也不知道还需要怎样的经济和政治因素……难道没有人意识到他们可以（比目前）更好地利用互联网吗？博客中有一些（潜在的新的）东西，但都是为访问它们的小群体提供的精英内容。（博客）又能提供什么其他选择呢？（后来，谈论到主流媒体）每个人面对的都是同一团羊毛。从同样的来源中获得一切。（个人访谈，2007 年 2 月 22 日）

综上所述，对这两次访谈的摘录引发了四个相互关联的问题，涉及为什么要消费同质化的新闻。首先，记者对网络新闻的消费模式的认识有多少？这种认识如何影响了他们的工作？其次，对网络新闻的消费是否比新闻的供应更加具有趋同性？换句话说，消费者和新闻记者选择新闻的模式的同质化程度是否相同？再次，正如在瓦妮娜的案例中显而易见的，编辑提供的新闻如果缺乏多样性会引发公众强烈的反应。那么人们对这种越来越相似的新闻的消费体验如何？最后，其他消费者也会和瓦妮娜一样不喜欢同质化的新闻吗？为什么？如果他们同意瓦妮娜的观点，在这样一个以点对点文化生产为特征的时代，该如何改变现状，消费者又做了多大的努力去改变这种状况呢？

我的研究表明，记者比过去更了解消费者的喜好。这种不断增长的知识加重了编辑偏好和消费者品位之间既有的紧张关系。尽管存在这种紧张关系，但记者仍然倾向于支持编辑的偏好。然后我将说明，消费者新闻选择的相似性比记者新闻选择的相似性更少。我还将论证，记者的选择集中在公共事务的主题上，而消费者的选择侧重于非公共事务的主题。这些差异表明，消费者在对媒介内容的使用中扮演着重要的角色。接下来，我将说明消费者对新闻同质化持有负面评价，但对于改变这种现状感到无能为力，因为消费者参与新闻报道的空间很有限。这些结果说明，如何消费新闻的规则比如何改变新闻的规则更多，这也就意味着由消费者驱动的社会改革前景黯淡。在这种情况下，千篇一律的报道出现了，记者和消费者通过日常实践积极地贡献自己的力量，将自己变成了游戏的一部分，即使他们不喜欢也无力改变现状。因此，更多信息更少新闻的悖论被进一步固化。

记者对消费者偏好的了解如何影响新闻生产

在甘斯著名的新闻生产研究中，他指出记者在完成自己工作的时候，表现出对公众偏好的明显漠视（Gans, 1980）。[①]在20世纪的大部分时间里，日常新闻实践中不关注受众的现象非常严重，它由三方面的原因造成。首先，由于广告主通过大多数占据了垄断或寡头垄断地位的主流新闻机构去接触公众，因此促进了传播人们"需要"的新闻，而不是人们"想要"的新闻（Mindich, 2005）。其次，以强大的公共服务理念为导向的职业价值观的流行有利于促进对公共事务新闻的报道。在大多数声誉良好的媒体中，编辑立场和商业立场之间的明显分离也促进了报道公共事务新闻。最后，可用于研究公众行为的工具，如发行统计数据、评级、调查和焦点小组制造了总体的和间接的信息。大多数情况下，这些信息过于抽象，无法衡量受众对具体新闻报道的实际兴趣点，因此对记者的工作造成的压力也相对分散、不太有效。

然而在过去的几十年里，所有影响因素都发生了重大变化。变化始于 20 世纪 80 年代，近些年来速度大大加快。行业竞争越来越激烈，为消费者带来了更多的选择（Prior, 2007）。这反过来也给媒介组织带来了更大的压力，要求它们提供具有高度市场渗透力的产品。新闻业面对越来越多的来自市场的压力，这侵蚀着新闻媒体中分割编辑和商业立场的屏障，并且越来越以公众的感知偏好和行为为导向（E. Cohen, 2002; Klinenberg, 2005; McManus, 1994; Sumpter, 2000; Underwood, 1993）。最后，用来了解公众偏好和行为的技术已经变得更加复杂，特别是在网络媒体环境中。这些技术生产出新闻报道的个体化信息，它们显示了每条新闻被点击的次数以及潜在的有用信息，比如消费者阅读每条新闻的平均时间以及阅读此条新闻之前和之后点击的新闻（Boczkowski & Peer, 待刊; MacGregor, 2007; Thorson, 2007）。

这些变化标志着社会和科技环境中新闻业的公众的能见度发生了重大转变。本书第三章考察了生产领域的能见度，本章则好像是硬币的另一面，考察了消费领域的能见度。但是正如第三章所述，社会和技术环境中新闻工作的这种转变是否存在以及如何产生，取决于具体的实践模式。本书进行的新闻生产民族志研究表明，印刷媒体和网络媒体记者在日常工作中已意识到这些转变，但是他们的做法存在显著的差异。

在印刷媒体新闻编辑部，记者对媒体网络版的消费数据给予的关注度并不一致。一些记者经常查看数据，其他记者则不看。这种区别与他们在机构中的等级地位有一定关联：大多数编辑都提到监看数据，但这种习惯在记者中并不常见。对一天中晨报的消费数据和其他消息来源的讨论，是《民族报》和《号角报》下午编辑例会的一部分。这些数据主要用来评估印刷新闻在互联网消费者中的影响力。《民族报》的都市版编辑费尔南多·罗德里格斯坚持说"我看得最多的是我们的报道引起的反响"（个人访谈，2007年5月20日）。《号角报》的总编辑之一胡里奥·布兰克说："我有时和总编辑丹尼尔·费尔南德斯·卡内多一起或者我自己看看网站上阅读量排名前20的新闻有多少来自（当天早上的）报纸头版，"他补充说，"我想看看头版的选择标准是否与公众的兴趣有关，或者是否与我们表面上谈论公众生活却在实践中否定公众存在的逻辑有关"（个人访谈，2006年12月14日）。

两家印刷报纸的记者通常每天要查阅一次统计数据。例如在《号角报》的新闻编辑部，正午过后不久就会把Clarín.com上排名前20的新闻打印出来，许多编辑和记者都会查阅这些新闻。之所以安排这个时间打印是因为记者们都知道印刷媒体的报道通常在早上会得到更多消费者的关注，网络消费者的兴趣随后会转向更新的内容——这是本书第五章中探讨过的一个问题。查阅数据的频率与知悉这些信息后产生的矛盾情绪有关。当被问到为什么每天只看一次网站使用数据时，Clarín.com的总编辑之一丹尼尔·费尔南德斯·卡内多是这么说的：

> 首先，在我看来，我们仍然不太想看到那些（信息）。其次，这是个人的看法，因为我相信，我们印刷媒体记者在控制新闻和生产新闻的能力上具有强烈的自豪感。我们仍然相信，我们可以在不看互联网上这些读者的情况下完成我们的工作。我们不想被他们影响。在影响和被影响之间，我们选择影响别

人。我并不是说这样就很好,但是……(个人访谈,2006年12月14日)

与印刷媒体的同行相比,网络记者对网站使用数据的监看更普遍,也更频繁。也就是说,记者和编辑们都在看这些数据,并且在白天会查看好几次。对Clarín.com的新闻生产活动进行民族志参与观察时,我发现这种做法很普遍。在对该网站和Lanacion.com的工作人员的访谈中,这种做法也被反复提及。Clarín.com的Conexiones部门的一位记者说,她"每时每刻或每天很多次"都在监看网站上那些点击量最高的新闻(个人访谈,2005年12月13日)。她在Ultimo Momento部门里的一位同事"每一个半小时"查看一次(个人访谈,2005年7月28日)。Lanacion.com的体育编辑阿里尔·缇菲斯提到监看用户使用信息时说,"一大堆信息……我们的系统每小时更新一次信息。每次更新的时候我都会去查看"(个人访谈,2006年12月14日)。Lanacion.com在网站主页和每条新闻的底部向用户公开这些信息。这样的编辑和设计特点也加强了新闻编辑部内部信息的能见度。用一位网站工作人员的话来说,"我看很多次,因为它在我写的新闻的底部,所以我一整天都会去看它"(个人访谈,2006年12月18日)。

尽管印刷和网络记者对于网络消费者愈加增长的能见度的认识有差异,但就影响网络新闻消费的因素而言他们达成了强烈的共识。大多数记者认为,影响消费的主要因素与新闻的关注点有关。关于非公共事务的报道——特别是关于体育、犯罪和名人话题的报道在网络新闻消费者中比关于公共事务的报道更受欢迎。Clarín.com的Conexiones部门电视记者瓜达卢普·迭戈(Guadalupe Diego)说,"体育、丑闻、性……是每个人都会(点击)阅读的主题"(个人访谈,2005年12月1日)。此外,受访者强调,结合了两个或更多上述话题的新闻是公众的最爱。Lanacion.com的体育记者阿莱

第六章 日益同质化的新闻消费

霍·韦泰雷列举了报道足球运动员费边·库贝罗（Fabián Cubero）和顶级模特尼科尔·纽曼（Nicole Neuman）之间浪漫故事的新闻作为案例："她和库贝罗为 Hombre 杂志拍完一组照片后就离开了她的丈夫。人们对这个话题如饥似渴。所以，如果你发表了库贝罗的任何声明，你就知道这个新闻一定会卖得很好。"（个人访谈，2006年12月19日）

类似的消费者偏好对经验丰富的记者来说早已不是新闻。新奇的是在日常工作实践中，他们再也无法忽视这些信息。也就是说，过去记者可以比较容易地避免经常接触消费者行为的数据，但这种回避在当代环境中变得尤为困难。《号角报》的胡里奥·布兰克说，"你不能假装你不知道发生了什么"（个人访谈，2006年12月14日）。布兰克的评论回应了前面提到的费尔南多·冈萨雷斯的观点。他们还认为，在日常编辑实践中，特别是对那些生产公共事务报道的人而言，消费偏好的能见度提高的主要后果之一，是它加剧了现存的职业逻辑与市场逻辑之间的紧张关系。前者强调了政治、经济和国际事务报道的重要性，而后者给予了体育、娱乐和犯罪等热门话题更多的特权。这种紧张的关系在几位记者的访谈中都有提及，例如对《民族报》的伊内斯·卡普德维拉进行的访谈：

> 采访者：相比2001年从密苏里大学研究生毕业来报社时，你是否觉得现在的职业任务与市场压力之间的分歧更多了？
>
> 卡普德维拉：是的，明显更多了。（个人访谈，2007年3月21日）

记者生活在这种紧张的关系中，从整体上说有一种沮丧感，同时又萌生了将紧张的关系转变成学习机会的愿望。对于胡里奥·布兰克来说，"你感觉到的第一件事……这是一个挑战。大多数时候你感到无能为力，因为不知道如何解决它，或者说解决得不像你想要的那样好……我们每个人在不断面对挑战和反复出现的无力感之间可以做的，就是在第二天找到有效的解决方案。你可以保持封闭，告诉自己人们什么都不懂。你也可以说，'如果我说了什么，别人不理解，那一定是我有些问题'"（个人访谈，2006年12月14日）。

Lanacion.com 的一名记者谈及伴随着越来越高的消费者能见度逐渐增加的市场压力时，表达了（记者的）挫败感和想要从这种情况中学习的愿望，他说：

> 我恨不得用头撞墙，去跟你解释清楚乌拉圭在海牙国际法院攻击阿根廷这件事，然而事实上人们对这条新闻并不感兴趣。这让我觉得失望或者说沮丧。但是另一方面，这种感觉似乎也迫使我尝试让报道的主题更接近……对人们来说真正重要的问题……我并不排斥这种锻炼，但让我感到困扰的是，网络新闻流行度这个标准似乎更重要。（个人访谈，2006年12月18日）

职业逻辑与市场竞争逻辑造成的紧张关系随着网络新闻消费模式能见度的提高而加剧，记者试图用一种妥协的方式去缓和这种紧张关系。记者的解决方案维护了核心职业价值观，却也必须做出必要的改变。Clarín.com 的 Conexiones 部门的工作人员强调维护核心价值观的重要性，"如果我被人们想看什么所左右，我会写关于性和名人的新闻，但我对这些话题并不感兴趣"（个人访谈，2005年10月20日）。胡里奥·布兰克评论说："我不相信……我们必须给予人们他们想要的新闻，因为还有编辑的立场存在——《号角报》站在这里，以这种方式告诉你一个既定的主题。"（个人访谈，2006年12月14日）不过对核心价值观的维护伴随着对报道结构的修改，至少在网络新闻生产领域出现了这样的转变。例如，Clarín.com 的国内部编辑说："需要探索全新的新闻标题写作模式……写好标题很重要……要用好开始句……因为国内新闻需要用它来吸引互联

第六章　日益同质化的新闻消费

网读者。"(个人访谈，2005年7月20日) Lanacion.com 的阿里尔·缇菲斯说，"外国媒体上关于阿根廷新闻的反响是我们目前最不愿做的报道……但人们总是点击这类新闻……所以我们可以说是被迫发布了这样的报道"(个人访谈，2006年12月14日)。

第二章和第三章有关新闻工作的分析说明，新闻记者经常根据受众的反馈去决定编辑和技术方案。借鉴霍尔（Hall，1980）的说法，受众反馈能帮助记者以特定方式对新闻进行编码。[②]本节阐述的关键是了解受众反馈在模仿机制中发挥的作用。许多记者已经开始利用受众能见度提高的新机会，去更好地了解公众如何对新闻进行解码——消费者从全部的新闻报道中选择关注什么样的新闻。增强对公众喜好的认识是记者日常工作的一部分。这种认识也凸显了媒介机构提供核心新闻产品和公众从新闻选择模式中反映出来的解码实践这两者之间差距的特征和规模。意识到这一差距意味着，记者对新闻的编码仍然遵循传统的职业价值观，即无视受众多样化的解码行为。记者的一部分职业价值观对第二章、第三章中讨论的监看和模仿机制有所贡献。下一节将继续讨论记者编码和受众解码的鸿沟有多宽、多深。

比较记者和消费者对网络新闻的选择

根据第五章得出的研究结论，这一部分将对 Clarín.com、Lanacion.com 和 Infobae.com 的记者和消费者对网络新闻的报道和消费的选择进行比较。更准确地说，将在各个网站之间以及每个网站内部比较记者和消费者的选择。研究设计借用了第一章中介绍的两项研究的发现。第一项研究涉及记者的选择，使用的数据是2005年秋季采集的上述网站主页第一屏的新闻。第二项研究是关于消费者的选择，使用的数据来自2006年秋季在每个网站上点击量最高的新闻，以及发布在各自网站主页上的一组用作控制组的新闻。[3]由于第一项研究仅收集了周一至周五的数据，因此本部分在分析的时候也将第二项研究中周末采集的数据排除在外。

跨网站的比较研究分析了新闻记者的报道和消费者的选择中存在内容重合的新闻。在记者报道的1620篇新闻中有1183篇是硬新闻，其中619篇存在内容重合的现象。在1500篇消费者点击量最高的新闻中[4]，有886篇是硬新闻，其中316篇存在内容重合的现象。由于在新闻记者报道的所有存在内容重合现象的新闻中，除了3篇以外其余都是硬新闻，所以对消费者选择的分析也只关注硬新闻。和第四章中分析的一样，在计算内容重合的新闻比例时，将硬新闻的总数作为分母。[5]值得注意的是，消费者选择阅读的新闻中有316篇内容重合，它们不仅代表了在至少2/3的网站的消费者中流行的新闻，而且是消费者特别感兴趣的新闻。它们的平均排名是4.58，没有内容重合的硬新闻平均排名是5.94。

表6.1总结了通过对消费者和新闻工作者选择新闻的趋同性进行比较后获得的三个主要发现。第一个发现是，在新闻选择上，消费者选择的内容重合程度低于新闻记者。如表6.1所示，36%的消费者的选择是一致的，而新闻记者报道的重合率上升到52%。在消费者和新闻记者选择的趋同性水平上存在16个百分点的显著差异（$p<0.01$）。第二和第三个发现与选择趋同性中的主题分布和集中程度的重要差异有关。在消费者的选择中，31%的有内容重合、成为点击量前十的硬新闻是公共事务类新闻，但有58%的记者选择公共事务类新闻作为当天的热门新闻——存在27个百分点的显著差异。最后，消费者中最受欢迎新闻的集中程度远低于记者。就消费者而言，三个网站重合的新闻只有34%，而在记者报道方面，这一数字上升到56%，相当于22个百分点的显著差异（$p<0.01$）。[6]

表 6.1 新闻记者和消费者对热门网络新闻选择的比较（仅限硬新闻）

	消费者的选择： 点击量最高的前十篇新闻	记者的选择： 当天热门新闻
内容重合		
有*	36%（316）	52%（619）
无*	64%（570）	48%（564）
内容焦点（重合新闻）		
公共事务*	31%（97）	58%（357）
非公共事务*	69%（219）	42%（262）
集中程度（重合新闻）		
两个网站之间*	66%（208）	44%（274）
三个网站之间*	34%（108）	56%（345）

说明：标有星号（*）的行表示消费者的选择与记者的选择之间的显著差异（$p<0.01$）。

通过对所有存在内容重合的网站排名中点击量最高的新闻的考察，可以发现最能抓住大众想象力的新闻主题有哪些。有三组和四组这样的报道，主题全部关于非公共事务。三个网站都报道的新闻包括以下三个事件：2006 年 9 月 5 日报道的由于受到黄貂鱼袭击，澳大利亚博物学家和电视名人史蒂夫·欧文（Steve Irwin）不幸离世；2006 年 9 月 6 日报道的奥地利少年娜塔莎·坎普什（Natascha Kampusch）在经历了八年监狱生活后第一次出现在电视上；2006 年 9 月 13 日报道的阿根廷足球明星胡安·罗曼·里克尔梅（Juan Román Riquelme）宣布，他将不再为国家队效力。此外，在 Clarín.com 和 Lanacion.com 报道了两组新闻，在网站各自的点击率排名中都占据榜首。第一组新闻是 2006 年 9 月 4 日报道的史蒂夫·欧文遇难的消息。第二组新闻是 2006 年 10 月 24 日报道的布宜诺斯艾利斯史上第二高温天气。最后，还有两组有关足球的新闻占据了 Clarín.com 和 Infobae.com 点击量排行榜的榜首。第一组新闻发布于

2006年7月31日，关于前阿根廷球员迭戈·阿曼多·马拉多纳的声明。第二组新闻记录了阿根廷博卡青年队和乌拉圭民族队（Nacional de Montevideo）之间的比赛，发布于2006年10月12日。粗略地看一下这个列表，就可以看出在消费者的趋同性选择中，体育、名人和犯罪等内容类别占据了主导地位。

非公共事务新闻是消费者趋于一致的选择中最突出的主题，这与本书前一章中提出的消费者选择的一般模式观点一致。此外，研究也揭示出，在重点报道公共事务的网站中，每个网站消费者的趋同选择和新闻记者的报道主题选择之间存在着鸿沟。通过对比消费者点击量最高的十大新闻与记者对两种类型的新闻的选择就可以了解这个鸿沟究竟有多宽。在2005年的研究中我采集了记者最倾向于选择的新闻（记者认为最有新闻价值的新闻，并被放置在他们各自网站的主页顶端）；在2006年的研究中我采集了控制组新闻报道（记者认为有新闻价值，足以放上他们各自的主页，但不一定被放置在顶端位置的新闻）。

这项仅针对硬新闻的分析，揭示了在作为研究对象的三个网站中，消费者的阅读选择和印刷、网络两类新闻记者的报道选择存在着相当大且重要的主题差异（见表6.2）。Clarín.com点击量最高的十大新闻中只有24%是公共事务新闻，51%的新闻记者的热门选择和全网站38%的内容都是公共事务新闻，分别产生了27个百分点和14个百分点的显著差异（$p<0.01$）。在Lanacion.com，尽管消费者点击量最高的新闻中有43%是公共事务新闻，但在新闻记者的热门选择中，这一数字上升到了62%，占全网站报道主题的56%。这分别导致了19个百分点和13个百分点的显著差异（$p<0.01$）。在Infobae.com，消费者和新闻记者的主题偏好的差异更大了。只有1/4的消费者选择的热门新闻是公共事务类的，但67%的记者的热门选择和66%的全网报道主题都是公共事务类的新闻，分别存在

42%和41%的显著差异（$p<0.01$）。

表 6.2　新闻记者和消费者对公共事务和非公共事务新闻选择的比较
（仅限硬新闻）

	消费者的选择： 点击量最高的 前十篇新闻	记者的选择： 当天热门新闻 （2005年研究）	记者的选择： 控制组 （2006年研究）
Clarín.com			
公共*	24%（72）	51%（181）	38%（90）
非公共*	76%（230）	49%（174）	62%（149）
Lanacion.com			
公共*	43%（153）	62%（240）	56%（97）
非公共*	57%（205）	38%（149）	44%（77）
Infobae.com			
公共*	25%（57）	67%（296）	66%（127）
非公共*	75%（169）	33%（143）	34%（65）

说明：标有星号（*）的行表示消费者的选择与两组记者的选择之间的显著差异（$p<0.01$）。

三个网站中每个网站的消费者和记者对新闻的选择反映出两个问题。第一，从电脑屏幕顶部当天网站的头条新闻到全网站新闻可以看到，Clarín.com 和 Lanacion.com 在主题选择上的差异并不大。由于热门新闻是媒体报道的主要部分，记者可以借此制定议程。这两家新闻机构的热门新闻如果难以抓住消费者的兴趣，就可能意味着它们在影响公众关心的公共事务议题上的能力不强[7]（最后一章我将再次讨论这个问题）。Infobae.com 和其他两个网站在主题选择上的差异很大，因此有必要考虑议程设置的能力问题。

第二，关于阿根廷优质网络新闻媒体 Lanacion.com 在传播有关公共事务的新闻方面发挥的作用。和许多国家一样，这类新闻网站的消费者往往比一般消费者对公共事务更感兴趣。将 Lanacion.com

的消费者的选择与 Clarín.com 和 Infobae.com 进行对比，会发现即使在高质量的新闻网站上，新闻的供求之间也存在着相当大的主题分歧。

消费者的选择中占据主导地位的是非公共事务新闻，这与第五章中新闻选择的调查结果一致。第五章对点击量最高的热门新闻类别的分析显示，在工作日和周末，体育新闻在所有网站都十分流行。此外，那些在办公室内消费网络新闻的人士注意到，较之于"较沉重"的公共事务议题，"更轻盈"的非公共事务话题更受欢迎。消费者还强调，能为与同事交谈提供更好素材的是非公共事务的报道，而不是公共事务新闻中更具争议性和敏感性的话题。

上述研究结果符合"工作中的新闻"现象的运作机制，本节的结论也可以从生产和消费的优势角度进行阐释，并对每一种阐释模式进行讨论。

表 6.1 和表 6.2 总结的内容分析结果与上一节的新闻生产民族志研究结果一致。网络媒体记者越来越意识到网站消费者的选择是什么。记者们经历了消费者整体偏好和主流职业价值观之间的紧张关系，他们倾向于在面对消费者偏好不一致的情况下坚持自己的职业价值观。在第四章中曾介绍过，职业逻辑超越了市场逻辑，强调了在当前的研究语境中，模仿的动力压倒了提供差异化产品的力量。在这种情况下，需求侧驱动的影响因素来自其他媒体机构（B. Anand, Di Tella, & Galetovic, 2007; Gentzkow & Shapiro, 2006, 2007; Mullainathan & Shleifer, 2005）。

第三章和第四章中对新闻内容同质化的评价，建立在新闻记者如何回应生产领域变革的观点之上。原则上，一个可以备选的、具有互补性质的解释应该是记者回应了可感知的消费性质的变化。然而，鉴于新闻记者与消费者选择网络新闻时，在内容重合比例、不同主题分布以及选择的集中程度上都存在巨大差距，实际上记者并没有回应消费性质的变化，因此我们的分析可以排除这种解释。假如不断变化的消费者偏好是产生内容差异的主要驱动因素，那么网络新闻消费者的选择应该比记者的选择更加一致（而非更加多元）。趋同的报道应当更多（而不是更少）集中在公共事务话题上。虽然本节的研究仅在一个时间点上搜集了数据，但网络媒体记者和消费者的选择差距的大小、选择的一致性、他们各自生产和消费新闻惯例的民族志证据，以及随着时间的推移新闻选择相似性增加（而不是减少）的发展趋势都表明，上面提到的合理解释并不适用于目前的情况。在结论部分，我将进一步阐述这个问题，并阐述消费在模仿中的作用。

从消费优势角度来看研究结果，可以发现它们揭示了媒介机构如何塑造同质化的新闻。机构一直是媒体文本（Ang，1989；Hall，1980；Katz，Blumler，& Gurevitch，1974；Lull，1980；Radway，1991）、技术产品（S. Douglas，1988；M. Martin，1991；Marvin，1988；Oudshoorn & Pinch，2003）和经济产品（Bourdieu，1984；Douglas & Isherwood，1979；Sahlins，1976；V. Zelizer，2005a；Zukin & Smith Maguire，2004）消费的关键要素。这三种讨论消费的路径各有不同，但它们都认可消费者的实践除了受到生产的影响，也从根本上受到诸如阶级、种族、关系网络和情境语境等变量的影响。在对媒介文本和技术产品的研究中流行的观点是参与者提供的不是消费者想要的（Feenberg，1992；Fischer，1988；Kline，2000；Liebes & Katz，1990；Morley，1992；Silverstone & Haddon，1996）。也就是说，消费者经常偏离生产者预设的阅读路径，不接受生产者嵌入文本和产品的用途。他们倾向于协商的和对立的阅读、创造性的使用、抵抗的立场，甚至不使用产品。

本节的分析正是要说明这种情况。读者在网站内外挑选最热门的新闻时，扮演了高水平的角色，他们与记者在报道内容上的重合和主题选择上的分歧证明了这一点。因此，从选择的层面上说，消费者并不是高度统一的新闻产品的被动接收者。相反，他们积极选择消费不同的内容，而不是新闻记者特意推荐的内容。在对不同媒介的新闻进行的研究中，人们已经注意到了记者和消费者选择之间的差距（Bird，2003；Couldry & Markham，2008；Hagen，1994；Jensen，1990）。在为休斯（Hughes）的《新闻和趣味新闻的报道》（*News and the Human Interest Story*）一书撰写的序言中，帕克（Park）说："这是一个奇怪的事实——这是在人性研究变得系统化和科学化之前，哲学家们不会观察和记录的一个事实——我们大多数人想要发布的东西并不是我们大多数人想要阅读的东西。我们可能迫不及待地想要印刷出似乎是有启迪意义的内容，但我们想要读那些更有趣的内容。"（Park，1981 [1940]，n. p.）

本节的新颖性在于它能够更精确地衡量记者和消费者选择差距的大小和分布。更重要的是，与这一章的主旨相关，上述分析明确指出，人们并非同质化新闻的被动接受者，相反，在选择消费媒体机构提供的产品方面具有相当大的自由度。这一发现是理解消费同质化新闻的内在动力和后续影响的重要一步。但由于本节所提供的论据"仅仅是供给和消费的数据，而不是记录大众传媒效果的数据"（Lazarsfeld & Merton，1948，p. 99），所以接下来的两个部分将通过深入分析人们消费日趋同质化的新闻的经历，继续展开研究。

消费同质化新闻的体验

正如第五章所说，大多数消费者访问各种网站时形成了一套惯例。在50位受访者中，有20位每天定期阅读多个新闻网站。尽管其余30位受访者在选择新闻网站上有个人偏好，但许多人还是通过频繁浏览其他网站来补充信息。比如，当Lanacion.com的读者想要了解更多突发新闻时，他们往往会访问 Clarín.com 或 Infobae.com，因为这两家网站的更新速度比前者更快。34 岁的软件顾问翠斯特（Tristán）说，"每天我首先看的是 Lanacion.com，如果想了解突发新闻报道，我会再看看 Infobae.com"（个人访谈，2007 年 3 月 31 日）。律师帕布鲁说："我的一天从 Lanacion.com 开始，然后我会一直看 Clarín.com，因为它更新最快。"（个人访谈，2007 年 2 月 21 日）

由于受访者定期访问不同的网站或通过频频访问其他网站补充自己偏好的网站信息的不足，所以超过一半的受访者都能较好地对这些网站提供的新闻进行比较。当要求他们提供比较的结果时，压倒性的回答是"新闻都是一样的，只是报道框架有所不同"。律师帕布鲁说，"如果你去看一家报纸的网站，就像看了所有其他报纸的网站一样……当天的头条新闻和一般新闻都是一样的，只是它们报道的方式不同"（个人访谈，2007 年 2 月 21 日）。大学生纳塔莉娅同意帕布鲁的观点，"所有报纸都会刊登最重要的新闻……但我注意到编排顺序不一样，有的赋予某条新闻重要性，有的没有"（个人访谈，2006 年 12 月 18 日）。

一些受访者提到，新闻选择的同质化延伸到了更广泛的媒体领域。例如，电脑技术人员曼纽尔说，"每个人都看到同样的新闻，这让人觉得无聊、单调、没有变化。买这份报纸就像买那份报纸一样"（个人访谈，2007 年 3 月 29 日）。编剧塞巴斯蒂安评论道，在家里装宽带之前，他常常在多个电视频道上收看各种新闻，"同样的新闻会在早晨和晚上，以各种版本的形式出现……我认为同样的事情也发生在互联网上。新闻都是一样的"（个人访谈，2007 年 1 月 15 日）。62 岁的会计师诺维尔托（Norberto），自退休后在阅读新闻上花费了大量的时间，他对跨媒体的内容的相似性表达了沮丧的情绪，"媒体……利用了其他人的成果……白天我听广播节目……

他们对报纸上的新闻发表评论，我也会这么做"（个人访谈，2007年1月19日）。

消费者普遍认为，媒介渠道的差异主要在于如何构建新闻，因此当他们阅读某条新闻报道、使用某种媒介渠道时，都表现出了解读的悟性。采访中全是这样的案例，人们详细阐述了同样的新闻如何被不同的媒体报道，或者这些媒体如何更普遍地构建它们的报道。不管人们解读得是好还是坏、是对还是错，总体而言，作为新闻的读者，人们都表现出了洞察世事的敏锐。当回想起蒙住人们的眼睛让他们分辨不同的苏打饮料的商业广告时，联邦政府工作人员菲比亚娜自信地断言，"给我两篇文章，不要告诉我它们从哪里来，我会告诉你哪个来自 Lanacion.com，哪个来自 Clarín.com"（个人访谈，2007年2月20日）。编剧塞巴斯蒂安认为，他通过在不同的媒体上搜索相同的新闻，"来了解每个网站如何玩（这个游戏），更多的是为了了解每个网站报道新闻的立场，而不是获取新闻本身"（个人访谈，2007年1月15日）。

鉴于人们的解读实践的强度，这些发现并不奇怪，他们对于"新闻都是相同的，但是不同媒体的报道框架不同"这样的主流观点有很多解释。有四方面的原因能够解释新闻选择的同质化现状：一是所有的媒体都需要报道主要的新闻；二是所有的消费者都想看到同样的报道；三是大多数网站使用相同来源的素材；四是网站会定期监看竞争对手并复制其新闻内容。

营销专家劳拉谈到一些新闻凭借重要性在各种网站上刷存在感，"你有一则新闻必须（要发布）。墨西哥总统今天就职，除了一些迎合特殊公众的报纸之外，所有其他报纸都会发布这则新闻"（个人访谈，2006年12月1日）。几位受访者同意劳拉的看法，但他们也注意到，这样的报道在日常新闻中只占一小部分。有些人将较不重要的新闻的相似性归因于消费者的口味缺乏多样性。会计师事务所员工朱利安说新闻故事"卖点都是一样的"(个人访谈，2007年1月4日)。大学生纳塔莉娅回应他说："如果三家报纸报道相同的（新闻），那是因为这正是人们想读的新闻，或是他们最感兴趣的新闻。"(个人访谈，2006年12月18日)

第三个和第四个对新闻选择同质化的常见解释涉及两种生产机制：对通讯社通稿的依赖和不同网站间的故意模仿。律师阿尔巴说，"很明显，如果稿件来自同一个通讯社，他们就会发布相同的内容"(个人访谈，2007年2月13日)。航空公司员工瓦莱里娅提到，"从外部看（新闻生产过程），不知道它如何运作……似乎所有（网站）都从同一家新闻机构获取信息，他们自己做的工作却很少。因此，如果他们从同一个地方获取信息，就很难有不同的内容"(个人访谈，2007年4月17日)。

一些受访者推断各网站之间存在大量的监看和模仿。电影编辑费尔南多说，"我相信（新的全国日报）*Perfil*和《号角报》一直在互相监看对方"(个人访谈，2007年1月17日)。经济学家胡安·马丁对监看的后果进行了以下阐述：

> 从某种意义上说，如果所有（网络）报纸依赖于相同的信息并且高速运作，我想，记者也许自己不会做太多的研究工作，因为他们知道，总是有所谓的外部性存在，即在他们发布一则新闻后不久，他们的竞争对手就会发现并发表同样的新闻。(个人访谈，2007年2月21日)

除了这些关于新闻选择同质性的观点，还有两种观点在消费者解释为什么不同媒体在报道同样的新闻时存在差异方面发挥了主导性作用：一是需要迎合不同的公众，二是政治和经济利益对媒体的影响。

22岁的大学生费尔南达的话反映了《号角报》集团和《民族报》集团印刷和网络新闻报道的差异。他说，"每家报纸都用它们的新闻和议题去满足他们各自的受众"(个人访谈，2007年2月8日）。这些受众通常用阶层来定义。联邦政府的工作人员菲比亚娜认为，"Clarín.com 是为更多的人服务……Lanacion.com 是为精英阶层服务"（个人访谈，2007年2月20日）。

更常见的解释是，将不同媒体间新闻报道框架的差异归因于拥有这些媒体的公司的政治或经济利益的不同。根据保险公司员工安娜的说法，各个媒体"都有自己的意识形态，他们用自己的写作方法来区分自己"（个人访谈，2007年3月8日）。此外，强调这种影响的消费者往往会对新闻机构表示怀疑。文化产业企业家路易斯说：

> 这儿（阿根廷），一切都与政治（和）商业有关。因此，这是多年来我怀疑 Clarín.com 的原因。《号角报》集团是一个巨大的商业集团，它与政府相互依赖，我总是看到这则新闻……被过滤。在《民族报》集团，由于它在当前经济体系中涉入不多，虽然有些方面和《号角报》集团相同，但在规模上不同。它是一份报纸，有一幢建筑，可能有一些（额外的）业务，但它不是一个庞大的媒体集团。（个人访谈，2006年12月13日）

受访者就对新闻同质化的反应接受了访谈。研究者询问已经察觉到新闻同质化的人，是否喜欢这种现象以及它引起了什么情绪。对于那些对新闻同质化不置可否的人，研究者要求他们想象一个场景：未来五年不同网站提供的消息变得越来越相似，然后问他们是否喜欢这种状况以及对此的感受。

不管消费者是否已经察觉到新闻同质化现象的存在或者在未来的情境中想象它，大多数消费者对内容多样性的丧失做出了消极的回应。网页设计师埃斯特万说，在当前的环境中"一切都变得同质化，（而）理想的情况是每个网站都保留着自己的特征"（个人访谈，2007年1月16日）。西班牙语老师洛雷纳说："有区别总是要更好一些。不能接受单一的、整体的声音!"(个人访谈,2007年3月2日)工程师赫拉尔多同意斯特万和洛雷纳的说法:"我不喜欢(事物)同质化,它让所有的事物完全一样,这很无聊"(个人访谈,2007年4月10日)。

不喜欢的反应与压倒性的负面情绪相互关联,占据了主导地位。一些人,像本章开头发表意见的老师瓦妮娜一样,发自肺腑地表达了自己的感情。其他人,则像精神科医生亚历克西斯一样,用平淡而理智的方式谈论他们的情绪:"这在当下的环境中引发了一种温和的愤怒……我们不能再信任任何人或任何事情,一切都有某种利益(在背后),没有一件东西反映了它真实的模样……然后,我说,'那就是我们拥有的'。"(个人访谈,2007年12月26日)

不同于上述反应和情绪,几位二十几岁最年轻的受访者表达了一种冷漠与愤世嫉俗的混杂情感。⑧一位27岁的哲学专业的学生和兼职老师劳拉很清醒地认识到新闻的同质化,她说,"如果我喜欢报纸的(编辑)路线,那么同质化对我来说无所谓。非常坦白地说,我不需要去反对什么"(个人访谈,2007年3月20日)。当要求会计分析师西尔维娅去设想未来的场景时,她用一种冷漠的语调回答说,"它并没有让我厌烦……我对媒体之间的竞争不感兴趣"(个人访谈,2006年12月4日)。26岁的文学专业的学生圭多(Guido)在表达对未来的设想时说:"我只接受至少阅读五份报纸的人的抱怨。如果你只读一份报纸,那为什么它会让你厌烦?……这对我来说似乎是一个很简单的话题……我不认为这有什么可引人注意的。我们曾生活在一个田园诗般的世界里,现在它已经被摧毁了。"(个人访谈,2007年2月21日)

当问受访者,是否可以做一些事情来改变这种新闻同质化的感觉或想象,一些受访者强调了自身行为的变化,另一些人则强调了媒介产业的行为变化。那些反求诸己的人往往强调多个阅读来源的重要性，并严格对比不同媒介对同一事件的报道。大学生纳塔莉提出了一个替代方案："在不同的媒体中看到同样的新闻，并试图去洞察真正的现实是什么，这是件好事……但要做到这一点，既复杂又极其困难……你需要时间，还得上网，这可不是谁都能做到的，你也不会去买四份报纸，因为报纸（比起以前）价格越来越贵"（个人访谈，2006年12月18日）。大多数认为应由媒介行业提供解决方案的消费者认为，最好的机会来自一个全新的、议程和行为均与"其他媒体"不同的网站或出版物的出现。对保险公司的文员安娜而言，"避免（内容同质化）的一种方式就是，将来某一天会出现一种新的媒介"。当问到这有多大可能性时，安娜回答说，"事实上，我觉得有点儿复杂"（个人访谈，2007年3月8日）。

纳塔莉娅和安娜的说法得到了大多数消费者的响应，无论他们关注自己行为还是行业行为的变化，都暗示着在同质化的新闻领域发生改变的可能性很小。计算机技术人员曼纽尔同意纳塔莉娅和安娜的说法："我不知道我是不是失去了青春期追求的乌托邦，但你不能否认，改变现状非常困难。"（个人访谈，2007年3月29日）这种认为变化不可能发生的看法，大抵与对阿根廷近期历史背景下积极的社会变革出现的可能性颇感失望有关。如第一章所述，20世纪90年代的新自由主义改革失败以及2001年爆发的经济和政治危机，可以说是达到了几十年来国家政治经济制度的实力、质量和稳定性恶化的高潮（Levitsky & Murillo，2005c，2009）：

> 制度缺陷成为20世纪阿根廷政治的主要特征：每当政治或经济规则被认为会损害掌权者的短期利益时，这些规则就会被规避、操纵或改变。制度不稳定带来的政治和经济后果是一个霍布斯式的世界：高度不确定性，缺少历史的向度，缺乏信任与合作。（Levitsky，2005，p.72）

除了破坏国家的政治和经济活动，制度缺陷也对社会的文化结构产生巨大的影响。对 2001 年和 2002 年危机暴发之后的研究揭示了制度缺陷对日常生活中的关系、观念和情感的影响（Armony & Armony，2005；Borland & Sutton，2007；Grimson & Kessler，2005；Lakoff，2005；Sutton，2007；Svampa，2005；Whitson，2007）。制度缺陷与本研究更直接相关的后果是人们对出现积极的社会变革的可能性心存怀疑，对改变社会制度，特别是涉及强大的政治或经济利益的制度深感无能为力，由此产生了公众参与的疏离感。⑨对于阿莫尼和阿莫尼（Armony & Armony）而言，社会的分裂/结合与对政治美德和法律功能的怀疑，强化了失范和迷失方向的感觉（2005，p. 34）。因此，当被问及未来减弱新闻同质化的可能性时，一位不喜欢网络新闻当前状况的视频制作公司老板伊丽娜，表达了非常强烈的、对后2001 年危机的悲观情绪："现实是艰难的……人们不想再像 2002 年时一样了……这是现实的麻醉"（个人访谈，2007 年 2 月 20 日）。伊丽娜的评论放大了亚历克西斯、曼纽尔和安娜等人表达的观点和情绪。

许多受访者认为政治利益影响媒体议程，这种想法加剧了悲观感。对大多数人来说，政治是强者为了增强自己的力量所做的事情，普通民众不仅被排除在这个过程之外，而且被剥夺了权力。阿尤罗（Auyero，2007）基于引发了 2001 年危机的抢劫事件的受害者和施害者的对话总结道："'政治'（在'这一切都是关于政治'这句表述中的含义）意味着在很大程度上剥夺了他们（'我们能做什么'）的权力。在谈到政治时，他们提到来自上面的东西，那些超出他们控制的事物——有时暗示着一种阴谋，但大多数时候他们用政治语言来谈论他们感觉到的无力感和脆弱性。"（2007，p. 148）

汽车经销店的一名接待员胡列塔赞同阿尤罗的结论，他的叙述反映了 20 世纪 90 年代后期的时代余韵："我记得在一个星期天，我们在厨房的桌子旁谈论政治。现在我们不会了。在我看来，这是因为90年代消灭了一切——意识形态、观念和兴趣。听到我这个年龄的人谈论政治是非常罕见的。如果有人谈论政治,你应该问他是不是一个(政党里的)激进分子。不是激进分子的人不会谈论政治"(个人访谈,2007年2月28日)。

人们对积极的社会变革的怀疑态度,以及对改变与强大的政治和经济利益有关的制度的无力感,强化了人们脱离集体参与的感觉。⑩我们在下一节会看到,虽然许多受访者不喜欢目前的情况,但很少有人利用博客和论坛这些点对点文化生产的网络空间,通过报道媒体未发表的新闻或分享他们对媒体报道的看法来改变现状。这与第五章中关于网络新闻消费的"摄取"(intake)立场占据主导地位的结论一致,摄取立场赋予网络可读性优于以生产为导向的可写性的特权,人们阅读其他消费者的帖子的行为相当有限。

本节的分析表明,同质化新闻消费以负面的评价和情绪为特征。这种评价和情绪还伴随着对改变事态能力的无力感、对发生变化的可能性的怀疑感(完全不考虑使用其他媒介空间)和对社会参与的疏离感。如第三章所述,一个重要的、相似的感觉是,许多记者认为新闻同质化现象越来越多,他们不喜欢当前的事态和无力的感觉,"因为现在的情况就是这样"。而且,在这幅消费者体验画像中呈现的低水平的媒介参与,与选择消费什么新闻时高度的媒介参与形成鲜明的对比。这是因为对媒介的应用类型有两个维度。一个与消费的选择有关,主要表现为个人的社会行为。如第五章提到的观点,个人的行为通过互动的机制来塑造和被塑造。另一个则与将注册用户从消费者转换为生产者有关,从获取别人给的信息到给予别人可能需要的信息,目的是直接改变集体的参与行动。为了更好地理解这两种媒介应用的机制和后果,在下一节中我将研究消费者对新闻网站中越来越受欢迎的两种交互式应用的体验:一种是民意调查,另一种是博客、论坛和评论空间。

选择性与参与性消费之间的媒介应用

长期以来，交互性一直被认为是网络新闻的标志（Allan, 2006; Boczkowski, 2002; Deuze, 2003; Mitchelstein & Boczkowski, 2009; Pavlik, 2001）。两种最普遍的互动方式分别是：消费者有能力在涵盖了最多样化人群的民意调查中投票，以及他们有机会在博客、论坛和其他评论空间中发表意见和新闻。在对消费者进行访谈时发现，这两种交互方式在阿根廷主要的新闻网站中非常普遍。相关访谈包含了人们对这两种互动方式的应用和观感。以下发现有助于我们理解媒介应用的机制，它们影响了人们对同质化新闻的消费。

民意调查

大约一半的受访者表示，他们在网络报纸的民意调查中投票，并关注投票结果。有些人经常参与投票，其他人则不。无论他们多么频繁地参与民意调查，所有把投票行为和积极情绪结合在一起的人都觉得网络民意调查比较有意思。比如，精神科医生费德里克说他经常看投票，"因为看结果很有趣"（个人访谈，2006年12月28日）。受访者总结了参与网络民意调查的三个主要原因：在社交世界中获得指引、获得表达自己观点的机会、获得线下社交互动中的谈资。

大多数密切关注网络民意调查并参与其中的消费者认为，他们通过调查收集的信息有助于了解其他网络消费者，能通过与他人比较来调整自己的行为。电影编剧费尔南多说，"我想知道（就某个话题）大多数人在想什么"（个人访谈，2007年1月17日）。教师瓦妮娜评论说，"我喜欢说话的游戏……'在这个问题上，大多数人会给出（某某答案）'。这是一种了解……报纸读者怎么想的方式……并且一般来说，我不会对（人们的回答）感到惊讶"（个人访谈，2007年2月22日）。

受访者提到的另一个参与民意调查的常见原因是民意调查给予了他们就重要话题发表意见的机会。工程师赫拉尔多说："我想知道我的意见是重要的，我也有兴趣去了解民意调查结果中呈现出来的某种趋势。"（个人访谈，2007年4月10日）

第三个动机是把投票结果作为与同事或朋友聊天的谈资。当被问到为什么想知道网络投票的结果时，律师马丁回答说，"之后就可以发表评论。你（和朋友）聚在一起时可以说：'关于 X 问题，我看大多数人都是这么和那么想的'"（个人访谈，2007年2月26日）。

不参与投票或不关注民意调查的人从两个方面解释了为什么他们对此缺乏兴趣。一些受访者提到对网络环境中信息隐私的担忧。视频制作公司的老板伊丽娜说，"我不喜欢在网上提供自己的信息，所以对参加（民意调查）不感兴趣"（个人访谈，2007年2月20日）。第二个原因是人们认为民意调查在抽样和问卷设计上技术质量低，背后还有不可告人的动机。软件顾问翠斯特说他不参加民意调查，"因为……他们并没有抽取具有代表性的样本"（个人访谈，2007年3月31日）。电脑技术员曼纽尔说，"我非常怀疑（民意调查及其用途）"（个人访谈，2007年3月29日）。

博客、论坛和其他评论空间

绝大多数受访者表示，他们不会阅读附加在网络新闻报道后的任何博客、论坛和评论的内容。此外，在新闻网站为用户提供的具有发表功能的空间中，用户生产的活跃度比阅读的活跃度低很多。除了参与网上互动活动的水平很低，与此相关的情绪也非常消极。不同于把民意调查与趣味性联系在一起，许多人认为博客、论坛和评论空间很"无聊"。精神科医生费德里克认为民意调查很"有趣",但当被问到是否会参与报纸网站的活动时,他给出以下回答:"我不参与任何论坛或者类似的活动,因为我觉得无聊"(个人访谈,2006年12月28日)。除了这种负面情绪外,受访者还用四个理由来解释他们为什么不常使用这些互动空间:没有时间、话语质量低、对网络社交兴趣不大以及隐私问题。

受访者在被问到为什么不给博客和论坛提供内容时,没有时间是最常提到的原因。文化产业老板路易斯说自己"在(网络)社区中不是很活跃……我的工作量很大,所以我觉得(这些活动)分散了我的注意力"(个人访谈,2006年12月13日)。大学生娜塔莉亚有一份兼职,她把自己有限的时间和在工作场景消费网络新闻联系在了一起:"我不是一个经常参加(线上活动)的人,因为我想利用在办公室的时间及时了解与工作有关的新闻。凡是让人觉得在浪费工作时间的网站,我都尽量不访问或不产生兴趣"(个人访谈,2007年3月19日)。

受访者补充说,当他们阅读博客和论坛的内容时,发现内容质量很差。令他们震惊的是,亵渎行为屡屡上演,参与者之间缺乏对话,自说自话表达观点的人无处不在。一名67岁的退休人士路易斯(Luis)的经历是:"即使我不参与(博客或论坛),我仍然可以看到别人在说什么,对他们的发言的回应是什么。许多人利用这些空间说蠢话……如果我想表达观点,我不会跟不认识的人去讨论对错,我只会和朋友讨论这些事情"(个人访谈,2007年2月6日)。

路易斯的话也指出了受访者经常提到的第三个原因,呼应了第五章中提到的网络新闻消费的一般模式,即对网络社交缺乏兴趣。消费者认为博客和论坛是关系的环境,如上一章分析的那样,相较于网络社交互动,他们更喜欢在线下进行社交互动。即使互动的内容来自互联网上发现的新闻,他们也更倾向于跟同事、家人和朋友进行线下互动。用行政人员娜塔莉亚的话来说,"我喜欢当面表达自己（对事物）的观点。我不习惯使用互联网上的意见论坛"（个人访谈，2006年12月18日）。

第五章分析的另一个问题——隐私，也阻碍了人们在博客和论坛上发表评论。西班牙语教师洛雷纳说她自己"偏执地怀疑为消费者提供博客的媒体也以某种方式提取了个人消费模式的某些信息"（个人访谈，2007年3月2日）。软件顾问翠斯特提到他没有为供用户发表的网络空间提供内容，因为他"害怕有一天（这些网站）可能会出售……内容生产者的数据库"（个人访谈，2007年3月31日）。

对博客和论坛缺乏兴趣还有两种例外情况。第一种比较普遍，一些受访者说他们不看新闻网站的博客，但经常访问朋友的博客或朋友推荐的博客。当被问到为什么这么做时，一些受访者，比如伊丽娜强调主流媒体的博客"不能激发信心"（个人访谈，2007年2月20日）。劳拉说它们"不尊重博客的模式"，因为主流媒体博客会筛选评论（个人访谈，2007年3月20日）。另一种情况以少数受访者为代表，像教师瓦妮娜和网吧员工塞西莉亚，都表示自己经常花时间阅读新闻网站的博客和论坛，她们同意其他受访者所说的存在需要花费时间、许多帖子质量水平很低等问题。然而，不同于大多数受访者的看法，她们说博客和论坛的内容强化了她们对新闻引发的社会反应的理解。塞西莉亚说：

> 我喜欢看（读者）的想法……有时……当有人说"你简直是白痴"，或发表像要约架一样的评论，都会让我很难过。但我不与任何人互动（也）不回复……因为有人会回复，而且……他们想要证明自己是对的，我也是这么希望的。不过，我还是喜欢阅读评论，因为通过别人我能了解到社会是怎样的以及人们如何思考。（个人访谈，2007年1月24日）

以上的例子强调了受访者不频繁使用博客、论坛和评论空间的状况。即便受访者参与使用，也会与网络新闻消费者的摄入立场保持一致：只阅读，不生产。换句话说，即使将用户发表内容视为消费新闻网站的惯例做法，消费者也只会将这些视为互联网中可供阅读的内容的一部分，普通用户生产内容的潜力被大肆宣扬却并未得到充分挖掘。

通过比较消费者对两种交互式媒介应用的参与，研究发现与民意调查相关的参与和情绪基本是积极的；博客、论坛和其他评论空间的使用最少，与此相关的情绪也相当负面。虽然这两种应用都采取用户参与的模式，但参与方式不同。民意调查中的投票是一项闭合、低投入、低噪声类型的活动。而通过对新闻报道发表评论的方式去生产公开发布的内容，则是一种更加开放、高投入和高噪声类型的活动。因此，在需要人们参与的线上活动中，消费者更容易接受民意调查投票，它主要基于封闭的选择机制，而不像博客、论坛和评论空间一样，需要卷入到某个大型集体场景中参与交流。

人们参与这两种互动形式的行为差异，为观察网络新闻环境中参与性媒体平台的特征提供了一个窗口，这对于洞察日益相似的内容消费至关重要。研究媒介文本和产品的学者对读者共同构建内容、用户成为技术变革的代理人这一现状做出了许多解释（Douglas，1988；Jenkins，1992；Pinch & Trocco，2002；Suchman，2000；Yates，2005）。与本书的目的更直接相关的有关网络新闻的研究和一般意义上的新媒体研究，都阐明了用户生产内容的成功案例以及这些案例可能产生的更大的社会影响（Benkler，2006；Boczkowski，2004；Gillmor，2004；Jenkins，2006；Sunstein，2006）。然而，尽管人们对这些成功案例在整个社会群体中推广的可能性抱有很高的期望，但最近的研究得出的三个发现，足以令这些期望破灭。第一，博客作者和公民记者在很大程度上依赖新闻记者去获取信息（G. L. Daniels，2006；Deuze，Bruns，& Neuberger，2007；Haas，2005；Lowrey, 2006; Reese, Rutigliano, Hyun, & Jeong, 2007)。第二, 通常情况下,公众对为新闻网站提供新闻内容的兴趣非常有限(Couldry, Livingstone, & Markham, 2006; Hujanen & Pietikainen, 2004; Pew, 2008b; Thurman, 2008; Ye & Li, 2006)。第三, 大多数博客的内容不像新闻,而是采用个人日记的形式(Herring, Scheidt, Bonus, & Wright, 2005; Lowrey & Latta, 2008; Papacharissi, 2007; Ornebring, 2008; Trammell, Tarkowski, & Sapp, 2006)。

本节的分析与上述学者的研究结果一致,认为用户生产新闻的积极性是有限的。通过探索目前案例中影响积极性的因素,本节也对现有的研究成果进行了补充,这些因素同样适用于其他语境。对大多数受访者来说,两个主要因素决定了他们较少使用交互式媒介应用。第一个因素有关消费者在工作环境中获取网络新闻的本地化条件,包括某种阅读立场流行、在忙碌的工作中可自由支配的时间相对较少、他们对隐私的担忧,以及更加偏好线下社交活动。这些情况在第五章已进行了分析。第二个因素有关更广泛的制度背景。如前一节所述,当谈到新闻时人们体会到了无力感、怀疑感和与集体世界的疏离感。在这种情况下,消费者成为有悟性的读者,可以通过阅读新闻去了解可能影响他们生活的新发展,但他们对自身促进社会变革的能力的期望已经下降。本地化条件和更广泛的制度背景导致大部分消费者参与媒介互动的积极性比较低。即使面对一个他们不喜欢的、引发了显著负面情绪的事件也是如此。撤退,而不是改革,成了这场游戏的名称。

结　　论

本章揭示了消费同质化新闻的三种模式。[①]第一,消费者最常选择阅读的新闻和记者提供给他们的热门新闻之间存在着差异。这种差异表现为消费者选择的新闻内容之间的重合程度比记者提供的新闻之间的重合程度低。两方在报道选择的主题模式上的差异也说明了这一点。第二，大多数消费者不喜欢同质化的新闻，并将这种消费行为与负面情绪联系在一起。第三，这种情况往往不会引发促使社会变革的参与行为。（我会在第七章解释记者和消费者为什么都不喜欢新闻同质化但又都感到无力改变这一趋势。）总而言之，这三种模式之间的角力为消费者创造了一套复杂的动力机制。虽然消费者与新闻记者偏好之间的分歧和消费者对新闻同质化的负面评价，可能会导致由消费者驱动的社会行为的增加，然而主导了消费者参与集体行动的撤退立场表明，事实远非如此。这种撤退的态度可能表明消费者的选择与记者的选择是一致的，或者他们对形势的评价是积极的，又或者两者皆有。不过，消费者的行为和经验表明，情况并非如此简单。

要了解这些同时存在的、塑造了同质化新闻消费行为的复杂动力机制，重点是强调有两种形式的媒介应用方式在发挥作用。一方面，记者和消费者最重视的新闻主题并不总是一致。这种分歧不新鲜，新鲜的是记者当下所使用的、可以窥见公众行为的知识技术，与一个需要为忽视公众偏好付出更高代价的、竞争更激烈的市场之间发生的相互作用。另一方面，参与不同于选择。前面两节中阐述的本地化和制度因素之间的相互作用，说明了在可以利用网络可写性的时候，消费者更愿意在可读的平台上选择有用的内容，而不愿意参与到平台的写作当中。因此理解消费这一侧的模仿行为，与理解以不同消费者的行为和经验为特征的媒介应用类型，有着密不可分的关系。

本章所述的内容有助于将媒介应用类型的相关问题和消费在模仿中的角色理论化。本章有助于对消费者使用不同媒介应用类型的情况进行更细致的描述，而不是对遍及大部分文献的消费者的活动进行总体的假设。韦伯斯特（Webster）在有关媒体消费的研究综述中坚持认为，"观众的行为是一个难以捉摸的概念"（1998，p. 202）。当下的研究，揭示了当前同时存在的两种媒介应用类型如何将各种行动者拉向存在着矛盾和分歧的方向，有助于更加明确媒介应用类型的概念。

对于这本书主要的概念性主题来说更为关键的是，上述阐释也揭示了消费行为在模仿的动力机制和影响中的作用。我认为消费模式在生产流程启动时起到了重要作用，最终导致生产中的模仿和最终产品相似性的增长。第二章中提到，记者发现网络新闻消费大都发生在工作的时间和地点，针对这个发现，他们增加了新闻发布，尤其是硬新闻发布的数量和频率。第三章探讨了生产动力的问题，网络新闻的这些变化引发了一系列意想不到的后果，包括新闻机构加强对彼此的监看，增加了网络媒体和印刷媒体之间的模仿，模仿程度受到内容类型和媒介类型的影响。这些后果都由新闻生产中的情境和结构因素共同塑造。本章的论述表明，虽然消费模式为新闻产品相似性的增加奠定了基础，但它们在决定高相似率方面并没有发挥重大的直接作用，也并没有触发消费者驱动的改革去挑战现状。也就是说，有关新闻记者和消费者在新闻选择中的主题偏好和重合内容之间的差异的研究、有关记者对这一差异的认知和他们通过遵循传统的编辑价值去重申职业权力的研究和有关消费者不喜欢同质化新闻的研究都表明，模仿似乎更多地依赖与生产相关的过程和机制而不是消费行为。这一发现与主流观点——生产力是模仿的动力基础相一致，但补充了消费行为在触发这种模仿动力时扮演的角色。

了解消费行为有助于评估内嵌于消费者日常行为和经验的模仿所带来的文化和政治后果。这一评估在网络新闻消费的主导模式下，可以调和规范意义上的可取性和社会意义上的可能性。本书最后一章将详细阐释这些后果。

注 释

① 世纪之交的一份阿根廷报纸 *Crítica* 的传奇出版商纳塔利奥·博塔纳（Natalio Botana）和他的一位编辑之间的难忘对话生动地说明了这种无视的立场。当编辑指出公众恐怕不会喜欢即将发表的文章时，博塔纳回答说，"我们得告诉公众他们必须喜欢什么"（Ulanovsky, 2005a, p.97）。

② 这里使用"解码"的概念，主要用来说明消费者选择新闻报道的实践，而非解读所选报道的实践。也就是说，消费者通过对编辑工作整体的解码，来决定哪些报道值得阅读，哪些不值得。

③ 消费者的选择并不独立于记者。消费者只能点击新闻记者选择发表的新闻。根据第五章中提出的消费者觉得最有吸引力的新闻类型的定量和定性证据，消费者对记者的依赖导致在比较消费者选择和记者选择的时候，结论较为保守。我们有理由期待，如果消费者可以从新闻记者可用的、具有潜在新闻价值的所有报道中进行选择（而不是在记者认为值得发布的报道中选择），他们的选择与记者的选择会比下面的分析中呈现的更加不同。

④ 由于本研究只在晚上收集 Clarín.com 的数据，所以本节的分析主要依靠晚上 11 点从 Lanacion.com 和 Infobae.com 收集的数据。

⑤ 在消费者选择的新闻报道里，有一小部分软新闻存在内容重合。在 540 篇软新闻报道中，有 27 篇（5%）的内容重合。此外，内容重合的新闻共有 343 篇，其中软新闻的重合率达到了 8%。不管是软新闻总数的比例还是内容重合的新闻总数的比例，内容重合的软新闻都只是很少一部分消费者的选择。因此，为了使内容具有可比性，本章的分析对象主要是硬新闻。并且，如果所有的报道都被用作两组的分母，那么内容重合的比例将会是：记者组 38%，消费者组 21%，两者有 17

⑥ 由于消费者的数据是在一天结束时收集的,第二次分析在比较这些内容重合的问题时,只使用了晚上时段的记者数据,结果显示不存在显著差异。显著性差异($p<0.01$)在内容重合方面增加到17%,在内容焦点方面下降到18%,在集中程度方面保持在22%。

⑦ 关于议程设置对网络新闻的影响有不同的解释,见 Althaus and Tewksbury(2002),Coleman and McCombs(2007),Lee(2007),Schiffer(2006),Schoenbach, de Waal, and Lauf(2005),Zhou and Moy(2007)。

⑧ 有关愤世嫉俗和新闻的清晰分析,见 Cappella and Jamieson(1997)。

⑨ 危机的高峰期和前后期都以紧张的社会动员为特征,而一旦日常生活获得了常态感,这种社会动员就会消失。参见 Grimson and Kessler(2005);Peruzzotti(2005)。

⑩ 关于"政治效力"(political efficacy)的不同观点,或有关行为者有改变社会权力平衡的能力的信念的研究,见 Campbell, Gurin, and Miller(1954),Clarke and Acock(1989),Easton and Dennis(1967), and Niemi, Craig, and Mattei(1991)。在最近的研究中,研究者分析了与数字媒体有关的政治效力的动力机制,见 Kaid, McKinney, and Tedesco(2007),Kenski and Stroud(2006),Livingstone and Markham(2008),Scheufele and Nisbet(2002),Tolbert and McNeal(2003)。

⑪ 第五章有关网络新闻消费中的纸质报纸内容的研究显示,这些模式很可能也会渗透到最初为传统媒体创造的同质化新闻的实践和经验中去。

第七章　信息充裕时代的新闻工作

本书的题目《工作中的新闻》有三层含义。第一层含义指大部分人消费网络新闻时的时空坐标点是工作场所。第二层含义是本书研究设计的重要依据：对生产和消费新闻的研究。这两层含义是理解模仿的关键：前者聚焦于与新闻领域的模仿扩张有关的情境；后者使得本书的研究能够从记者在新闻编辑部的工作拓展到消费者对新闻的使用。本书题目的这两层含义是第二章至第六章的核心。在本章的前半部分，我将讨论我们从前六章中学到的知识。下一节将介绍对新闻生产、产品和新闻消费的实证研究的主要发现。再下面的一节反思了这些发现，并提出了模仿动力学的理论。

《工作中的新闻》的第三层含义是指新闻在社会中发挥的文化和政治作用。比起前两层含义，这层含义在此前的章节中讨论得不多，因为要想阐释清楚这层含义，需要依靠此前章节中的实证研究和理论建构。现在到了可以对第三层含义进行阐释的时候了。因此在本章的后半部分，我探讨了在当代社会生活中，内容多样性的减少对文化和政治的影响。前几章中基于对三种潜在趋势的相互影响的分析，描绘了一幅令人担忧的图景。第一个趋势是主流媒体共享的一般性新闻内容比例的增长以及提供类似内容的第三方提供商（如通讯社）的作用的增长。这首先可能会大大窄化这些媒体各自的新闻议程，在多个媒体中设置同样的议程。第二个趋势是独立的新闻机构积极行使监督职能的意愿被削弱。不过反过来，这也可能引起权力的平衡（balance of power）向着有利于其他努力争取议程设置权力的媒体机构转移，比如政府、资源丰富的私营组织和非营利组织。第三个趋势是，用户生产新闻活动的能力有限，不能基于事件定期提供各种各样的、全面的报道。从开源软件 Linux 到供人查阅信息的网站维基百科，同时代的文化生产里虽然已经包含了一些高端的、积极的经验，但网络新闻消费的日常特征表明，正常情况下主流媒体内容多样性方面的空白不太可能被大部分公众填补。

有一条线索贯穿这三个趋势。本章的标题借用了本雅明（Benjamin）1935 年富有洞见的文章标题《机械复制时代的艺术作品》（"The Work of Art in the Age of Mechanical Reproduction"，2007），旨在通过回溯历史的轨迹去捕捉这一线索。本雅明认为，20 世纪初期全面展开的机械复制时代的特征在于人们日益关注艺术作品失去了真实性和光晕。21 世纪初，在新闻和其他象征性工作领域中，从机械到数字复制的转变开启了一个信息充裕的时代，其特征是关注如何平衡充裕的信息的数量和质量。[①]不论是关心拥有更多可获得的信息而不是信息源，还是担忧数量的增加会导致新闻产品质量下降和消费者体验变差，都不是新鲜话题，但近年来情况尤为严重。网络新闻数量增加和内容多样性丧失这一悖论的出现正是这种平衡的重要表现。在本章的最后，我认为模仿不但对于理解这种悖论的生成机制，而且对于认识信息充裕时代这种悖论对文化和政治图景造成的后果至关重要。

相似性螺旋

本书第二章至第六章中的描述揭示了阿根廷新闻媒体近来的变

革中的"相似性螺旋"（A Spiral of Sameness，概念借用自 Noelle-Neumann［1993］）。网络新闻从业者通过增加新闻，特别是用新闻发布的数量和频率，回应他们发现的"工作中的新闻"现象。为了满足已知的消费变化而增加的报道数量和频率带来了意想不到的后果——提高了媒介组织在所有新闻从业者中的可见度。负责生产硬新闻的从业者利用这种可见度，加强了对同行报道的监看、增加了对报道的模仿。从业者逐渐认识到这种趋势，虽然不喜欢它，却也无力改变。随着时间的推移，一个不断自我强化的工作模式逐渐形成：从业者越来越多的日常工作时间用在了监看和模仿日益同质化的硬新闻报道上。对于内容多样性的减少，网络新闻消费者也表现出不满和负面的情绪。他们和新闻从业者一样对改变现状无能为力。他们都表现出了超然和后退，而不是参与和改革的态度。因为按照托马斯和托马斯（Thomas and Thomas，1970［1917］）的观点，被定义为真实的情况就是真实的，新闻从业者和消费者共同感受到的无力让新闻领域存在相似性螺旋。

监看、模仿和新闻同质化一直是新闻业的主题，相似性趋势不断引发新的问题，因此很难确定旧问题何时结束、新问题何时出现。不过，本书前几章中提到的一些论据，如新闻生产中的监看和模仿的增加、新闻同质性现象的增加以及许多新闻从业者和消费者对日益相似的产品的体验等，都说明当下与过去截然不同，这种区别可以从历史中找到根源。比如，如果不是一直存在监看和模仿的惯例，生产硬新闻的从业者就不会发现媒体机构有这么高的可见度，这一可见度能帮助他们增加网络新闻的数量和加快更新频率。本研究还揭示了在工作的时间和地点消费网络新闻的新特征其实建立在过去获取信息的习惯之上。因此，模仿的实践和产品的间断性模式其实源自连续性模式（这句话的意思是：当下模仿的新特征其实源自历史经验。——译者）。

不过，本书前几章的研究发现在阿根廷之外究竟有多大的普遍价值呢？长期存在的现象和其他国家、地区近期表现出的不同趋势说明，常见的事物在不同情况下表现不同。[2]这意味着模仿的机制并非无处不在，但它也并非仅仅存在于阿根廷境内。本书第一章对一系列文章和技术性报告进行了总结，展示了美国和西欧国家存在的在工作时间和场所对网络新闻的消费、媒体间的相互监看和相互模仿的增加以及由此带来的新闻产品相似性的增加。第二章也认为，Clarín.com相对较新的硬新闻生产逻辑与最近在许多国家的新闻编辑部发生的新闻工作的变革有关。第五章还提供了来自美国、西班牙和印度等不同国家的消费新闻研究，证明人们在互联网上获得新闻的主要途径趋于一致。附录二介绍了2008年美国大选期间主流网络媒体的新闻从业者和消费者的新闻选择研究的初步结果，它们与本书第四章至第六章中的新闻同质性以及新闻从业者与消费者对报道的不同选择模式等发现高度一致。

只有理解了本书的实证研究结果，才能理解它在理论和方法论上的价值。

理解模仿

我在本书中基于四个前提提出了一个概念性框架：同时考察生产实践和产品可以得到的启发、在情境因素和社会结构因素的共同塑造下模仿行为的差异、考察技术扮演的角色的必要性以及研究消费领域的重要性。为了实现研究目标，我采用了混合的研究方法，在生产研究和产品研究之间搭建了桥梁，并把对消费行为的研究和对同质化新闻的研究整合到了一起。

本书第二章至第四章的阐释，证明了同时包含生产实践和产品的研究方法是有价值的。更准确地说，这种方法能够说明监看和模仿行为发生的方式和原因，以及确定这些行为对新闻的选择、呈现和叙事的实际影响。相比习惯性地选择生产"或者"产品的立场，这种研究方法能让研究者的发现更多。如果只对新闻编辑部进行研究，那么就只能去推测生产过程对在社会中流通的新闻的影响。如果研究只集中在新闻产品的同质化上，则更难以确定新闻的同质化是不是生产过程中模仿行为增加的结果（其他生产行为也可能导致更多的新闻相似性），并且更难理解新闻生产的速度和报道主题的变化趋势。

本书的价值还在于对塑造模仿行为的结构和情境因素的关注。在解释监看的加强和生产硬新闻的新闻从业者中模仿的增加方面，成果显而易见。如第三章所说，如果不是互联网为新闻的发布数量和频率的增加提供了机会，新闻生产过程中监看行为的变化也不可能发生。新闻发布数量和频率的增加，改变了人们观察媒介组织的能力、促进了知识的"公开"。不过，这些结构性变化并不足以解释生产硬新闻和软新闻的从业者的差异。差异受到编辑惯例、组织间关系、公众的再现和声誉管理等因素的影响。因此，只有通过同时考察结构和情境的因素，我们才能解释影响监看强度的机制，以及这种机制对生产不同类型新闻的从业者产生的影响。

媒介组织领域的结构变化也会对模仿行为施加影响。这些变化包括信息复制和分发的便利性的增加、行业竞争的增加以及对消费者行为改变的认知。不过，仅靠这些结构性因素并不能说明生产硬新闻和软新闻时模仿行为的最大不同是什么，不能说明为什么在不同的媒介机构中，模仿行为几乎没有差异，也不能说明网络和印刷媒体从业者实现差别化的努力所产生的影响。模仿行为在不同媒介内容类型中的主要差异受到使用的消息源、网络和印刷新闻编辑部之间的校准过程、公众的再现、观念和情感的体验以及声誉管理等的影响。模仿行为在不同媒介类型和产品差异化效力方面的次要差异主要受到不同技术的赋能、编辑的惯例以及对日益同质化的新闻的认知程度等的影响。忽略这些情境因素将无法解释为什么模仿的兴起在很大程度上影响了硬新闻的生产；不能解释为什么在不同类型的媒介中，模仿行为并不影响记者选择什么议题去报道，而是会影响各自的报道呈现和报道叙事。因此，由于模仿受到生产实践中结构形式和情境模式的影响，关注结构和情境因素将有助于我们解释模仿行为的变化模式。

技术的基础设施、实践和相关知识是研究日益增加的模仿行为的过程和影响的核心。如果没有互联网发展带来的信息生产和分发的变革，监看的加强和模仿的增加不会是现在这个样子，甚至也许根本不会发生。不过，这并不意味着技术可以决定变革；否则无论新闻类型和媒介类型如何，在引入和应用技术后应该马上就能感受到效果。事实正好相反，在 Clarín.com 和 Lanacion.com 推出五年多以后，模仿的变化才开始，而且由于新闻类型和媒介类型的不同，模仿行为也存在差异。因此，技术影响模仿的观点虽然理论上说得通，却不是决定性的。这是因为技术变革总是与如何应用技术结合在一起，只有当网络新闻编辑部利用互联网的能力去生产和分发信息，技术才能产生社会影响。此外，由于用户在日常生活中对信息的依赖程度不同、使用方式不同，技术产生的社会后果也并不相同。

还有一些相关的论点揭示了技术在消费中的作用。许多产业如果没有逐步加强对数字网络基础设施的依赖，大部分公众根本不会将办公场所作为相对较新的网络新闻消费场所。相比使用印刷和广播技术，人们对网络技术的应用容易得多，因此公众对新闻同质化的感知也更强。不过，正如第五章和第六章所说，技术的潜能由于受到人们对新闻的兴趣、工作场所的物质构造等因素的影响，并不能完全实现。在人们对媒体生产的同质化内容高度不满的情况下，

177　现今文化生产中完全可以被加以利用的技术并没有引发用户自己生产新闻的繁盛景象，这说明技术也不是消费行为的决定性因素。

　　对技术功能的研究表明，模仿不仅仅是一个纯粹的社会问题，而且应该被概念化为一种社会物质构造（sociomaterial construction）。仅关注社会维度无法解释编辑工作中模仿行为的增加，也无法解释人们对新闻产品的消费。而纯粹的技术视角也无法理解新闻生产变化的模式。此外，如果要考虑技术的影响，还要重新审视模仿研究中的核心要素：人们共处的社交网络。研究者认为，社交网络通常作为用户间传递信息的渠道，发挥着促进整合的作用。本书的观点相反，认为也许存在虚拟的渠道让用户可以在他的社交世界中发现与自己相关联的人。第一章和第三章的例子说明，上述虚拟社交行为可能不仅适用于新闻领域，而且适用于金融和政治选举等完全不同的领域。

　　最后的一系列理论贡献主要有关消费。研究揭示了消费在模仿中扮演的双面角色。一方面，不管是决定新闻内容的高度相似性，还是通过由自身驱动的改革来挑战现状，消费者的行为和偏好都没有在其中发挥主要和直接的作用。这一现状加强了以生产为中心的模仿观的主导地位。另一方面，在工作中消费网络新闻直接触发了新闻生产中模仿行为和新闻产品相似性的增加。也就是说，忽视消费的阐释将无法帮助我们理解模仿过程中的变化如何以及为何发生。此外，消费的力量可能在其他类似的案例中发挥更大的作用，如果我们看待这些案例时，不把消费看作是理所当然的理论立场，将更有助于我们深化对这些案例的理解。

　　消费者行为、情感及偏好等主流研究范式都试图去理解生产中模仿的扩张如何进行以及为什么发生。这些多元的观点为关注消费的研究带来了另一个理论价值，那就是通过在新闻消费的惯例研究中引入规范性的视角，去评估模仿的文化和政治影响力。这样的研究促使人们认识到消费者日常实践中的规范性需求,避免高估生产者的权力,也避免高估消费者的潜力。

新闻中模仿行为带来的文化和政治影响

前两节中总结的实证发现和理论分析,认为新闻究竟为社会生活带来了什么变化?为了回答这个问题,本节将重点围绕当代社会文化和政治结构的三个核心问题展开论述,它们是新闻的演变、政治权力的平衡以及消费者驱动(consumer-driven)的社会改革的前景。

新闻的演变

生产和消费领域相互作用的趋势表明,在新闻业和新闻机构存在两对紧张的关系:新闻的职业逻辑和市场逻辑之间的紧张关系,以及精英和大众之间的紧张关系。新闻同质性的增加与第六章描述的职业逻辑和市场逻辑之间的紧张关系的加剧有关。五十年前,新闻机构很容易无视更趋同的、以公共事务为导向的从业者选择和更分散的、非公共事务导向的消费者选择之间的鸿沟。然而,当代社会让人们更有能力了解双方的不同偏好,并认识到无视差异可能造成的代价。新闻机构有可能试图通过减少公共事务新闻和增加各种非公共事务新闻来缩小这一差距。因此,如果市场逻辑胜过职业逻辑,新闻机构可能会通过取悦消费者和增强自身行业竞争力的方式去减少新闻的同质性。但是,鉴于强劲的公共事务报道在政治健康中发挥的作用,这种做法也许将对社会造成不利影响。

对主流新闻机构来说,精英和公众之间的紧张关系比较复杂。新闻从业者和新闻机构试图设置议程去影响由政治、商业和非营利组织中的关键决策者组成的精英人士。媒介议程一般由公共事务报道设置，特别是一定新闻周期中最重要的公共事件。不过，受众的规模和组成又影响着新闻媒体在设置议程方面的有效性。精英公众更关注拥有大量受众的新闻机构，而不是一个小众的新闻机构；更关注一个拥有丰富资源、能对受众产生影响的新闻机构，而不是一个资源匮乏、影响力有限的新闻机构。当媒介机构越来越了解大众对非公共事务报道的喜好，并且当它们因为市场压力需要迎合这种偏好时，精英与公众之间相互依存的关系让新闻机构陷入了双盲（double blind）的境地。一方面，忽视大众的兴趣可能会导致其规模的缩小、受众忠诚度和媒介影响力的下降，可能会削弱新闻机构影响新闻议程和精英群体的能力；另一方面，一味迎合大众对非公共事务报道的偏好也会削弱新闻机构影响议程的能力。

文化构造（culture construction）中硬新闻生产的特征正在发生改变，由此出现了一套不同于以往的生产方式。许多观察家预测，相比传统媒体而言，互联网会让新闻实践更加注重内容的深度，并由此期待新闻机构在报道特定新闻的时候能够增加报道数量和类型，实现报道的多样性。上述期待在某些报道中，特别是对知名度很高的事件的报道中已经实现了。但本书第二章和第三章的分析表明，当报道常规事件的时候，网络媒体中的硬新闻生产惯例是强调报道数量和范围而不是报道深度和多样性。

如第五章所说，有一种平行模式（parallel pattern）支配着消费者的经验。之前我们已经多次提及网络新闻引导的可能性。此类引导既可作用于忠实消费者的行为，也表现在普通消费者对知名度高的事件的消费偏好上。不过，一般网络新闻消费者更多地将对常规事件的硬新闻报道看作是业余的浮潜者而不是使用水肺的专业潜水员。也就是说，他们看重的是标题，有时是导语，而对内容只有零星的关注。这就解释了为什么人们在新闻网站上平均花费的时间要比阅读印刷报纸的时间短得多。此外，越来越多的人使用移动设备阅读新闻可能会加速这一趋势的发展。新闻不是一种不能改变的文化构造，而是生产者和消费者共同建构的结果。总的来说，新闻生产和消费的模式表明，在一个信息充裕的时代，网上的硬新闻也许仅仅是屏幕表面的简短描述，而不是需要消费者多次点击、访问多个页面的长篇叙事。

这些模式也抑制了新闻机构对传统消息源的维护和向原创写作投入大量资源的意愿。此外，近年来许多国家的新闻机构大幅削减人员预算，有些甚至开始将新闻报道外包给劳动力成本较低的国家的工作人员（Poynter Online，2008；Pritchard，2007）。大多数媒介组织要满足消费者对广泛的新闻报道的需求，需要具备稳定可靠的新闻供给能力，这为当前通讯社的长足发展提供了沃土。通讯社行业最近做出了一系列新动作，包括汤森集团（Thomson）收购路透社（Reuters）、新闻集团（News Corporation）收购道琼斯公司（Dow Jones）、CNN计划启动自己的通讯社服务，以及美联社（Associated Press）更新了发稿线路（Arango & Pérez-Peña，2008；Austen，2007；Pérez-Peña，2007）。种种行动可能释放出了一个信号，即在写这本书的时候，通讯社抓住了成长的机会并打算好好加以利用。

总而言之，三种相互交错的趋势共同塑造了新闻业的图景。这三种趋势是：首先，职业和市场逻辑之间、大众和精英群体之间紧张关系的加剧；其次，网络硬新闻生产和消费的变化；最后，通讯社在提供此类新闻中的贡献和重要性的增强。这些趋势结合在一起创造了一个媒介图景：许多新闻机构一起分享对普通事件的新闻报道，新闻议程逐渐窄化，议程设置的权力集中在比以往数量更少的媒体机构手中。权力的变化也影响了前面章节中分析的新闻业的监督角色的未来。

政治权力的平衡

新闻媒体在民主社会中有能力通过其监督角色的价值来为权力平衡做出重大的贡献。新闻机构收集行为人可能存在的不法行为的信息（这些信息通常需要付出极大的努力才能获得），并将其传播给大众，通过这种方式来实现对强大的行为人的控制。此种控制功能通过两种方式实现。首先，对于某些行为人来说，涉及不法行为的社会成本可能非常高，新闻媒体通过威慑行使控制的功能。其次，当不法行为发生时，如果有关公共部门组织对此保持沉默，新闻媒体可以将这些行为曝光。如果这些组织不沉默，媒体也可以促使它们的工作更加透明并激起民愤。

虽然新闻媒体的控制功能在更为成熟的民主国家中更有价值，但是对新兴民主国家，如本书研究的国家以及全球其他类似的国家来说，也有着非常重要的意义。通过定期举行自由选举，民主社会成功实行了将民众与当选的官员联系起来的"垂直问责制度"（vertical accountability）。新兴民主国家往往缺乏强有力的"水平问责制度"（horizontal accountability），该制度源于长期坚持自由主义和共和主义价值观念，由此激发了行政、立法和司法部门之间的分离和相互监督，并形成了一个运作良好的相互制衡制度（O'Donnell, 1998）。新闻媒体可以通过促进佩鲁佐蒂（Peruzzotti）和施穆罗维茨（Smulovitz）所说的"社会问责制"的出现，部分地抵消逐渐消失的水平问责制产生的影响。社会问责制将非政府组织监督政府的行为和新闻工作者曝光的不法行为结合起来，"构成了实行政府行为问责制的代替性机制"（2006, p. 4）。因此，新闻业在向民主转型和加强民主改革的拉丁美洲国家能发挥如此重要的作用也就不足为奇了（Benavides, 2000; Hallin & Papathanassopoulos, 2002; S. Hughes, 2006; Lawson, 2002; Levitsky & Murillo, 2005b; Waisbord, 2006）。

斯基德莫尔（Skidmore）认为，"媒体在民主化过程中至少有两个基本功能：传播信息和政治动员"（1993，p.7）。卫斯波德认为，"无论其有多少缺陷，新闻监督都有助于提高南美民主国家的质量"（2000，p.246）。

如果网络新闻业中硬新闻生产的演变逻辑、模仿的整体扩张以及新闻产品的同质化随着时间的推移而加剧，它们对媒体执行监督职能可能会产生积极和消极的影响。一方面，监督的强化和模仿活动的增加意味着如果一家新闻机构暴露了不法行为，新闻领域中许多其他媒介机构都可以通过详细阐释信息和形成积极的回声室效应（echo chamber effect）来进行应对，还可能因为潜在的公众对新闻报道的强烈反应而增强威慑效应。另一方面，网站硬新闻制作的逻辑比传统的新闻生产更少关注对事实的探究，而一般的模仿扩张可能会阻碍媒体发挥监督的效力。新闻工作受到已经公开的信息的影响越大，自身收集资料的努力就会越少，因为收集资料是一个耗时、资源密集、充满风险且被各种困难阻碍的过程。此外，新闻同质化的程度越高，有权力的行为人就越不会畏惧新闻媒体的监督功能，这反过来可能会影响媒介的威慑力。

总的来说，由于强权的行为人的实际不法行为可能超越了新闻媒体的控制力，政治问责制从本书分析的模仿动力中获得了更多的豁免而不是得到了更多的监督。其他一些失败的新闻案例中记载的负面政治后果表明，过度同质化的新闻生产通常不利于民主。[③]

消费者驱动的社会改革的前景

主流媒体监督作用的减弱和总体新闻内容多样性的减少引发了关于如何弥补影响社会的潜在损失的讨论。最近广受关注的一个观点是，由消费者驱动的社会改革也许能提供可行的替代方案。在以类似"网络 2.0"（Web 2.0）和"公民新闻"（citizen journalism）为标题的文章中经常讨论这个观点,其中包含着技术和社会的逻辑依据。技术的逻辑是指网络上信息生产和分配的成本比较低,有可能使每个消费者成为生产者。如本克拉(Benkler)所说,"自由搜索信息、生产信息,自由加入和退出各种项目和组织,合作生产新闻和评论,构成了网络公共领域的基础"(2006,pp.139-140)。社会逻辑有赖于这样一个假设,即消费者普遍愿意参与和从事对他们来说重要的调查和评论。因此,消费者参与度不够是一个必须要解决的问题。例如,詹金斯(Jenkins)提出了"参与鸿沟"(participation gap)这一概念来理解"减少不同群体参与可能性的文化因素"(2006,p.258)。这也限制了媒体融合实现民主的潜力,因为消费者的兴趣和品味比主流媒体更为多样化,这种参与原本应该可以增强内容的多样性并对社会有益。

然而,第五章和第六章中的分析显示了为什么消费者的参与可能发生,但在网络新闻的生产中不可能存在。这并不是说消费者生产不出有价值的新闻,或者说在某些独特的、引人瞩目的事件报道中没有任何影响;而是说,有人可能会认为,对于日常事件的报道,媒体通常无暇顾及,这时消费者生产的新闻就可以弥补这一缺憾。然而,考虑到日常网络新闻生产的特点,这一想法似乎过于理想化。消费者的参与对于维系消费者驱动的改革运动来说是必需的,但消费者参与的可能性比较小则是因为消费者,至少本研究访谈过的消费者,并不认为他们的参与是一种有吸引力的、融入新闻网站的方式。也就是说,大部分消费者选择不弥合"参与鸿沟"。

消费者驱动的社会改革包含着提供替代性解决方案的愿景,它的实现有赖于大量消费者定期参与网络新闻生产。即便消费者的网络新闻选择模式能够给我们一些暗示——消费者在持续的、日常的参与中倾向于报道什么样的新闻,我们也不能确定社会权力平衡和公共领域(网络中的或者其他方式的)的思想多元能否依靠强调体育、犯罪以及娱乐报道来实现。消费者对这些议题的偏好与长期以来为人熟知的人们对传统媒体的消费是一致的。研究表明，网络上的新闻并没有改变这些偏好。④因此，虽然从个体层面来说，人们大都选择阅读非公共事务报道并没有什么错，但我们很难想象这样的场景：非公共事务报道议程将取代独立的、有活力的媒体在历史上曾经对民主生活的质量做出的贡献。

消费者定期参与网络新闻生产或许可以填补主流媒体留下的空白，但这种前景或许在本质上不太可能令人满意。不过，在两种情况下，消费者生产的新闻会变得普遍并能在政治权力的平衡和公共领域的思想多样性方面做出积极的贡献。第一是消费者在博客上对一些主流媒体明确不报道或忽略报道的事件进行广泛报道。在一些案例中，博客圈扩大了报道范围，或者吸引了主流媒体的关注，或令主流媒体不参与报道的想法落空。因此，这种情况表明消费者可以利用网络的潜力成为新闻媒体的监督者，并且比几十年前使用传统媒体进行监督更为有效。第二种消费者潜力是指在令人瞩目的、突发的或发展中的报道中，比如伦敦、孟买和马德里的恐怖袭击事件中，消费者可以在媒体到达现场之前和之后及时报道。由于这些事件具有显著特性，消费者更有动力去提供与事件相关的信息和评论，而不是仅仅提供事件的发展信息。这两种情况都表明，消费者生产的新闻可能成为主流媒体的补充而不是替代品。

总而言之，本书认为消费者生产的新闻不太可能替代主流媒体生产的同质化新闻。虽然目前的技术和文化条件给替代提供了更多的可能性，但日常网络新闻消费的特征表明这种可能性仍然非常小。消费者参与新闻生产最可能的场景是补充媒体的报道内容，而不是取代媒体。此外，对于网络新闻消费者的主题偏好的分析引发了一系列问题，如果消费者参与生产的新闻填补了主流媒体新闻因同质化而留下的内容多样性的空白，那这些新闻将会呈现什么样的报道议题呢？

对新闻的演变、政治权力的平衡以及消费者驱动的改革前景的研究指向了一个存在问题的文化和政治情境。从文化上说，这种情境的特点是：主流新闻媒体的议程多样性减少，议程的主题和网络新闻消费者的偏好之间的差异的能见度增加；这种情境的另一个表现是，网络消费者不喜欢这些议程并退出了文化生产。从政治上说，这种情境的特点是：制定媒体议程的少数参与者权力增加，监督媒体的功能减弱，同时伴随着资源丰富的参与者在公共、非营利性和私人组织中的权力流动。此外，在这个情境中，不太可能存在由社会各行各业组成并能够在日常生活中提供全面新闻产品的消费者驱动的改革运动。

对上述情境的分析回避了解释这些问题时常见的两大局限。一方面，政治经济和制度的研究视角通常将焦点集中于新闻机构和精英的力量。研究者往往不太注意新闻工作者的日常行动模式对模仿和新闻同质化的机制发挥了什么作用。事实上，这些模式对于解释机制的出现和机制的持久性来说非常关键。由于社会过程必须依靠各个组织的决策层（不仅是高层）的行动者惯例来保持强大的力量，因此，如果不了解惯例，就无法理解机制的顽固性，也不能设计出具有现实意义的变革策略。另一方面，规范性研究和文化研究往往认为消费者希望参与到内容创作中。因此，缺乏参与通常被认为是由监管政策、商业策略和社会不平等所造成的外部障碍导致的结果。只要消除这些障碍就能鼓励公众融入文化生产的浪潮。这些规范性的和文化的解释忽视了人们在消费网络新闻和其他文化产品时对各种交互式媒体平台的使用态度，以及这种模式被日常生活的情境和结构条件塑造的程度。规范性研究和文化研究忽视了媒体平台的动力机制，把对事物的解释限定在技术上可行、规范上可取的范围内，而不对公众惯例的某个剖面进行解释。本研究通过回避上述两方面的局限，描述了新闻生产中模仿的增加可能导致的可怕而真实的后果，以及通过不同道路实现变革的可能性。

最后，对模仿的文化和政治后果的讨论将我们带回到一个更大的关注点，即谈及新闻内容多样性缺失时提到的在信息充裕的情况下数量和质量之间的平衡。前文新闻特点的变化和新闻媒体的控制作用等话题都有关内容的同质化，而对潜在问题的可能解决方案关乎质量而非数量。假设媒体更加强大并以市场为导向，消费者自己生产新闻的传统更加强劲或者上述两种情况兼而有之，那么在报道公共事务时内容的多样性可能会增加。

然而，内容多样性的缺失不一定是必然的或持久的趋势。正如研究显示的，引发模仿的范围不断扩张的社会和技术因素的结合导致了内容多样性的缺失。但是，对这种趋势的不同研究说明，社会和技术因素都没有力量去决定行动。这就佐证了一个断言，即在一定条件下，信息在数量多、质量低方面的矛盾虽可能出现，但绝不是不可避免的。未来，不管新闻业的经济基础还是信息技术领域的创新能力的发展都不可预测，目前的趋势将来可能会停止或者发生逆转。

撇开目前的不确定性以及将来的不可预测性，我希望这本书能明确提示读者：在信息充裕的年代，模仿是一把化解"多"如何变为"少"这个悖论的概念性钥匙（conceptual key）。

注　释

① 有关近几十年普通美国家庭的信息可得性增强的研究，参见 Neuman（2009）。

② 在阿根廷的研究语境中，我们至少需要考虑三个独特的要素。首先，阿根廷报业所有权的高度集中和全国性特征可能会增加新闻编辑工作中的监看和模仿行为，以及增强新闻的同质性。我们有理由相信，媒介相对较低的所有

权集中水平和地理上的相对分散可能会减少新闻的相似性。其次，在新闻同质化现象增加期间，与其他国家最近缩减新闻编辑部的规模相比，阿根廷全职的印刷新闻从业人员的职业稳定性相对较强。这种稳定性以及同期《号角报》和《民族报》扩大了其编辑部人员规模这一现实，削弱了以往基于资源分配模式的理论的解释力。这并不意味着以往的解释不充分，而是说它在解释在阿根廷观察到的新闻生产模式时没有什么用。多元决定论为社会进程增加了力量和稳定性，因此这本书中分析的模式有可能在新闻从业者处于不同工作环境的、阿根廷以外的其他国家更有解释力。最后是阿根廷将注册从生产转移到消费。第六章认为，主导消费者情绪的撤退立场与弥补制度缺陷的一种情况有关。在这种情况下，消费者会成为新闻文本的通情达理的读者，他们希望降低为社会变革做贡献的期望，去参与未来的制度变革。这个情境因素可能会以一种不符合民主制度的方式，影响到消费者的立场。因为在民主制度中，更强大的制度力量会促进对政治效力的认知。

③ 可参见有关美军侵占伊拉克期间新闻机构缄默不语的重要研究（Bennett, Lawrence, & Livingston, 2007）。

④ 这与最近有关美国网络新闻媒体的记者和消费者的议题选择模式的差距研究（Boczkowski & Peer, 待刊）的主要发现一致，也与附录二中的研究结果一致。

# 附录一 研究设计

本部分介绍了第二章至第六章中的四项研究,它们将新闻生产、新闻产品和新闻消费联系在一起,构建了完整的研究设计,有助于我们理解新闻中的模仿行为。本研究的数据包括新闻内容生产与消费的民族志研究数据以及新闻工作者与消费者新闻选择的内容分析数据,研究对采集到的数据进行了定性和定量的分析。

对新闻生产过程中模仿行为的研究

这项民族志研究主要由两部分组成:一是对 Clarín.com 的编辑工作进行了实地调查;二是对《号角报》《民族报》以及 Lanacion.com 的新闻工作者进行了访谈。实地调查部分以团队民族志(team ethnography)的方式实施(Buford May & Patillo-McCoy, 2000; Erickson & Stull, 1998; Fujisaka & Grayzel, 1978; Perlman, 1970)。团队成员均精通西班牙语,包括本书的作者(也是研究的主要负责人)和三到四名研究助理,研究助理的数量会根据项目进展状况有所调整。研究助理常驻 Clarín.com 办公室所在地布宜诺斯艾利斯。研究期间,本书作者多次前往布宜诺斯艾利斯,并通过两周一次的电话会议和电子邮件来监督项目的实施。研究初期,作者已与 Clarín.com 新闻网站负责人沟通并达成了共识:在研究结果出版时,可以使用

Clarín.com 的名称，但是为本书提供信息的工作人员有权选择是否在书中以真实姓名出现。因此，在本书前面的章节中，一些信息提供者的名字是真实的，而另一些使用了化名。

研究数据的采集结合了观察法和访谈法。2005 年 4 月至 6 月间，三名研究助理完成了观察的工作。期间，遵循实地调研开始之前就拟定的观察方法，每位助理每周观察两次，每次 4 个小时，总共进行了 85 次观察，完成了 20 万字的观察笔记和一系列的草图、照片和手工制品。在最初的抽样设计中，研究人员在 4 小时的观察周期中，只选择一名新闻编辑部的工作人员进行观察，观察时间是周一至周五的上午 9 点到下午 6 点。后来，当大多数员工已经至少被观察一次后，研究结果达到了初步的饱和状态（Strauss & Corbin, 1990）。在随后的采样策略中，清晨、晚上和周末的新闻生产也被纳入观察范围。为了研究新闻信息流动的效果以及互动作用对单一新闻的影响，三位助理研究员还对制作同一条新闻的不同工种的工作人员进行了同步观察。

研究团队在 2005 年 7 月至 12 月期间对 Clarín.com 的工作人员进行了 40 次半结构式访谈。访谈围绕着研究人员在观察期的最后阶段总结出来的一系列话题展开。研究负责人完成了 15 次访谈，两名科研助理完成了 25 次。受访者能够代表新闻编辑部不同层级的全职员工以及不同的专线记者。

对 Clarín.com 的实地调查结束后，作者还在 2006 年至 2007 年间多次前往布宜诺斯艾利斯，对《号角报》《民族报》以及 Lanacion.com 的记者进行了 27 次面对面的采访。受访者涵盖了从副主编到记者的各个层级的工作人员，以及国内、国际、商业、交通、体育、犯罪、科技和文化等不同领域的专线记者。

对两份纸质报纸和两个新闻网站的工作人员的采访每个平均持续 45 分钟，每个采访都进行了录音，并且在结束后转成了文字。

对数据的分析采用了定性和定量相结合的方法。研究团队在对 Clarín.com 进行了一个月的实地观察后展开了定性分析。在相关基础理论（Strauss & Corbin，1990）的指导下，所有研究人员都参与到了定性分析当中。分析的有效性通过人工核查和三角验证（triangulation）来检验。人工核查主要包括将作者的初步研究发现分享给《号角报》和 Clarín.com 的工作人员，以及 Lanacion.com 的记者。这种人工核查有助于探索研究的要点，启发对研究结果的其他可能性解释，以及发现事实性错误。三角验证主要包括方法论三角验证和数据源三角验证（Denzin，1979）。方法论三角验证对比从观察和访谈中收集的材料；数据源三角验证则通过让不同的人参与到数据收集中、对不同日期和时间的新闻工作进行观察以及采访不同部门和不同层级的参与者来实现。

对实地观察的记录进行定量研究的目的是更精确地确定，之前通过定性分析得出的四个变量的关键差异的大小和出现的频率（Lofland & Lofland，1984）。本书第二章提出了四个变量，分别是：内容生产的时间模式、信息来源、新闻的组成部分以及新闻编辑部的沟通工具。研究小组开发了一套编码工具，两名研究助理按照编码的规则进行了定量分析。通过使用一个定性分析软件，研究助理阅读了实地观察记录，记录下每一次新闻工作实践所代表的一个或多个变量。两名研究助理同时分析了 10% 的数据，这两位编码员之间的一致度最低为 84%，最高达 100%，平均一致度为 93%。接下来，每位研究助理平均分配剩余数据，分别进行分析。当分析中出现疑问时，两位助理会与我进行沟通并最终达成共识。

对新闻产品同质化的内容分析

在第一章中，我简单介绍了这项研究的对象是《号角报》和

《民族报》的头版新闻，以及 Clarín.com、Lanacion.com 和 Infobae.com 新闻网站主页上突出展示的新闻。研究人员进行了 4 次、每次为期 10 周的数据采集。在每个采集周期内都采集了 4 次周一至周五的头版（4 个周一，4 个周二……以此类推——译者），共收集了 20 天的报纸头版、927 则新闻报道。把数据采集工作集中在周一至周五，目的是检测在新闻网站活动高峰期内网站对印刷报纸可能产生的影响。数据收集的 4 个周期分别是 1995 年 9 月至 12 月、2000 年 7 月至 10 月、2004 年 9 月至 12 月和 2005 年 9 月至 12 月。我们在 2005 年 9 月至 12 月间的 10 周时间内，每周抽取 2 天从 Clarín.com、Lanacion.com 和 Infobae.com 三个新闻网站采集数据，采集了 4 次周一到周五的首页数据（4 个周一，4 个周二……以此类推——译者）。

在 2005 年采集的数据中，周一至周四新闻网站数据的采集工作在周二至周五采集纸质报纸数据的前一天完成。数据采集分别在三个时间节点上进行：上午 11 点、下午 3 点和晚上 10 点。在每个时间节点上，我们均以从左到右、从上到下网格状的方式采集新闻网站首页的前 9 个报道的数据，一共收集了 1620 个网络新闻报道。

我们从三个方面对采集到的新闻报道进行分析：新闻的选择、呈现和叙述。本书第四章简单地介绍过每个方面的分析方法，在本部分我们将具体介绍一下分析的细节。

新闻的选择

在新闻选择层面，本书主要研究新闻机构选择什么样的报道作为报纸的头版新闻或者网站的主页新闻。本书使用以下三个变量对每条新闻进行了评估：

1. 内容类型（content type）。这是新闻的格式（format）。新闻的两种主要类型是硬新闻和软新闻。本书第二章已经介绍了这一分类方法建立在塔奇曼（Tuchman，1978）的研究的基础上。塔奇曼认为硬新闻主要有两个特征：第一，此类新闻报道的是无法预先安排（unscheduled）或者可以预先安排（prescheduled）的事件；第二，此类新闻需要尽快发表。相反，软新闻报道是不定期的（non-scheduled）、不需要尽快发表的事件。①除了软、硬新闻之外，还有三种其他的新闻类别。第一种包括社论、评论和专栏。第二种是软新闻的一种特殊形式，名为"预先安排好的但不急于发表的娱乐新闻"。这类新闻的内容来自前一天的电视节目。由于这类新闻是预先安排好的，所以不能被称为软新闻；又因为这类新闻的传播紧急程度低于网络硬新闻，所以也不能被称为硬新闻。第三种主要是报纸和新闻网站提供的新产品和新服务。

2. 内容焦点（content focus）。这是新闻报道的主题，大致可以分为两种类型：公共事务（包括政治、经济和国际新闻）和非公共事务（如体育、犯罪、科学、技术、医疗、自然灾害或意外事故等主题）。

3. 内容重合（content overlap）。这个变量用来测量新闻产品选择的相似性。我们对每条新闻进行编码，考察某一个事件是否同时是一份报纸或两份报纸的主题；或者某一条发布在网站上的报道主题，是否同时被超过一个新闻网站报道。

此外，我们还对网络新闻的重合度进行了持久性层面的研究，即考察内容重合的新闻报道是在一天中比较持久地占据网络空间还是仅仅表现为主题重合。具体来讲，就是考察该新闻是否至少在当天超过一次的时间段（shift）出现了重合（在本书中，数据采集的一个自然日分为三个时间段，分别是上午11点之前、下午3点之前和晚上10点之前。——译者）。如果一条新闻仅仅在一个时间段出现了重合现象，我们就将该新闻编码为"否"（不持久）；如果一条新闻在两个或两个以上的时间段出现了重合，我们就将其编码为

"是"(持久);如果在一个时间段有三家新闻机构发表了同样的报道,而在另一个时间段只有两家新闻机构再次报道了这条新闻,这样的情况也被编码为"是"。

在研究的最初阶段,作者和一位研究助理各自为采集到的报纸新闻和网络新闻进行编码。

我们首先对1995年和2005年所采集的报纸新闻中18%的报道进行了编码。编码结果表明,作者和研究助理的编码具有较高的一致性:在内容重合变量上,两者的一致性达99%;在内容焦点变量上,两者的一致性达87%;在内容类型上,两者的一致性达93%。两人对网络新闻中7%的报道的编码也有很高的一致性:在内容重合、内容焦点和内容类型等变量上,两者的一致性分别达到98%、91%和96%。研究助理随后完成了剩余数据的编码工作,并对期间发生的问题与作者进行交流并解决。

报道的呈现

报道的呈现主要研究前文提到的内容重合的报道,目的在于分析当这些新闻呈现在报纸头版或网站主页上时表现出来的相似和差异。研究主要考察了由318条报纸新闻和619条网络新闻构成的报道子集。

每条报道根据与它发生重合的报道在呈现方式上的相似性来进行编码。由于研究对象是两家纸媒,所以一家纸媒的报道与另一家纸媒的报道被编码为内容重合,由此形成一对(dyad)报道样本。由于有三家网络新闻媒体,所以被编码为内容重合的报道样本既可能是一对报道(两家网络媒体出现内容重合),也可能是三个一组(triad)的报道(三家网络媒体出现内容重合)。在对新闻呈现的分析中,三个一组存在内容重合的报道会被分成三对(A、B、C三条出现内容重合的新闻,会被分为A和B、B和C、A和C三对。——译者)。某条网络新闻的最终编码反映出与其他两条内容重合的网络新闻在新闻呈现上的平均相似性。

本书用以下六个变量来测量新闻呈现的相似性:

1. 标题—主语。根据标题中主语用词的相似性进行编码。如果一条新闻标题中主语的用词与另一条内容重合的新闻标题中的用词不同,则标记为0;如果它们是同义词或者意思非常相近,则标记为1;如果用词完全相同,则标记为2。

2. 标题—动词。根据标题中动词的相似性进行编码。在一对内容重合的报道中,如果一条新闻标题使用的动词与另一条内容重合的新闻标题的主要动词不同,则被标记为0;如果它们是同义词或者意思非常相近,则标记为1;如果用词完全相同,则标记为2。

3. 标题—句子的其他部分。根据标题中其他词语(除去主语和动词)的相似性进行编码。如果一条新闻标题使用的其他词语与另一条内容重合的新闻标题的其他词语不同,则被标记为0;如果使用同义词或者意思非常相近,则标记为1;如果用词完全相同,则标记为2。

4. 配图。只对报纸头条新闻中使用的插图的相似性进行编码。如果一条新闻有插图(照片或信息图),而另一条没有,则被标记为0;如果两条新闻都有插图,但是插图不一样(例如,一条新闻的插图是照片,而另一条是信息图;或者两条新闻都是照片但却是不同的照片),那么这两条新闻均被标记为1;如果两条新闻都没有插图,或者两条新闻使用了相似的插图,那么每条新闻均被标记为2。

5. 位置。只对报纸新闻在头版位置的相似性进行编码。每份报纸的头版将会被划分为两行两列的四宫格形式。如果一对新闻的位置既没有在同一行重合,也没有在同一列重合,那么它们都被标记为0;如果两条新闻在某一行或某一列重合,则各被标记为1;

如果两条新闻在同一行同一列重合，则各被标记为2。

网络新闻的数据没有使用插图和位置这两个变量去分析，因为三家新闻网站网页设计的不同和视觉资源使用的不同会给分析结果带来系统性偏差。

6. 解读。对新闻呈现的整体相似性进行编码。如果编码员认为两条新闻整体相似性很低，则被标记为0；如果整体相似性中等，则被标记为1；如果整体相似性很高，则被标记为2。

将所有的评估得分相加，赋予每条新闻一个最终得分。报纸新闻得分从0—12不等。网络新闻得分区间为0—8。每一个时间周期（报纸新闻的时间周期是一年，网络新闻是一个时间段）都会形成一个新闻呈现相似性的度量制。在一定时间内，将所有新闻呈现相似性的得分相加，除以满分，就可以计算出某个时间段的呈现相似率。比如，在一段时间内，一共收集了100条网络新闻，相似性得分是650分，网络新闻相似性满分为800分，那么相似率就是81.25%（650/800）。

新闻呈现的数据分析分三个步骤进行：第一步，两个编码员各自对每一对新闻中的每一条新闻进行编码；第二步，两人对比编码结果，讨论不同之处，并想出办法解决，达成共识；第三步，如果没有达成共识，编码员将两个结果交给作者，并由作者做出最终决定。

新闻的叙事

新闻的叙事也研究内容重合的报道，目的是从叙事结构的角度考察新闻的相似和差异。与分析新闻呈现相似性的方法相同，每条新闻都与一对重合的报道中的另一条新闻或者三个一组的重合报道中的另两条新闻进行比较，并使用专门为新闻叙事研究设计的第二个相似性指数进行评价。研究一共分析和评估了318条报纸新闻和

508条网络新闻。由于技术问题，网络新闻样本比分析新闻呈现时的样本少了一些。数据的缺失对某些部分的数据影响比较大，对早上时间段的非公共事务新闻的影响最为严重。大约有1/5的数据没有被完整保存下来。考虑到时间段和内容焦点的因素，作者决定基于被保存数据的最小公分母开展研究。研究者使用从保存下来的数据中随机抽样的方法，形成了"净化样本"（depurated sample）。它是之前样本总量的82%，样本在每个时间段、公共事务报道和非公共事务报道上都均匀分布。这个净化版的样本一共包含508条新闻，比之前分析新闻呈现方式相似性时的619个样本量少。不过，研究者还是分析了从总样本中被撤除的新闻。对它们的分析结果和对净化样本的分析结果之间没有显著的差异。

本书用以下4个变量来测量新闻叙事的相似性。

1. 写作。根据新闻中使用词语的相似性进行编码。引用的情况将另行分析，不包括在"写作"这个变量内。如果一条新闻的文本中使用的词和一对内容重合的报道中的另一条新闻完全不同，则被标记为0；如果存在部分要素一致，并不完全基于通讯社提供的稿件，则被标记为1；如果在采用了通讯社稿件的同时，一条新闻添加了其他额外信息，另一条没有，则被标记为2；如果两条新闻都采用同一个通讯社稿件，但由于后期润色加工出现了不同，则被标记为3；如果两条新闻的长度不少于三个段落，那么当它们有两个或两个以上的段落是完全相同或者几乎完全相同的时候，以及当两条新闻的长度不超过两段，但有一个段落完全相同或几乎相同的时候，则被标记为4。

2. 信息源。根据新闻中信息源的相似性进行编码。如果一对内容重合的新闻中，一条新闻引用了某个信息源，另一条没有，则被标记为0；如果两条新闻都引用了信息源，但是信息源不同，则被标记为1；如果两条新闻均引用了某一信息源，但是转换了说法，则被标记为2；如果两条新闻都引用了某一消息来源，并且说法一致，但是其中一条新闻引用了至少两个消息来源，则被标记为3；如果两条新闻中至少引用了两处相同的消息源并说法一致，或者两条新闻只有一个相同的信息源，且两条新闻引用的消息源数量都不超过两个，则被标记为4。

3. 配图。根据印刷新闻使用插图的相似性进行编码。如果一对内容重合的新闻中的一条新闻配了一张照片或一张信息图，另一条新闻没有，则被标记为0；如果一条新闻配了一张照片，另一条新闻配了一张信息图，或者两条新闻都配了一张照片或者信息图，但是内容不一样，则被标记为1；如果两条新闻都没有配图，则被标记为2；如果一条新闻使用了一张和另一条新闻很相似的照片或者信息图，但是两条新闻中至少有一条新闻还配了一张其他的插图，则被标记为3；如果两条新闻使用的配图完全相同，则被标记为4。

网络新闻的数据没有使用配图这个变量去分析，因为三家新闻网站网页设计的不同和视觉资源使用的不同会给分析结果带来系统性偏差。

4. 解读。编码员对新闻的整体相似性进行编码。如果编码员认为两条新闻在叙事方面整体相似性很低，则标记为0；如果编码员认为两条新闻在叙事上整体相似性为中等，则标记为2；如果编码员认为两条新闻在叙事上整体相似性很高，则标记为4。

与计算新闻呈现的相似性相同，将每条新闻的所有评估得分相加，得到一个新闻叙事相似性分值。报纸新闻的得分区间从0—16不等。网络新闻的得分区间为0—12。和计算新闻呈现的相似性一样，将一定时期内所有新闻叙事相似性的得分相加，除以这个时期的满分，就是新闻叙事相似率。最后的数据分析也按照之前同样的三个步骤进行。

对多样性日益减少的新闻产品的消费情况研究

本书运用了两项补充研究，帮助读者理解消费同质化新闻的相关行为、解读与体验。这两项研究分别是对新闻消费的民族志研究和针对 Clarín.com、Lanacion.com 和 Infobae.com 三个网站点击量最多的新闻的内容分析。

网络新闻消费的民族志研究

这项研究由本书作者和两位研究助理合作完成，我们对阿根廷新闻网站的消费者进行了访谈。2006年11月至2007年4月访谈在布宜诺斯艾利斯及其郊区展开，均以面对面形式进行。为了开展新闻生产民族志研究，本书作者在访谈期间多次前往布宜诺斯艾利斯，并通过电话会议和邮件对助研的工作进行监督。大多数访谈都在公众场合进行，例如距离受访者办公地点较近的咖啡厅、餐厅以及酒吧。但也有例外，偶尔会在受访者工作的地方或者家里进行采访。采访结构松散，围绕一系列由本书作者和两位助研制定的简单的主题大纲展开。这两位助理研究员同时也参与了新闻生产的民族志研究以及两项内容分析。作者完成了23次访谈，剩下的40次访谈由助研完成。每次访谈平均时长为45分钟，所有访谈均录音且被整体转为文字。

作者和助研负责寻找和挑选受访者。我们借助推荐建立起一个联络网，形成了一个在社交上远离研究小组的受访者备选库。正如在第一章中提到的，最初助研们邀请了他们身边社会关系比较远的熟人来接受访谈。这些人被挑选出来建立一个在性别、年龄和职业上比较多元的小组（具体请看下文详细的取样原理介绍）。这些人被看作"一级"受访者（从社会距离而言），因为他们每一个人都与一位助研有一度（one degree）的距离。每次访谈结束时，每位受访者被要求想出 5 位具备三个条件的熟人：经常使用互联网，在性别、年龄和职业上具备多样性，来自相对不同的社交网络。受访者还需简单介绍他（她）推荐的 5 个人，包括年龄、职业以及他们之间的关系。研究者需要征得推荐人的同意去联系这 5 位熟人参与研究；受访者常常会把收到的第一封邮件转发给他们的推荐人。最终，大概有一半提供了熟人姓名的受访者还参与了进一步的访谈。

研究助理随机联系了一些潜在的受访者，其余的人被放入等候名单。每人推荐的受访者不能超过三个人。如果潜在受访者和推荐他接受访谈的人社会关系非常近（例如，与家人或者其他人住在一起），那么他也将会被排除在外。由"一级"受访者推荐的潜在受访者被界定为"二级"受访者。访谈结束时，"二级"受访者也受邀推荐一些他们的社交关系网中的人参与研究。这些被推荐的人被称为"三级"受访者。整个受访者招募过程循环反复了几次（一直达到"七级"受访者为止），直到备选库中的受访者与研究团队保持足够的社会距离为止。该项目研究一共接触了 129 个人，最终有 63 位接受了采访。

在 63 位受访者中，50 位被包含在最终样本中。13 个被排除在外的人包括所有"一级"受访者，以及要么在社会关系上和他们的推荐者过于亲密，要么他们的年龄、职业等因素在当时和备选库中的其他人重复了。不过对这 13 位受访者的研究显示，对 13 个人的访谈结果分析和对主要访谈样本的结果分析在相关变量上没有很大差异。最终样本的社会关系（"level"，层）距离是 2 到 7，平均值为 3.26，标准差为 1.45。社会亲疏度的中位数是 3，或者说是"三级"受访者，也就是说，这个级别的人已经和我们的研究团队在社会关系上隔了两个未知的联系人。

这 50 个人一起形成了受访者队伍，这一群体在一定程度上反映了在我们的研究开展时，阿根廷不同年龄和性别的成年人的网络使用情况。研究的性别分布（24 个女人，26 个男人）充分代表了阿根廷接触互联网的成年人口。德阿莱西（D'Alessio—IROL，阿根廷第一家市场研究公司，目前提供市场研究、市场和战略咨询、人力资源咨询、新闻和形象管理研究等服务。——译者）在 2006 年发布的调查报告显示，阿根廷 47% 的网络使用者是女性，53% 的网络使用者是男性。本研究为了测量年龄分布，将受访者分为三个年龄群：18—29 岁（23 人，占比 46%）、30—49 岁（23 人，占比 46%）、50 岁及以上（4 人，占比 8%）；每个年龄群都按照性别进行划分。德阿莱西发布的调查报告显示，2006 年阿根廷的网络接触者年龄要低于样本中的人的年龄。调查显示，55% 的网络接触者的年龄介于 18—29 岁之间，35% 的网络接触者的年龄介于 30—49 岁之间，而 10% 的网络接触者的年龄在 50 岁及以上。然而，那些在工作时间和场合有规律地接触互联网的人年龄更大一点：30% 的人年龄在 18—29 岁之间，55% 的人年龄在 30—49 岁之间，而 15% 的人年龄在 50 岁及以上。因此，本次研究通过对样本的选择形成了一个访谈备用库，受访者的年龄分布介于普通的网络使用者和主要在工作时规律地使用网络的人之间。

最终样本中的受访者在职业上也有代表性。其中，9 人是管理职位，6 人是行政职位且在办公室工作，4 人是大学生；有一些人的工作比较自由，比如律师、医生和老师；一些在技术领域工作，比如从事工程或计算机分析工作；一些在文化领域工作，比如从事编剧和平面设计工作；还有 3 人目前没有工作，2 人已经退休。所有受访者都完成了高中学业，大多数人都至少接受过大学教育。尽管在访谈中没有特意问到受访者的家庭收入，但是从他们的职业机构及受教育程度上大致可以推断大部分受访者都处于较高的社会经济阶层，甚至可能处于社会经济金字塔顶端。在一个收入高度不均衡的国家，这些受访者的社会经济地位大致可以代表阿根廷80%的网络使用者，但仅能代表国家中不到50%的成年人群体（D'Alessio—IROL，2006；Internet Advertising Bureau—Argentina，2007）。因此，尽管我们的研究样本在当时能代表阿根廷大部分网络使用者，但是却不能代表处于社会经济金字塔底端的人。造成这种结果的原因在于大部分处于社会底层的人没有电脑，或在他们的工作中接触不到电脑，但是这些人会去 locutorios（西班牙语——译者），也就是电话中心（call center）使用互联网。尽管我们也尝试将这些电话中心的网络使用者包含在此次研究中，但是最终未能成功。首先，电话中心的工作人员不太容易区分哪些人是经常来这里使用网络的人；其次，这些工作人员也对未经许可让研究人员接触他们的消费者感到不妥。

在对几位受访者进行访谈后，我们开始对数据进行定性分析。定性研究贯穿数据采集的全过程，直到最后一次访谈结束几个月后，定性研究才完成。本书作者和两位研究助理共同参与了定性分析。和新闻生产的民族志研究一样，我们在分析消费数据时也参考了扎根理论。我们将初步分析结果分享给受访者，尤其是参与后半段访谈数据采集的受访者，来验证结论的有效性。此外，分析的有效性也通过广泛采访网络新闻消费者进行数据源三角验证。

对每日点击量最高的新闻的分析

这个研究的对象是 Clarín.com、Lanacion.com 和 Infobae.com 这三个新闻网站每日点击量最高的10条新闻。我们还从每家新闻网站首页前1/3的新闻里随机挑选2条新闻，中间1/3里挑选2条新闻，底部1/3里再挑选2条新闻，形成研究的控制组作为参照。从2006年7月至11月，一共持续14周。每周采集5天，周一到周日

（采集 10 次周一，10 次周二……以此类推）共采集 70 天的数据。正如第一章中所说，尽管这三家网络报纸记录访问量的大部分技术细节不得而知，但是经向各个网站的管理者咨询，了解到它们每天记录网站访问量的程序是每天白天累计流量，午夜将计数器归零重新开始记录。此外，Lanacion.com 和 Infobae.com 在网站上公布每条新闻的点击量，而 Clarín.com 在本研究开展时并不对外公布新闻的点击量，我们通过一些特殊渠道获得了该部分数据。该网站允许我们的研究助理每周几次去他们的新闻编辑部，记录新闻的点击量。70 天中的 28 天，我们每天对 Lanacion.com 和 Infobae.com 采集 5 次数据：上午 7 点、上午 11 点、下午 3 点、下午 7 点和晚上 11 点，目的是研究一天当中不同时间段新闻消费的变化模式。剩余的 42 天我们只在晚上 11 点采集这两个新闻网站的数据。由于 Clarín.com 的新闻点击量不能随时获得，所以在这 70 天里，每天的数据采集工作只在午夜时分进行。当我们比较从这三个网站得到的数据时，只使用了 Lanacion.com 和 Infobae.com 晚上 11 点时采集的数据。我们从 Lanacion.com 和 Infobae.com 上一共采集到 1820 条点击量最高的新闻和 1092 条控制组新闻，从 Clarín.com 上采集到 700 条点击量最高的新闻和 420 条控制组新闻。

这些采集到的网络新闻，依据上文提到的分析新闻选择的方法进行研究。对每条新闻进行分析时，也使用之前研究报纸头版新闻时采用的三个变量，即内容重合、内容重点和内容类型进行测量。两位研究助理一开始各自对 6% 的数据进行编码，有关内容重合的编码一致性达到 100%。内容焦点的编码一致性达到 100%，内容类型的编码一致性达到 93%。然后，两位研究助理平均分配了剩下的数据，并与作者一起解决编码中遇到的问题。

注　释

① 塔奇曼认为,"不定期的新闻（a *non*scheduled event-as-news）是发布日期由新闻工作者决定的事件。预先安排的新闻（a *pre*scheduled event-as-news）是由事件召集人计划在未来某一天宣布的事件；有关新闻在事件发生的那一天或后一天发布。无法预先安排的新闻（an *un*scheduled event-as-news）是意外发生的事件；有关新闻在事件发生的那一天或后一天发布"（1978，pp. 51-52，原文用斜体强调）。紧急发布的情况在纸媒和网络媒体中的实际运作有所不同。对纸媒来说，一旦发生重大事件，需要在24小时或更短时间内发布消息，而对网络媒体来说，则需要在两小时或更短时间内发布。选择两小时这一窗口是因为它符合我们研究的网络报纸中大多数头条新闻的时间轮换模式。

附录二 补充研究

这个附录总结了这本书的实地调查结束后我们又进行的两项补充研究。附录的重点主要是这两项补充研究中与本书研讨的内容相关的发现。第一项研究的主要目的是考察进行新闻生产的民族志研究时，被研究的媒介机构的组织结构和领导层的变化是否对我在本书第二、三和六章中提及的新闻生产中的监看、模仿和编辑标准产生影响。第二项研究考察在 2008 年美国大选中，主流网络媒体的新闻记者和新闻消费者对头条新闻的选择。这项研究关于新闻的同质性以及新闻记者和新闻消费者在头条新闻选择上的差距。这种选择上的差距，与本书中第四章至第六章所展现的研究结果相关。总之，这些研究表明，本书前面章节中提出的论点具有实质性的时间和空间连续性。

研究的时机

网络新闻是一个变化速度非常快的研究对象。那么，实地调查的时机是否会对前面章节中阐述的研究发现产生影响？2008 年夏季，在距离这本书的实地调查结束已经快一年半的时候，我们用新数据回答了这个问题。这项研究主要访问了阿根廷六家新闻网站的编辑，其中包括 Clarín.com 和 Lanacion.com。[①] 在这段时期，这两家报纸内部都发生了一些显著的变动。其中，Clarín.com 的创始人，也是该网站的长期实际领导者吉尔勒莫·库莱利离开了网站，接任他的达里奥·德阿特利（Darío D'Atri）加入《号角报》新闻编辑部后，对纸质报纸的每周财经板块以及相应的网络版进行了改版。《号角报》和《民族报》跟随欧美潮流对各自网站和报纸的新闻编辑部门进行了整合。

2008 年的访谈结果正如我在本书第三章中描述的那样，这两家新闻机构组织结构的变化并没有对新闻生产中的监看和模仿的基本形态产生较大的影响。例如，Clarín.com 的接任者达里奥·德阿特利说：

> 我们一直都在（监看）。事实上，（新闻编辑部）有很多屏幕可以让我们看到竞争对手的网站。当然，一个人不可能一天 24 小时都盯着屏幕，所以有很多人会同时看。很多人会走到我们平常商量印刷和网络报纸内容的（新的新闻编辑部）来，（跟我们说）："看一下这家媒体发布的这条新闻。"或者"看一下我们的新闻是不是这样写的"。……每段时间我们都会安排一个人负责调查主要的西班牙语网站和美国网站在报道什么。所以，当我们从通讯社得到一条新闻时，我们（首先）看一下这些网站怎么报道。所有媒体都是这么干的。（个人访谈，2008 年 7 月 22 日）

丹尼尔·维塔（Daniel Vittar）是 Clarín.com 的编辑，他和另一位同事一起负责网站主页的编辑工作。他"长期"监看竞争对手。他说："我们会一直盯着竞争对手，看他们是不是比我们抢先发了一条新闻，或者我们是不是第一个发的。因为在互联网上，复制超级快，你发了一条信息五分钟之后其他网站也会发"（个人访谈，2008 年 7 月 29 日）。同样的做法在 Lanacion.com 也很常见。该网站的一名编辑说他们"时刻都在监看竞争对手的网站，因为这是确认自己是不是漏掉了一条新闻的最好办法……你不能不做。我觉得其他网站也一样这么做"（个人访谈，2008年8月4日）。

与我实地调查时一样，编辑也意识到了他们认为最有价值的新闻和消费者点击量最多的新闻之间的差距。Lanacion.com的内容经理加斯东·罗特博格（Gastón Roitberg）评论说："大多数时候，娱乐新闻和体育（新闻）都是点击量最多的新闻。"（个人访谈，2008年8月8日）新闻从业者已经把这种差距当成了理所当然。当被问及如何看待这种差距时，Clarín.com的另一名主页编辑费德里克·考拉（Federico Kotlar）回答说："嗯，这是事实。（静默）这就像讨论我如何看待中国万里长城的形状一样。"（个人访谈，2008年7月24日）

与本书第六章中的一些观点相似，2008年研究中接受访谈的记者们说，尽管选择新闻的差异让他们看到公众的喜好，但他们在选择新闻时仍遵循传统的、偏离公众喜好的编辑标准。Lanacion.com的罗特博格说："我一点儿都不怀疑如果让一位用户来当编辑，让他来负责一整天的网站首页，他很可能会（选择）其他报道议题。但现实是编辑们也在这儿（新闻编辑部），不在外面。"（个人访谈，2008年8月15日）与之相同，Clarín.com的达里奥·德阿特利说："我们不能无视受众对什么感兴趣，但是，我们也不能让新闻成为取悦大众的工具……我认为新闻业的角色不是盲目追随大众（喜好）。"（个人访谈，2008年7月22日）

总之，2008年研究中收集到的论据显示，本书分析的生产和消费的关键动力机制并没有受到最近媒介组织机构变化的影响。

研究的地点

在本书撰写期间，一项有关美国网络新闻的研究的初步分析结果与本书第四章至第六章关于动力机制的分析结论不谋而合。这项研究调查了美国六家主流新闻网站记者挑选出来放在最显著位置的10条新闻报道，并将这些报道与上述六家网站中读者点击量最高的10条新闻报道进行对比。这些数据在美国2008年大选的最后阶段，也就是在8月1日至12月1日期间收集。这段时期具有重大的历史意义，普通消息源被允许参与报道，公众对选举事件兴趣浓厚，这些都为新闻机构展开差异化竞争打下了基础。上述六家网站都有相对应的有线电视、电视或者印刷媒体，并且都在全国发行。这六家新闻网站分别是：美国广播网（ABCnews.com）、哥伦比亚广播网（CBSnews.com）、美国有线电视新闻网（CNN.com）、福克斯新闻网（FOXnews.com）、今日美国网（USAToday.com）和华盛顿邮报网（Wahingtonpost.com）。[②]在2008年，这六家新闻网站既是全国访问量前十名的新闻网站，也是访问量前十名的报纸新闻网站（Nielsen，2008；Journalism.org，2009）。在我们收集数据期间，它们平均每月总计拥有超过6500万的独立访问用户。鉴于它们的规模和在美国的地位，这六家网站在国家层面上拥有强大的议程设置能力。

分析结果表明，一家新闻网站记者选择的最热门的10条公共事务新闻中，有51%的新闻被至少另一家新闻网站的头版报道过。[③]选题重合的公共事务报道在10条最热门的报道中占多数（尽管只比一半多1%），反映了各新闻网站在政治、经济和国际新闻报道上的多样性的减少。相比之下，38%的非公共事务报道与其他两家以上新闻网站的报道选题重合。[④]因此，关于非公共事务的报道更加多样说明公共事务报道的同质化是可以避免的。

和本书第六章中提到的阿根廷新闻网站的数据一样，在美国的六家网站上，最受消费者欢迎的新闻同质化程度较低：37%的公共事务报道、25%的非公共事务报道与超过一家网站中消费者最想看的前十条新闻的选题相同。⑤新闻记者和消费者对公共事务和非公共事务报道的选择差异为本书第六章中曾详细论证的观点提供了论据：新闻同质化现象并不由消费者的消费模式所致。这个观点还可以通过考察对新闻记者和消费者各自来说最有吸引力的新闻来得以印证。一些在上述六家网站中选题重合的新闻既是记者的选择也是消费者的偏好。通过一项简单的定量对比，可以发现新闻记者之间和消费者之间的重合选择在数量和主题上存在明显不同。在六家新闻网站中，新闻工作者认为重要的新闻报道，出现重合情况的有390篇。相比较而言，六个新闻网站阅读量最高的新闻中，出现重合情况的仅有66篇。此外，新闻工作者和消费者在新闻主题的选择上也存在明显不同。新闻工作者选择的头条报道中，77%是公共事务主题，23%是非公共事务主题；而消费者爱看的新闻中有35%关于公共事务，65%关于非公共事务。

　　研究对六大新闻网站上最受消费者欢迎的66条新闻报道中的11个事件进行了定性分析（对超过4500个消费者选择的热门新闻进行了分析），为我们了解受众的兴趣提供了一个独特的窗口。⑥同时，这个窗口也让人们看到另外一种可能，即消费者自己生产的新闻可以填补主流媒体同质化留下的空白。⑦在这11个阅读量最高的事件中，有5个关于自然灾害事件，是最大的内容类别。其中两个事件是关于古斯塔夫（Gustav）飓风不同进展阶段的报道，其他三个关于艾克飓风。此外，第一波关于古斯塔夫飓风的报道在2008年8月31日发布，这波报道在六个新闻网站中获得了最高的平均阅读量：在美国广播网、美国有线电视新闻网和福克斯新闻网中阅读量排名第一；在哥伦比亚广播网和今日美国网中阅读量排名第二；在华盛顿邮报网中阅读量排名第三。11个事件中其余的6个事件分别是：演员伯尼·麦克（Bernie Mac）去世、一名美国运动员的亲戚在2008年北京奥运会期间遇害、女演员珍尼弗·哈德逊

（Jennifer Hudson）的侄子失踪、有人看见了传说中的大脚怪、孟买的恐怖袭击，以及前总统候选人约翰·爱德华兹（John Edwards）的风流韵事。

具有讽刺意味的是，这 11 个最受欢迎的新闻中唯一与 2008 年大选有关的新闻关注的是竞选者的个人私事而非政事。这个发现反映出尽管阿根廷人和美国人都通过主流媒体获得了大量新闻，但是他们对热门新闻的偏好并不相同。大多数阿根廷人最喜欢体育新闻，而大多数美国人最喜欢气候灾害新闻。但是在这些不同的本地偏好中包含着共通之处：通常来说，两个国家的受众都不怎么喜欢政治、经济和国际新闻。尽管美国正如火如荼地要选出历史上第一位非裔美国人总统，尽管美国的金融危机正在使千万企业和家庭的资产与梦想破碎，但是这个国家的主流网络媒体消费者一致关注的不是巴拉克·奥巴马（Barack Obama）或者本·伯南克（Ben Bernanke）的行动举措而是暴雨、死亡、怪兽和性。

因此，这个研究的发现与本书第六章中论及的关于新闻同质性的动力机制、新闻记者与消费者的新闻选择模式的观点颇为一致。

注　释

① 2008 年 6 月至 8 月间，一名研究助理在布宜诺斯艾利斯对阿根廷排名最前的 6 家网络报纸的 12 名编辑和编辑部主任进行了面对面的访谈。研究根据 Alexa 排名和 Google 网络趋势的网络读者数量，选择了作为研究对象的网站，即 Clarín.com、Lanacion.com、Infobae.com、Criticadigital.com、Perfil.com 和 Págin-a12.com。它们还代表了广泛的意识形态取向和受众类型。其中 5 位受访者是各自网站的负责人，7 位直接参与网站主页的管理。每个采访平均持续 40 分钟，并进行了录音和整体转录。欲了解更多信息，请参阅 Boczkowski and Mitchelstein，待刊。

② 研究数据在 19 个星期的 79 天内采集，每星期从星期一到星期日中挑选 4 天采集数据。由于这项研究的其中一个目的是研究在一个有重要政治性事件的时期内，新闻工作者和消费者选择网络新闻的差异，所以数据采集日在大多数星期内随机选择，并预先安排在重大政治事件发生的时间，如政府会议、总统辩论和选举日等时间点。在每个数据采集日，一位研究助理在美国中部时间上午 10 点从所有 6 个站点采集数据，分别确定了每个数据采集日新闻记者和消费者选择的头条新闻。前者选择每个网站主页按照从左到右、从上到下以网格状方式排列在最前面的 10 条新闻（以下称"新闻记者列表"）。后者来自每个网站公开提供的"阅读量最高的新闻列表"（以下简称"消费者列表"）中的前 5 条到 10 条新闻。其中的 5 个网站每天都会公布消费者列表中的前十条新闻，但 CBSnews.com 根据当天新闻的不同，每天仅会公布 5 条到 10 条阅读量最高的新闻，平均每天公布 7.6 条阅读量最高的新闻。

本次研究共分析了 4730 条新闻记者列表的新闻和 4537 条消费者列表的新闻。现实与预期的新闻采集数量｛新闻记者列表 $n = 4740$，消费者列表 $n = 4550.4$ [（5×10×79）+（1×7.6×79）]，CBSnews.com 平均每天为消费者列表提供 7.6 条报道｝产生差异是因为一方面后来排除了新闻工作者列表中的重复报道，另一方面有时 6 家网站在某些日期发布的消费者列表中的报道不足 10 条。新闻工作者列表的预期和实际新闻数量之间的差异为 0.21%，消费者列表的差异为 0.29%。本研究的分析单位是每条新闻。编码的两个主要变量是内容焦点（content focus）和内容重合（content overlap），它们的定义与附录一一致。三名经过培训的研究助理对新闻进行了编码，对 11% 的数据进行了编码并评估了编码一致性。其中，内容焦点编码的一致性为 87%，内容重合编码的一致性为 90%。研究小组成员讨论了编码过程中产生的问题，并协商解决这些问题。

③ 这个数字反映了有内容重合的新闻占样本中**所有**新闻的比例。这

与本研究的设计不同,本研究仅关注硬新闻。数据结果产生差异主要是由于采用了一种没有根据硬新闻和软新闻来分类的编码方案。如在前几章中所示,与其他类型相比,硬新闻报道往往在新闻选择中具有不成比例的相似性,因此如果只计算硬新闻,本研究的内容重合率将大幅提高。

④ 37%的公共事务报道和25%的非公共事务报道在3个或更多网站上出现重合。

⑤ 21%的公共事务报道和14%的非公共事务报道至少在3个网站的前十大阅读量列表中出现重合。

⑥ 这些新闻引起消费者注意的进一步证据是,它们在10条新闻中的平均排名是第2.71名。

⑦ 人们想读的内容通常就是他们想写的。

参考文献

Abrahamson, E. (1991). Managerial fads and fashions: The diffusion and rejection of innovations. *Academy of Management Review, 16,* 586–612.

Ahlers, D. (2006). News consumption and the new electronic media. *Harvard International Journal of Press-Politics, 11*(1), 29–52.

Akrich, M. (1992). The de-scription of technical objects. In W. Bijker & J. Law (Eds.), *Shaping technology/building society* (pp. 205–224). Cambridge, MA: MIT Press.

Akrich, M. (1995). User representations: Practices, methods and sociology. In A. Rip, T. Misa, & J. Schot (Eds.), *Managing technology in society* (pp. 167–184). London: Pinter Publishers.

Albornoz, L. (2007). *Periodismo digital: Los grandes diarios en la red.* Buenos Aires, Argentina: La Crujía.

Albornoz, L., & Hernández, P. (2005). La radiodifusión en Argentina entre 1995 y 1999: Concentración, desnacionalización y ausencia del control público. In G. Mastrini (Ed.), *Mucho ruido, pocas leyes: Economía y políticas de comunicación en la Argentina (1920–2004)* (pp. 257–286). Buenos Aires, Argentina: La Crujía.

Allan, S. (2006). *Online news.* Maidenhead, UK: Open University Press.

Althaus, S., & Tewksbury, D. (2002). Agenda setting and the "new" news: Patterns of issue importance among readers of the paper and online version of the *New York Times. Communication Research, 29,* 180–206.

Alves, R. C. (2005). From lapdog to watchdog: The role of the press in Latin America's democratization. In H. De Burgh (Ed.), *Making journalists* (pp. 181–202). New York: Routledge.

Anand, B., Di Tella, R., & Galetovic, A. (2007). Information or opinion? Media bias as product differentiation. *Journal of Economics and Management Strategy, 16,* 635–682.

Anand, N., & Peterson, R. (2000). When market information constitutes fields: Sensemaking of markets in the commercial music industry. *Organization Science, 11,* 270–284.

Ang, I. (1989). *Watching "Dallas": Soap opera and the melodramatic imagination.* New York: Routledge.

Ang, I. (1991). *Desperately seeking the audience.* London: Routledge.

Anteby, M. (2008). *Moral gray zones: Side productions, identity, and regulation in an aeronautic plant.* Princeton, NJ: Princeton University Press.

Arango, T., & Pérez-Peña, R. (2008, December 1). CNN pitches a cheaper wire service to newspapers. *New York Times.* Retrieved December 1, 2008, from http://www.nytimes.com/2008/12/01/business/media/01cnn.html?_r=1&ref=media&pagewented=print.

Armony, A., & Armony, V. (2005). Indictments, myths, and citizen mobilization in Argentina: A discourse analysis. *Latin American Politics and Society, 47,* 27–54.

Associated Press. (2008). *A new model for news: Studying the deep structure of young-adult news consumption.* New York: Author.

Atwater, T. (1986). Consonance in local television news. *Journal of Broadcasting and Electronic Media, 30*(4), 467–472.

Auerbach, E. (2003 [1953]). *Mimesis: The representation of reality in Western literature* (W. Trask, Trans.; 2nd ed.). Princeton, NJ: Princeton University Press.

Austen, I. (2007, May 16). Thomson adds Reuters in $17 billion bid to be giant. *New York Times.* Retrieved December, 29, 2008, from http://www.nytimes.com/2007/05/16/business/media/16thomson.html.

Auyero, J. (2007). *Routine politics and violence in Argentina: The gray zone of state power.* New York: Cambridge University Press.

Avery, C., & Zemsky, P. (1998). Multidimensional uncertainty and herd behavior in financial markets. *American Economic Review, 88,* 724–748.

Bagdikian, B. (2004). *The new media monopoly.* Boston: Beacon.

Baisnee, O., & Marchetti, D. (2006). The economy of just-in-time television newscasting: Journalistic production and professional excellence at Euronews. *Ethnography, 7,* 99–123.

Baker, C. E. (1994). *Advertising and a democratic press.* Princeton, NJ: Princeton University Press.

Baker, C. E. (2002). *Media, markets and democracy.* New York: Cambridge University Press.

Baller, R., & Richardson, K. (2002). Social integration, imitation, and the geographic patterning of suicide. *American Sociological Review, 67,* 837–888.

Bandura, A., Ross, D., & Ross, S. (1963). Imitation of film-mediated aggressive models. *Journal of Abnormal and Social Psychology, 66,* 3–11.

Banerjee, A. (1992). A simple model of herd behavior. *Quarterly Journal of Economics, 107,* 797–817.

Baranchuk, M. (2005). Canales 11 y 13: La primera privatización de la década menemista. In G. Mastrini (Ed.), *Mucho ruido, pocas leyes: Economía y políticas de comunicación en la Argentina (1920–2004)* (pp. 211–234). Buenos Aires, Argentina: La Crujía.

Bardini, T. (2000). *Bootstrapping: Douglas Engelbart, coevolution, and the origins of personal computing*. Stanford, CA: Stanford University Press.

Barley, S. (1986). Technology as an occasion for structuring: Evidence from observations of CT scanners and the social order of radiology departments. *Administrative Science Quarterly, 31*, 78–108.

Barley, S. (1990). The alignment of technology and structure through roles and networks. *Administrative Science Quarterly, 35*, 61–103.

Barley, S., & Kunda, G. (2004). *Gurus, hired guns, and warm bodies: Itinerant experts in a knowledge economy*. Princeton, NJ: Princeton University Press.

Barreto, I., & Baden-Fuller, C. (2006). To conform or to perform? Mimetic behaviour, legitimacy-based groups and performance consequences. *Journal of Management Studies, 43*, 1559–1581.

Barry, A., & Thrift, N. (2007). Gabriel Tarde: Imitation, invention and the economy. *Economy and Society, 36*, 509–525.

Baum, M. (2002). Sex, lies, and war: How soft news brings foreign policy to the inattentive public. *American Political Science Review, 96*(1), 91–109.

Baum, M. (2003). *Soft news goes to war*. Princeton, NJ: Princeton University Press.

Baum, M. (2007). Hard and soft news. In T. Schaefer & T. Birkland (Eds.), *Encyclopedia of media and politics* (pp. 106–107). Washington, DC: CQ Press.

Bausinger, H. (1984). Media, technology and daily life. *Media, Culture and Society, 6*, 343–351.

Baym, N., Zhang, Y. B., & Lin, M.-C. (2004). Social interactions across media: Interpersonal communication on the Internet, telephone and face-to-face. *New Media and Society, 6*, 299–318.

Beck, P. (1991). Intermediation environments in the 1986 presidential contest. *Public Opinion Quarterly, 55*, 371–394.

Bellando, O. (1995, October 18). Cumbre: Menem admitió cambios en Castro. *La Nación*, p. 8.

Benavides, J. L. (2000). Gacetilla: A keyword for a revisionist approach to the political economy of Mexico's print news media. *Media, Culture and Society, 22*, 85–104.

Benjamin, W. (2007). *Illuminations: Essays and reflections* (H. Zohn, Trans.). New York: Schocken.

Benkler, Y. (2006). *The wealth of networks: How social production transforms markets and freedom*. New Haven, CT: Yale University Press.

Bennett, W. L. (2003). *News: The politics of illusion* (5th ed.). New York: Longman.

Bennett, W. L., Lawrence, R., & Livingston, S. (2007). *When the press fails: Political power and the news media from Iraq to Katrina*. Chicago: University of Chicago Press.

Berger, P., & Luckmann, T. (1966). *The social construction of reality: A treatise in the sociology of knowledge*. Garden City, NY: Doubleday.

Bernhardt, D., Hughson, E., & Kutsoati, E. (2006). The evolution of managerial expertise: How corporate culture can run amok. *American Economic Review, 96*, 195–221.

Bigman, S. K. (1948). Rivals in conformity: A study of two competing dailies. *Journalism Quarterly, 25*(June), 127–131.

Bijker, W. (1995). *Of bicycles, Bakelites, and bulbs: Toward a theory of sociotechnical change*. Cambridge, MA: MIT Press.

Bijker, W. (2001). Social construction of technology. In N. J. Smelser & P. B. Baltes (Eds.), *International encyclopedia of the social and behavioral sciences* (Vol. 23, pp. 15522–15527). Oxford: Elsevier.

Bikhchandani, S., Hirshleifer, D., & Welch, I. (1992). A theory of fads, fashion, custom, and cultural change as informational cascades. *Journal of Political Economy, 100*, 992–1026.

Bikhchandani, S., Hirshleifer, D., & Welch, I. (1998). Learning from the behavior of others: Conformity, fads, and informational cascades. *Journal of Economic Perspectives, 12*, 151–170.

Bikhchandani, S., & Sharma, S. (2001). Herd behavior in financial markets. *IMF Staff Papers, 47*, 279–310.

Bird, S. E. (1992). *For enquiring minds*. Knoxville: University of Tennessee Press.

Bird, S. E. (2003). *The audience in everyday life: Living in a media world*. New York: Routledge.

Bird, S. E., & Dardenne, R. (1988). Myth, chronicle, and story: Exploring the narrative qualities of news. In J. Carey (Ed.), *Media, myths, and narratives* (pp. 67–86). Newbury Park, CA: Sage.

Bishara, A. (2006). Local hands, international news: Palestinian journalists and the international media. *Ethnography, 7*, 19–46.

Blanck, J. (2007, December 1). Cristina Kirchner renueva la batalla por la "construcción" de la realidad. *Clarín*, p. 10.

Blanco, D., & Germano, C. (2005). *20 años de medios y democracia en la Argentina*. Buenos Aires, Argentina: La Crujía.

Blaustein, E., & Zubieta, M. (2006). *Decíamos ayer: La prensa argentina bajo el Proceso*. Buenos Aires, Argentina: Colihue.

Blustein, P. (2005). *And the money kept rolling in (and out): Wall Street, the IMF, and the bankrupting of Argentina*. New York: Public Affairs.

Boczkowski, P. (2001). *Affording flexibility: Transforming information practices in online newspapers*. Unpublished doctoral dissertation, Cornell University, Ithaca, NY.

Boczkowski, P. (2002). The development and use of online newspapers: What research tells us and what we might want to know. In L. Lievrouw & S. Livingstone (Eds.), *The handbook of new media* (pp. 270–286). London: Sage.

Boczkowski, P. (2004). *Digitizing the news: Innovation in online newspapers*. Cambridge, MA: MIT Press.

Boczkowski, P., & de Santos, M. (2007). When more media equals less news: Patterns of content homogenization in Argentina's leading print and online newspapers. *Political Communication, 24*, 167–190.

Boczkowski, P., & Mitchelstein, E. (in press). Is there a gap between the news choices of journalists and consumers? A relational and dynamic approach. *International Journal of Press/Politics*.

Boczkowski, P., & Peer, L. (in press). The choice gap: The divergent online news preferences of journalists and consumers. *Journal of Communication*.

Bogart, L. (1955). Adult conversation about newspaper comics. *American Journal of Sociology, 61*, 26–30.

Bogart, L. (1989). *Press and public: Who reads what, when, where, and why in American newspapers* (2nd ed.). Hillsdale, NJ: Lawrence Erlbaum.

Borland, E., & Sutton, B. (2007). Quotidian disruption and women's activism in times of crisis, Argentina, 2002–2003. *Gender and Society, 21*, 700–722.

Bourdieu, P. (1984). *Distinction: A social critique of the judgment of taste* (R. Nice, Trans.). Cambridge, MA: Harvard University Press.

Bourdieu, P. (1998). *On television*. New York: The New Press.

Bowker, G., & Star, S. (1999). *Sorting things out: Classification and its consequences*. Cambridge, MA: MIT Press.

Braslavsky, G. (2005, September 27). Represión illegal: Kirchner relevó al jefe de Gendarmería. *Clarín*, p. 3.

Braverman, H. (1974). *Labor and monopoly capital: The degradation of work in the twentieth century*. New York: Monthly Review Press.

Breed, W. (1955). Newspaper "opinion leaders" and the processes of standardization. *Journalism Quarterly, 32*(Summer), 277–284.

Brewer, P., & Cao, X. (2006). Candidate appearances on soft news shows and public knowledge about primary campaigns. *Journal of Broadcasting and Electronic Media, 50*(1), 18–35.

Brey, P. (2003). Theorizing modernity and technology. In T. Misa, P. Brey, & A. Feenberg (Eds.), *Modernity and technology* (pp. 33–71). Cambridge, MA: MIT Press.

Buckman, R. (1996). Current status of the mass media in Latin America. In R. Cole (Ed.), *Communication in Latin America: Journalism, mass media, and society* (pp. 3–35). Wilmington, DE: Scholarly Resources.

Buford May, R., & Patillo-McCoy, M. (2000). Do you see what I see? Examining a collaborative ethnography. *Qualitative Inquiry, 6*, 65–87.

Bull, M. (2007). *Sound moves: iPod culture and urban experience*. New York: Routledge.

Busterna, J. C. (1988). Television station ownership effects on programming and idea diversity. *Journal of Media Economics, 1*(2), 63–74.

Campbell, A., Gurin, G., & Miller, W. (1954). *The voter decides*. Evanston, IL: Row Peterson.

Cappella, J., & Jamieson, K. H. (1997). *Spiral of cynicism: The press and the public good*. New York: Oxford University Press.

Carroll, R. (1985). Content values in TV news programs in small and large markets. *Journalism Quarterly, 62*, 877–882, 938.

Centro de Estudios Legales y Sociales. (2007). *Derechos humanos en Argentina: Informe 2007*. Buenos Aires, Argentina: Author.

Chamley, C. (2004). *Rational herds: Economic models of social learning*. Cambridge: Cambridge University Press.

Chan, T. W., & Goldthorpe, J. H. (2007). Social status and newspaper readership. *American Journal of Sociology, 112*, 1095–1134.

Choi, J. (1997). Herd behavior, the "penguin effect," and the suppression of informational diffusion: An analysis of information externalities and payoff interdependency. *Rand Journal of Economics, 28*, 407–425.

Chyi, H. I., & Lasorsa, D. L. (2002). An explorative study on the market relation between online and print newspapers. *Journal of Media Economics, 15*(2), 91–106.

Cipriani, M., & Guarino, A. (2005). Herd behavior in a laboratory financial market. *American Economic Review, 95*, 1427–1443.

Clarke, H., & Acock, A. (1989). National elections and political attitudes: The case of political efficacy. *British Journal of Political Science, 19*, 551–562.

Clausen, L. (2004). Localizing the global: "Domestication" processes in international news production. *Media, Culture and Society, 26*, 25–44.

Cockburn, C., & Ormond, S. (1993). *Gender and technology in the making*. London: Sage.

Cohen, E. (2002). Online journalism as market-driven journalism. *Journal of Broadcasting and Electronic Media, 46*, 532–548.

Cohen, J. (1988). *Statistical power analysis for the behavioral sciences* (2nd ed.). Hillsdale, NJ: Lawrence Erlbaum.

Cohen, W., Nelson, R., & Walsh, J. (2000). Protecting their intellectual assets: Appropriability conditions and why U.S. manufacturing firms patent (or not). *NBER Working Paper Series, Working Paper 7552*.

Coleman, R., & McCombs, M. (2007). The young and the agenda-less? Exploring age-related differences in agenda setting on the youngest generation, baby boomers and the civic generation. *Journalism and Mass Communication Quarterly, 84*(3), 495–508.

Colonna, L. (2005, September 27). Relevaron al jefe de la Gendarmería. *La Nación*, p. 6.

Com, S. (2005). Alfonsinismo, contexto sociopolítico y medios de comunicación. In G. Mastrini (Ed.), *Mucho ruido, pocas leyes: Economía y políticas de comunicación en la Argentina (1920–2004)* (pp. 185–210). Buenos Aires, Argentina: La Crujía.

Comisión Nacional sobre la Desaparición de Personas. (1984). *Nunca más*. Buenos Aires, Argentina: Eudeba.

Conell, C., & Cohn, S. (1995). Learning from other people's actions: Environmental variation and diffusion in French coal mining strikes, 1890–1935. *American Journal of Sociology, 101*, 366–403.

Conover, P., Searing, D., & Crewe, I. (2002). The deliberative potential of political discussion. *British Journal of Political Science, 32*, 21–62.

Cook, T. (1998). *Governing with the news*. Chicago: University of Chicago Press.

Cook, T. (2006). The news media as a political institution: Looking backward and looking forward. *Political Communication, 23,* 159–171.

Corporación Latinobarómetro. (2008). *Informe 2008.* Santiago de Chile: Author.

Cottle, S. (2003). Media organisation and production: Mapping the field. In S. Cottle (Ed.), *Media organization and production* (pp. 3–24). Thousand Oaks, CA: Sage.

Couldry, N., Livingstone, S., & Markham, T. (2006). *Media consumption and the future of public connection.* Report. London: London School of Economics and Political Science.

Couldry, N., & Markham, T. (2008). Troubled closeness or satisfied distance? Researching media consumption and public orientation. *Media, Culture and Society, 30,* 5–21.

Cowan, R. S. (1983). *More work for mother: The ironies of household technology from the open hearth to the microwave.* New York: Basic Books.

Crouse, T. (2003 [1972]). *The boys on the bus.* New York: Random House.

Curran, J., Douglas, A., & Whannel, G. (1980). The political economy of the human-interest story. In A. Smith (Ed.), *Newspapers and democracy* (pp. 288–316). Cambridge, MA: MIT Press.

D'Alessio—IROL. (2006). *Internet en la Argentina: 2005–2006.* Buenos Aires, Argentina: Eduardo D'Alessio y Asociados.

Daniels, A. (1981). Introduction to the Transaction edition. In H. Hughes (Ed.), *News and the human interest story* (pp. v–xxvi). New Brunswick, NJ: Transaction Books.

Daniels, G. L. (2006). The role of Native American print and online media in the "era of big stories": A comparative case study of Native American outlets' coverage of the Red Lake shootings. *Journalism, 7,* 321–342.

Darnton, R. (1975). Writing news and telling stories. *Daedalus, 104*(Spring), 175–194.

Davie, W. R., & Lee, J. S. (1993). Television news technology: Do more sources mean less diversity? *Journal of Broadcasting and Electronic Media, 37,* 453–464.

Davis, G., & Greve, H. (1997). Corporate elite networks and governance changes in the 1980s. *American Journal of Sociology, 103,* 1–37.

Dayan, D., & Katz, E. (1992). *Media events: The live broadcasting of history.* Cambridge, MA: Harvard University Press.

Dean, W., & Pertilla, A. (2007). "I-Teams" and "Eye Candy": The reality of local TV news. In T. Rosenstiel, M. Just, T. Belt, A. Pertilla, W. Dean, & D. Chinni (Eds.), *We interrupt this newscast: How to improve local news and win ratings, too* (pp. 30–50). New York: Cambridge University Press.

Delli Carpini, M. X., & Williams, B. (2001). Let us infotain you: Politics in the new media environment. In W. L. Bennett & R. Entman (Eds.), *Mediated politics: Communication in the future of democracy* (pp. 160–181). New York: Cambridge University Press.

Delli Carpini, M. X., & Williams, B. (2008). *And the walls came tumbling down: The eroding boundaries between news and entertainment and what it means for mediated politics in the 21st century*. Unpublished manuscript.

Denzin, N. (1979). *The research act*. New York: McGraw-Hill.

Deuze, M. (2003). The Web and its journalisms: Considering the consequences of different types of news media online. *New Media and Society, 5,* 203–230.

Deuze, M. (2005). Popular journalism and professional ideology: Tabloid reporters and editors speak out. *Media, Culture and Society, 27*(6), 861–882.

Deuze, M., Bruns, A., & Neuberger, C. (2007). Preparing for an age of participatory news. *Journalism Practice, 1,* 322–338.

Devenow, A., & Welch, I. (1996). Rational herding in financial economics. *European Economic Review, 40,* 603–615.

Diddi, A., & LaRose, R. (2006). Getting hooked on news: Uses and gratifications and the formation of news habits among college students in an Internet environment. *Journal of Broadcasting and Electronic Media, 50*(2), 193–210.

Diego se aleja de los colores de Boca por 90 minutos. (2005, November 22). *Infobae.com*. Retrieved from http://www.infobae.com/notas/nota.php?Idx=224073&IdxSeccion=1 (now listed under the title Diego no para de sorprender: Se hará hincha de River).

DiMaggio, P., & Powell, W. (1983). The iron cage revisited: Institutional isomorphism and collective rationality in organizational fields. *American Sociological Review, 97,* 147–160.

Dimmick, J., Chen, Y., & Li, Z. (2004). Competition between the Internet and traditional news media: The gratification-opportunities niche dimension. *Journal of Media Economics, 17*(1), 19–33.

Dobrev, S. (2007). Competing in the looking-glass market: Imitation, resources, and crowding. *Strategic Management Journal, 13,* 1267–1289.

Domingo, D. (2008a). Inventing online journalism: A constructivist approach to the development of online news. In C. A. Paterson & D. Domingo (Eds.), *Making online news: The ethnography of new media production* (pp. 15–28). New York: Peter Lang.

Domingo, D. (2008b). When immediacy rules: Online journalism models in four Catalan online newsrooms. In C. A. Patterson & D. Domingo (Eds.), *Making online news: The ethnography of new media production* (pp. 113–126). New York: Peter Lang.

Donohue, T., & Glasser, T. (1978). Homogeneity in coverage of Connecticut newspapers. *Journalism Quarterly, 55*(Autumn), 592–596.

Donsbach, W. (1999). Journalism research. In H.-B. Brosius & C. Holtz-Bacha (Eds.), *German communication yearbook* (pp. 159–180). Cresskill, NJ: Hampton Press.

Douglas, M., & Isherwood, B. (1979). *The world of goods: Towards an anthropology of consumption*. New York: Routledge.

Douglas, S. (1988). *Inventing American Broadcasting, 1899–1922*. Baltimore, MD: Johns Hopkins University Press.

Drehmann, M., Oechssler, J., & Roider, A. (2005). Herding and contrarian behavior in financial markets: An Internet experiment. *American Economic Review, 95*, 1403–1426.

Dunwoody, S. (1980). The science writing inner club: A communication link between science and lay people. *Science, Technology, and Human Values, 5*, 14–22.

Dutta-Bergman, M. J. (2004). Complementarity in consumption of news types across traditional and new media. *Journal of Broadcasting and Electronic Media, 48*(1), 41–60.

Dutton, W. (2005). Continuity or transformation? Social and technical perspectives on information and communication technologies. In W. Dutton, B. Kahin, R. O'Callaghan, & A. Wyckoff (Eds.), *Transforming enterprise: The economic and social implications of information technology* (pp. 12–24). Cambridge, MA: MIT Press.

Easton, D., & Dennis, J. (1967). The child's acquisition of regime norms: Political efficacy. *American Political Science Review, 61*, 25–38.

Economic Commission for Latin America and the Caribbean. (2008). Cepalstat. Retrieved November 28, 2008, from http://www.eclac.org/estadisticas/bases/.

Edwards, P. (1995). From "impact" to social process: Computers in society and culture. In S. Jasanoff, G. Markle, J. Petersen, & T. Pinch (Eds.), *Handbook of science and technology studies* (pp. 257–285). Thousand Oaks, CA: Sage.

Edwards, P. (2003). Infrastructure and modernity: Force, time, and social organization in the history of sociotechnical systems. In T. Misa, P. Brey, & A. Feenberg (Eds.), *Modernity and technology* (pp. 185–225). Cambridge, MA: MIT Press.

Ehrlich, M. (1996). The journalism of outrageousness: Tabloid television news vs. investigative news. *Journalism and Mass Communication Monographs, 155*, 1–24.

Eliasoph, N. (1998). *Avoiding politics: How Americans produce apathy in everyday life*. New York: Cambridge University Press.

Elsbach, K., & Kramer, R. (1996). Members' responses to organizational identity threats: Encountering and countering the *Business Weeks* rankings. *Administrative Science Quarterly, 41*, 442–476.

Erickson, B. (1996). Culture, class, and connections. *American Journal of Sociology, 102*, 217–251.

Erickson, K., & Stull, D. (1998). *Doing team ethnography*. Thousand Oaks, CA: Sage.

Espeland, W., & Sauder, M. (2007). Rankings and reactivity: How public measures recreate social worlds. *American Journal of Sociology, 113*, 1–40.

Ettema, J., & Whitney, D. C. (Eds.). (1994). *Audiencemaking: How the media create the audience*. Thousand Oaks, CA: Sage.

Feenberg, A. (1992). From information to communication: The French experience with videotex. In M. Lea (Ed.), *Contexts of computer-mediated communication* (pp. 168–187). London: Harvester-Wheatsheaf.

Ferreira, L. (2006). *Centuries of silence: The story of Latin American journalism.* Westport, CT: Praeger.

Finifter, A. (1974). The friendship group as a protective environment for political deviants. *American Political Science Review, 68,* 607–625.

Fischer, C. (1988). "Touch someone": The telephone industry discovers sociability. *Technology and Culture, 29,* 32–61.

Fischer, C. (1992). *America calling: A social history of the telephone to 1940.* Berkeley and Los Angeles, CA: University of California Press.

Fishman, M. (1980). *Manufacturing the news.* Austin: University of Texas Press.

Fligstein, N., & Dauter, L. (2007). The sociology of markets. *Annual Review of Sociology, 33,* 105–128.

Foot, K., & Schneider, S. (2006). *Web campaigning.* Cambridge, MA: MIT Press.

Fowler, J. S., & Showalter, S. W. (1974). Evening network news selection: A confirmation of news judgment. *Journalism Quarterly, 51,* 712–715.

Fox, E. (1988a). Media policies in Latin America: An overview. In E. Fox (Ed.), *Media and politics in Latin America: The struggle for democracy* (pp. 6–35). Newbury Park, CA: Sage.

Fox, E. (1988b). Nationalism, censorship, and transnational control. In E. Fox (Ed.), *Media and politics in Latin America: The struggle for democracy* (pp. 36–44). Newbury Park, CA: Sage.

Fox, E., & Waisbord, S. (2002a). Introduction. In E. Fox & S. Waisbord (Eds.), *Latin politics, global media* (pp. ix–xxii). Austin: University of Texas Press.

Fox, E., & Waisbord, S. (2002b). Latin politics, global media. In E. Fox & S. Waisbord (Eds.), *Latin politics, global media* (pp. 1–21). Austin: University of Texas Press.

Fujisaka, S., & Grayzel, J. (1978). Partnership research: A case of divergent ethnographic styles in prison fieldwork. *Human Organization, 37,* 172–179.

Galaskiewicz, J., & Wasserman, S. (1989). Mimetic processes within an interorganizational field: An empirical test. *Administrative Science Quarterly, 34,* 454–479.

Gal-Or, E., & Dukes, A. (2003). Minimum differentiation in commercial media markets. *Journal of Economics and Management Strategy, 12,* 291–325.

Gamson, J. (1994). *Claims to fame: Celebrity in contemporary America.* Berkeley and Los Angeles: University of California Press.

Gamson, J. (2001). Normal sins: Sex scandal narratives as institutional morality tales. *Social Problems, 48,* 185–205.

Gandy, O. (2001). Dividing practices: Segmentation and targeting in the emerging public sphere. In W. L. Bennett & R. Entman (Eds.), *Mediated politics: Communication in the future of democracy* (pp. 141–159). New York: Cambridge University Press.

Gans, H. (1980). *Deciding what's news: A study of "CBS Evening News," "NBC Nightly News," "Newsweek," and "Time."* New York: Vintage.

Gans, H. (2003). *Democracy and the news*. New York: Oxford University Press.

Garay, C. (2007). Social policy and collective action: Unemployed workers, community associations, and protest in Argentina. *Politics and Society, 35,* 301–328.

García, E. (2008). Print and online newsrooms in Argentinean media: Autonomy and professional identity. In C. Paterson & D. Domingo (Eds.), *Making online news: The ethnography of new media production* (pp. 61–75). New York: Peter Lang.

García Aviles, J., & León, B. (2004). Journalists at digital television newsrooms in Britain and Spain: Workflow and multi-skilling in a competitive environment. *Journalism Studies, 5,* 87–100.

Gauntlett, D., & Hill, A. (1999). *TV living: Television, culture, and everyday life.* New York: Routledge.

Gebauer, G., & Wulf, C. (1995). *Mimesis: Culture, art, society* (D. Reneau, Trans.). Berkeley and Los Angeles: University of California Press.

Gemser, G., & Wijnberg, N. (2001). Effects of reputational sanctions on the competitive imitation of design innovations. *Organization Studies, 22,* 563–591.

Gentzkow, M., & Shapiro, J. (2006). Media bias and reputation. *Journal of Political Economy, 114,* 280–316.

Gentzkow, M., & Shapiro, J. (2007). *What drives media slant? Evidence from U.S. daily newspapers.* Cambridge, MA: National Bureau of Economic Research.

George, L., & Waldfogel, G. (2003). Who affects whom in daily newspaper markets. *Journal of Political Economy, 111,* 765–784.

Gerbner, G., Gross, G., Morgan, M., & Signorielli, N. (1994). Growing up with television: The cultivation perspective. In J. Bryant & D. Zillman (Eds.), *Media effects: Advances in theory and research* (pp. 17–42). Hillsdale, NJ: Lawrence Erlbaum.

Gibson, J. (1977). The theory of affordances. In R. Shaw & J. Bransford (Eds.), *Perceiving, acting, and knowing: Towards an ecological psychology* (pp. 67–83). Hillsdale, NJ: Lawrence Erlbaum.

Gibson, J. (1986). *The ecological approach to visual perception.* Hillsdale, NJ: Lawrence Erlbaum.

Gillmor, D. (2004). *We the media: Grassroots journalism by the people, for the people.* Sebastopol, CA: O'Reilly.

Girard, R. (1966). *Deceit, desire, and the novel* (Y. Freccero, Trans.). Baltimore, MD: Johns Hopkins University Press.

Glasser, T. (1992). Professionalism and the derision of diversity: The case of the education of journalists. *Journal of Communication, 42,* 131–140.

Goldsmith, B. (2005). *Imitation in international relations: Observational learning, analogies, and foreign policy in Russia and Ukraine.* New York: Palgrave.

Graber, D. (1971). The press as public opinion resource during the 1968 presidential campaign. *Public Opinion Quarterly, 35,* 162–182.

Graber, D. (1984). *Processing the news: How people tame the information tide* (2nd ed.). White Plains, NY: Longman.

Greve, H. (1996). Patterns of competition: The diffusion of a market position in radio broadcasting. *Administrative Science Quarterly, 41*, 29–60.

Greve, H. (1998). Managerial cognition and the mimetic adoption of market positions: What you see is what you do. *Strategic Management Journal, 19*, 967–988.

Grimson, A., & Kessler, G. (2005). *On Argentina and the Southern Cone: Neoliberalism and national imaginations.* New York: Routledge.

Grindstaff, L. (2002). *The money shot: Trash, class, and the making of TV talk shows.* Chicago: University of Chicago Press.

Guillen, M. (2002). Structural inertia, imitation, and foreign expansion: South Korean firms and business groups in China, 1987–95. *Academy of Management Journal, 3*, 509–525.

Haas, T. (2005). From "public journalism" to the "public's journalism"? Rhetoric and reality in the discourse on weblogs. *Journalism Studies, 6*(3), 387–396.

Hagen, I. (1994). The ambivalence of TV news viewing: Between ideals and everyday practices. *European Journal of Communication, 9*, 193–220.

Hall, S. (1980). Encoding/decoding. In S. Hall & D. Hobson (Eds.), *Culture, media and language* (pp. 128–138). London: Hutchinson.

Hallin, D., & Mancini, P. (2004). *Comparing media systems.* New York: Cambridge University Press.

Hallin, D., & Papathanassopoulos, S. (2002). Political clientelism and the media: Southern Europe and Latin America in comparative perspective. *Media, Culture and Society, 24*, 175–195.

Halliwell, S. (2002). *The aesthetics of mimesis.* Princeton, NJ: Princeton University Press.

Halloran, J., Elliot, P., & Murdock, G. (1970). *Demonstrations and communication: A case study.* Harmondsworth, UK: Penguin Books.

Halperín, J. (2007). *Noticias del poder: Buenas y malas artes del periodismo político.* Buenos Aires, Argentina: Aguilar.

Hamilton, J. (2004). *All the news that's fit to sell.* Princeton, NJ: Princeton University Press.

Hampton, K. (2007). Neighborhoods in the network society: The e-neighbors study. *Information, Communication and Society, 10*, 714–748.

Hampton, K., & Wellman, B. (2003). Neighboring in Netville: How the Internet supports community and social capital in a wired suburb. *City and Community, 2*(4), 277–311.

Hasebrink, U., & Paus-Hasebrink, I. (2007). Young people's identity construction and patterns of media use and participation in Germany and Austria. In P. Dahlgren (Ed.), *Young citizens and new media: Learning for democratic participation* (pp. 81–101). New York: Routledge.

Hasty, J. (2006). Performing power, composing culture: The state press in Ghana. *Ethnography, 7*, 69–98.

Haunschild, P. (1993). Interorganizational imitation: The impact of interlocks on corporate acquisition activity. *Administrative Science Quarterly, 38,* 564–592.

Haunschild, P., & Beckman, C. (1998). When do interlocks matter? Alternate sources of information and interlock influence. *Administrative Science Quarterly, 43,* 815–844.

Haunschild, P., & Miner, A. (1997). Modes of interorganizational imitation: The effects of outcome salience and uncertainty. *Administrative Science Quarterly, 42,* 472–500.

Haveman, H. (1993). Follow the leader: Mimetic isomorphism and entry into new markets. *Administrative Science Quarterly, 38,* 593–627.

Heath, C., & Luff, P. (2000). *Technology in action.* Cambridge: Cambridge University Press.

Herring, S. C., Scheidt, L. A., Bonus, S., & Wright, E. (2005). Weblogs as a bridging genre. *Information, Technology, and People, 18*(2), 142–171.

Hicks, R., & Featherstone, J. (1978). Duplication of newspaper content in contrasting ownership situations. *Journalism Quarterly, 55,* 549–569.

Hindman, M. (2009). *The myth of digital democracy.* Princeton, NJ: Princeton University Press.

Hotelling, H. (1929). Stability in competition. *Economic Journal, 34,* 41–57.

Huesmann, L. R., Moise-Titus, J., Podolski, C.-L., & Eron, L. (2003). Longitudinal relations between children's exposure to TV violence and their aggressive and violent behavior in young adulthood: 1977–1992. *Developmental Psychology, 39,* 201–221.

Hughes, H. (1981). *News and the human interest story.* New Brunswick, NJ: Transaction.

Hughes, S. (2006). *Newsrooms in conflict.* Pittsburgh, PA: University of Pittsburgh Press.

Hujanen, J., & Pietikainen, S. (2004). Interactive uses of journalism: Crossing between technological potential and young people's news-using practices. *New Media and Society, 6*(3), 383–401.

Hurley, S., & Chater, N. (Eds.). (2005a). *Perspectives on imitation from neuroscience to social science: Vol. 2. Imitation, human development, and culture.* Cambridge, MA: MIT Press.

Hurley, S., & Chater, N. (Eds.). (2005b). *Perspectives on imitation from neuroscience to social science: Vol. 1. Mechanisms of imitation and imitation in animals.* Cambridge, MA: MIT Press.

Instituto Nacional de Estadísticas y Censos. (2008). *Población—composición y distribución: Censo 2001.* Retrieved November 28, 2008, from http://www.indec.mecon.ar/default.htm.

Instituto Verificador de Circulaciones. (2006). *IVC online datos gratuitos.* Retrieved June 8, 2006, from http://www.ivc.com.ar/consulta.

Internet Advertising Bureau—Argentina. (2006a). *El IAB publica ranking de audience de sitios de Internet de Agosto.* Retrieved March 22, 2008, from http://www.iabargentina.com.ar/metricas_agosto_06.php.

Internet Advertising Bureau—Argentina. (2006b). *El IAB publica ranking de audience de sitios de Internet de Septiembre.* Retrieved March 22, 2008, from http://www.iabargentina.com.ar/metricas_septiembre_06.php.

Internet Advertising Bureau—Argentina. (2007). *Métricas: Usuarios de Internet.* Retrieved March 22, 2008, from http://www.iabargentina.com.ar/metricas-usua.php.

Jackson, S., Edwards, P., Bowker, G., & Knobel, C. (2007). Understanding infrastructure: History, heuristics, and cyberinfrastructure policy. *First Monday, 12*(6). Retrieved October 24, 2007, from http://firstmonday.org/issues/issue12_6/jackson/index.html.

Jamieson, K. H., & Campbell, K. K. (1983). *The interplay of influence: Mass media and their publics in news, advertising, politics.* Belmont, CA: Wadsworth.

Jamieson, K. H., & Cappella, J. (2008). *Echo chamber: Rush Limbaugh and the conservative media establishment.* New York: Oxford University Press.

Jamieson, P., Jamieson, K., & Romer, D. (2003). The responsible reporting of suicide in print journalism. *American Behavioral Scientist, 46,* 1643–1660.

Jenkins, H. (1992). *Textual poachers: Television fans and participatory culture.* New York: Routledge.

Jenkins, H. (2006). *Convergence culture: Where old and new media collide.* New York: New York University Press.

Jensen, K. B. (1990). The politics of polysemy: Television news, everyday consciousness and political action. *Media, Culture and Society, 12,* 57–77.

Jenson, D. (2001). *Trauma and its representations: The social life of mimesis in postrevolutionary France.* Baltimore, MD: Johns Hopkins University Press.

Journalism.org. (2006). *The state of the news media.* Project for Excellence in Journalism. Retrieved June 9, 2006, from http://www.stateofthemedia.org/2006/.

Journalism.org. (2007). *The state of the news media.* Project for Excellence in Journalism. Retrieved November 27, 2007, from http://www.stateofthemedia.org/2007/.

Journalism.org. (2008). *The state of the news media.* Project for Excellence in Journalism. Retrieved May 5, 2008, from http://www.stateofthemedia.org/2008/.

Journalism.org. (2009). *The state of the news media.* Project for Excellence in Journalism. Retrieved June 1, 2009, from http://www.stateofthemedia.org/2009/.

Journalism.org. (2010). *How news happens: A study of the news ecosystem of one American city.* Project for the Excellence in Journalism. Retrieve January 28, 2010, from http://www.journalism.org/sites/journalism.org/files/Baltimore%20Study_Jan2010_0.pdf.

Kaid, L. L., McKinney, M. S., & Tedesco, J. C. (2007). Political information efficacy and young voters. *American Behavioral Scientist, 50*(9), 1093–1111.

Katz, E. (1996). And deliver us from segmentation. *Annals of the American Academy of Political and Social Science, 546,* 22–33.

Katz, E. (2006). Rediscovering Gabriel Tarde. *Political Communication, 23,* 263–270.

Katz, E., Blumler, J., & Gurevitch, M. (1974). Utilization of mass communication by the individual. In J. Blumler & E. Katz (Eds.), *The uses of mass communications: Current perspectives on gratifications research* (pp. 19–32). Beverly Hills, CA: Sage.

Kenski, K., & Stroud, N. J. (2006). Connections between Internet use and political efficacy, knowledge, and participation. *Journal of Broadcasting and Electronic Media, 50*(2), 173–192.

Keynes, J. (1964). *The general theory of employment, interest, and money*. New York: Harcourt, Brace & World.

Kiernan, V. (2003). Embargoes and science news. *Journalism and Mass Communication Quarterly, 80,* 903–920.

Kline, R. (2000). *Consumers in the country: Technology and social change in rural America*. Baltimore, MD: Johns Hopkins University Press.

Klinenberg, E. (2002). *Heat wave*. Chicago: University of Chicago Press.

Klinenberg, E. (2005). Convergence: News production in a digital age. *Annals of the American Academy of Political and Social Science, 597,* 48–64.

Klinenberg, E. (2007). *Fighting for air: The battle to control America's media*. New York: Metropolitan Books.

Kling, R. (1994). Reading "all about" computerization: How genre conventions shape nonfiction social analysis. *Information Society, 10,* 147–172.

Knorr Cetina, K. (2003). From pipes to scopes: The flow architecture of financial markets. *Distinktion, 7,* 7–23.

Knorr Cetina, K. (2005). Complex global microstructures. *Theory, Culture and Society, 22,* 213–234.

Knorr Cetina, K., & Bruegger, U. (2002). Global microstructures: The virtual societies of financial markets. *American Journal of Sociology, 107,* 905–950.

Knorr Cetina, K., & Grimpe, B. (2008). Global financial technologies: Scoping systems that raise the world. In T. Pinch & R. Swedberg (Eds.), *Technology and economic sociology* (pp. 161–190). Cambridge, MA: MIT Press.

Knorr Cetina, K., & Preda, A. (2007). The temporalization of financial markets: From network to flow. *Annual Review of Theory, Culture, and Society, 24,* 116–138.

Korczynski, M. (2003). Music at work: Towards a historical overview. *Folk Music Journal, 8,* 314–334.

Korczynski, M. (2007). Music and meaning on the factory floor. *Work and Occupations, 34,* 253–289.

Labianca, G., & Fairbank, J. (2005). Interorganizational monitoring: Processes, choices, and outcomes. *Advances in Strategic Management, 22,* 117–150.

Lacoue-Labarthe, P. (1989). *Typography: Mimesis, philosophy, politics*. Cambridge, MA: Harvard University Press.

Lacy, S. (1987). The effect of intracity competition on daily newspaper content. *Journalism Quarterly, 64,* 281–301.

Lacy, S. (1991). Effects of group ownership on daily newspaper content. *Journal of Media Economics, 4*, 35–47.

Lakoff, A. (2005). *Pharmaceutical reason: Knowledge and value in global psychiatry*. New York: Cambridge University Press.

Lanacion.com. (2006). *Novedades: Les detallamos los números de Septiembre*. Retrieved October 20, 2006, from www.lanacion.com.ar.

Landi, O. (1988). Media, cultural processes, and political systems. In E. Fox (Ed.), *Media and politics in Latin America: The struggle for democracy* (pp. 138–147). Newbury Park, CA: Sage.

Latour, B. (2002). Gabriel Tarde and the end of the social. In P. Joyce (Ed.), *The social in question: New bearings in history and the social sciences* (pp. 117–132). London: Routledge.

Latour, B. (2005). *Reassembling the social: An introduction to actor-network theory*. New York: Oxford University Press.

Lavagna dice que no es imprescindible un acuerdo con el FMI. (2005, November 9). *Lanacion.com*. Retrieved November 9, 2005, from http://www.lanacion.com.ar/nota.asp?nota_id=754940&high=Lavagna.

Lavagna dijo que un acuerdo con el FMI "no es imprescindible." (2005, November 9). *Clarín.com*. Retrieved November 9, 2005, from http://www.clarín.com/diario/2005/11/09/um/m-01086694.htm.

Lavieri, O. (1996). The media in Argentina: Struggling with the absence of a democratic tradition. In R. Cole (Ed.), *Communication in Latin America: Journalism, mass media, and society* (pp. 183–198). Wilmington, DE: Scholarly Resources.

Lawrence, R. (2006). Seeing the whole board: New institutional analysis of news content. *Political Communication, 23*, 225–230.

Lawson, C. (2002). *Building the fourth estate: Democratization and the rise of a free press in Mexico*. Berkeley and Los Angeles: University of California Press.

Lawson-Borders, G. (2006). *Media organizations and convergence: Case studies of media convergence pioneers*. Mahwah, NJ: Lawrence Erlbaum.

Lazarsfeld, P., & Merton, R. (1948). Mass communication, popular taste, and organized social action. In L. Bryson (Ed.), *The communication of ideas* (pp. 95–118). New York: Harper.

Lee, J. K. (2007). The effect of the Internet on homogeneity of the media agenda: A test of the fragmentation thesis. *Journalism and Mass Communication Quarterly, 84*, 745–760.

Lemert, J. B. (1974). Content duplication by the networks in competing evening newscasts. *Journalism Quarterly, 51*, 238–244.

Levin, R., Klevorick, A., Nelson, R., & Winter, S. (1987). Appropriating the returns from industrial research. *Brooking Papers on Economic Activity, 3*, 783–820.

Levitsky, S. (2005). Argentina: Democratic survival amidst economic failure. In F. Hagopian & S. Mainwaring (Eds.), *The third wave of democratization in Latin America: Advances and setbacks* (pp. 63–89). New York: Cambridge University Press.

Levitsky, S., & Murillo, M. V. (2005a). Building castles in the sand? The politics of institutional weakness in Argentina. In S. Levitsky & M. V. Murillo (Eds.), *Argentine democracy: The politics of institutional weakness* (pp. 21–44). University Park: Pennsylvania State University Press.

Levitsky, S., & Murillo, M. V. (2005b). Introduction. In S. Levitsky & M. V. Murillo (Eds.), *Argentine democracy: The politics of institutional weakness* (pp. 1–17). University Park: Pennsylvania State University Press.

Levitsky, S., & Murillo, M. V. (2005c). Theorizing about weak institutions: Lessons from the Argentine case. In S. Levitsky & M. V. Murillo (Eds.), *Argentine democracy: The politics of institutional weakness* (pp. 268–289). University Park: Pennsylvania State University Press.

Levitsky, S., & Murillo, M. V. (2009). Variations in institutional strength. *Annual Review of Political Science, 12,* 115–133.

Lieberman, M., & Asaba, S. (2006). Why do firms imitate each other? *Academy of Management Review, 31,* 366–385.

Liebes, T., & Katz, E. (1990). *The export of meaning: Cross-cultural readings of Dallas*. New York: Oxford University Press.

Lin, C., Salwen, M. B., Garrison, B., & Driscoll, P. D. (2005). Online news as a functional substitute for offline news. In M. B. Salwen, B. Garrison, & P. D. Driscoll (Eds.), *Online news and the public* (pp. 237–255). Mahwah, NJ: Lawrence Erlbaum.

Ling, R. (2008). *New tech, new ties: How mobile communication is reshaping social cohesion*. Cambridge, MA: MIT Press.

Livingstone, S., & Markham, T. (2008). The contribution of media consumption to civic participation. *British Journal of Sociology, 59*(2), 351–371.

Lofland, J., & Lofland, H. (1984). *Analyzing social settings* (2nd ed.). Belmont, CA: Wadsworth.

Lowrey, W. (2006). Mapping the journalism-blogging relationship. *Journalism, 7*(4), 477–500.

Lowrey, W., & Latta, J. (2008). The routines of blogging. In C. A. Paterson and D. Domingo (Eds.), *Making online news: The ethnography of online news production*. New York: Peter Lang.

Luchessi, L. (2008). Politics and media in the 2007 Argentine presidential election. *Press/Politics, 13,* 345–351.

Lull, J. (1980). The social uses of television. *Human Communication Research, 6,* 197–209.

Lull, J. (1982). How families select television programs: A mass-observational study. *Journal of Broadcasting and Electronic Media, 26,* 801–811.

MacGregor, P. (2007). Tracking the online audience. *Journalism Studies, 8*(2), 280–298.

Mackay, H., Carne, C., Beynon-Davies, P., & Tudhope, D. (2000). Reconfiguring the user: Using rapid application development. *Social Studies of Science, 30,* 737–757.

MacKenzie, D. (1984). Marx and the machine. *Technology and Culture, 25,* 473–502.

MacKenzie, D. (2006). *An engine, not a camera: How financial models shape markets.* Cambridge, MA: MIT Press.

Malharro, M., & D. López-Gijsberts (2003). *La tipografía de plomo: Los grandes medios gráficos en la Argentina y su political editorial durante 1976–1983.* La Plata, Argentina: EPC Medios.

Manski, C. (2000). Economic analysis of social interactions. *Journal of Economic Perspectives, 14*(3), 115–136.

Maradona: "El domingo voy a hinchar por River." (2005, November 22). *Clarín. com.* Retrieved November 22, 2005, from http://www.clarín.com/diario/2005/11/22/um/m-01094457.htm.

Marley, C. (2007). Metaphors of identity in dating ads and newspaper articles. *Text and Talk, 27,* 55–78.

Martin, M. (1991). *"Hello Central?" Gender, technology and culture in the formation of telephone systems.* Montreal: McGill-Queen's University Press.

Martin, V. B. (2008). Attending the news: A grounded theory about a daily regimen. *Journalism, 9,* 76–94.

Martini, S., & Luchessi, L. (2004). *Los que hacen la noticia: Periodismo, información y poder.* Buenos Aires, Argentina: Biblos.

Marvin, C. (1988). *When old technologies were new: Thinking about electric communication in the late nineteenth century.* New York: Oxford University Press.

Mastrini, G., & Becerra, M. (2006). Periodistas y magnates: Estructura y concentración de las industrias culturales en América Latina. Buenos Aires, Argentina: Prometeo.

Mazharul Haque, S. M. (1986). News content homogeneity in elite Indian dailies. *Journalism Quarterly, 63*(4), 827–833.

McManus, J. (1994). *Market-driven journalism: Let the citizen beware?* Thousand Oaks, CA: Sage.

Miceli, W., & Belinche, M. (2002). *Los procesos de edición periodística en los medios gráficos: El caso Clarín.* La Plata, Argentina: Ediciones de Periodismo y Comunicación.

Mills, C. W. (1951). *White collar: The American middle classes.* New York: Oxford University Press.

Mindich, D. (2005). *Tuned out: Why Americans under 40 don't follow the news.* New York: Oxford University Press.

Mitchelstein, E., & Boczkowski, P. (2009). Between tradition and change: A review of recent research on online news production. *Journalism: Theory, Practice, and Criticism, 10,* 562–568.

Morley, D. (1992). *Television, audiences and cultural studies.* London: Routledge.

Mullainathan, S., & Shleifer, A. (2005). The market for news. *American Economic Review, 95,* 1031–1053.

Muraro, H. (1988). Dictatorship and transition to democracy: Argentina, 1973–86. In E. Fox (Ed.), *Media and politics in Latin America: The struggle for democracy* (pp. 116–124). Newbury Park, CA: Sage.

Mustapic, A. (2005). Inestabilidad sin colapso. La renuncia de los presidentes: Argentina en el año 2001. *Desarrollo económico, 45,* 263–280.

Mutz, D. (2006). *Hearing the other side: Deliberative versus participatory democracy.* New York: Cambridge University Press.

Mutz, D., & Mondak, J. (2006). The workplace as a context for cross-cutting political discourse. *Journal of Politics, 68*(1), 140–155.

Napoli, P. (1999). Deconstructing the diversity principle. *Journal of Communication, 49,* 7–34.

Natarajan, K., & Xiaoming, H. (2003). An Asian voice? A comparative study of Channel News Asia and CNN. *Journal of Communication, 53,* 300–314.

Neuman, W. R. (1991). *The future of the mass audience.* Cambridge: Cambridge University Press.

Neuman, W. R. (2001). The impact of the new media. In W. L. Bennett & R. Entman (Eds.), *Mediated politics: Communication and the future of democracy* (pp. 299–320). New York: Cambridge University Press.

Neuman, W. R. (2009, August 7–11). The flow of mediated culture: Trends in supply and demand, 1960–2005. Paper presented at the annual meeting of the American Sociological Association, San Francisco, CA.

Nielsen (2008). Nov. 2008: U.S. news sites see post-election growth. Retrieved April 30, 2009, from http://blog.nielsen.com/nielsenwire/online_mobile/nov-2008-us-news-sites-see-post-election-growth/#more-6425.

Niemi, R., Craig, S., & Mattei, F. (1991). Measuring internal political efficacy in the 1988 National Election Study. *American Political Science Review, 85,* 1407–1413.

Nippert-Eng, C. (1995). *Home and work.* Chicago: University of Chicago Press.

Noelle-Neumann, E. (1973). Return to the concept of powerful mass media. *Studies of Broadcasting, 9*(Spring), 67–112.

Noelle-Neumann, E. (1993). *The spiral of silence: Public opinion—our social skin* (2nd ed.). Chicago: University of Chicago Press.

Noelle-Neumann, E., & Mathes, R. (1987). The "event as event" and the "event as news": The significance of consonance for media effects research. *European Journal of Communication, 2,* 392–414.

Norman, D. (1988). *The psychology of everyday things.* New York: Basic Books.

Norman, D. (1993). *Things that make us smart: Defending human attributes in the age of the machine.* Reading, MA: Addison-Wesley.

Norris, P. (2000). *A virtuous circle.* Cambridge: Cambridge University Press.

O'Donnell, M. (1998). Horizontal accountability in new democracies. *Journal of Democracy, 9,* 112–126.

O'Donnell, M. (2007). *Propaganda K: Una maquinaria de promoción con el dinero del estado.* Buenos Aires, Argentina: Planeta.

Ogan, C. L., Ozakca, M., & Groshek, J. (2008). Embedding the Internet in the lives of college students: Online and offline behavior. *Social Science Computer Review, 26*(2), 170–177.

Online Publishers Association—Europe. (2007). *OPA Europe Internet use at work media consumption study 2007.* Paris: Author.

Open Society Institute. (2005). *Buying the news: A report on financial and indirect censorship in Argentina.* New York: Author.

Orlikowski, W. (1992). The duality of technology: Rethinking the concept of technology in organizations. *Organization Science, 3,* 397–427.

Orlikowski, W. (2000). Using technology and constituting structures: A practice lens for studying technology in organizations. *Organization Science, 11,* 404–428.

Ornebring, H. (2008). The consumer as a producer of what? *Journalism Studies, 9,* 771–785.

Orvell, M. (1989). *The real thing: Imitation and authenticity in American culture, 1880–1940.* Chapel Hill: University of North Carolina Press.

Ottaviani, M., & Sorensen, P. (2000). Herd behavior and investment: Comment. *American Economic Review, 90,* 695–704.

Oudshoorn, N., & Pinch, T. (2003). Introduction: How users and non-users matter. In N. Ousdhoorn & T. Pinch (Eds.), *How users matter: The co-construction of users and technologies* (pp. 1–25). Cambridge, MA: MIT Press.

Paik, H., & Comstock, G. (1994). The effects of television violence on antisocial behavior: A meta-analysis. *Communication Research, 21,* 516–546.

Palmgreen, P., Wenner, L., & Rayburn II, J. D. (1980). Relations between gratifications sought and obtained: A study of television news. *Communication Research, 7,* 161–192.

Papacharissi, Z. (2007). The blogger revolution? Audiences as media producers: Content analysis of 260 blogs. In M. Tremayne (Ed.), *Blogging, citizenship, and the future of media* (pp. 21–38). New York: Routledge.

Park, R. (1981 [1940]). Introduction. In H. Hughes, *News and the human interest story.* New Brunswick, NJ: Transaction.

Patterson, T. (2000). Doing well and doing good: How soft news and critical journalism are shrinking the news audience and weakening democracy—and what news outlets can do about it. Unpublished manuscript, Cambridge, MA.

Pavlik, J. (2000). The impact of technology on journalism. *Journalism Studies, 1,* 229–237.

Pavlik, J. (2001). *Journalism and new media.* New York: Columbia University Press

Pazos, N., Santoro, D., & Viceconte, A. (1995, October 18). Piden que finalice el embargo commercial de EE.UU. a Cuba. *Clarín,* pp. 2–3.

Pea, R. (1993). Practices of distributed intelligence and designs for education. In G. Salomon (Ed.), *Distributed cognitions: Psychological and educational considerations* (pp. 47–87). Cambridge: Cambridge University Press.

Pérez-Peña, R. (2007, December 14). News Corp. completes takeover of Dow Jones. *New York Times.* Retrieved December 29, 2008, from http://www.nytimes.com/2007/12/14/business/media/14dow.html?scp=1&sq=news+corp+%2B+dow+jones&st=nyt.

Perlman, M. (1970). The comparative method: The single investigator and the team approach. In R. Narroll & R. Cohen (Eds.), *A handbook of method in cultural anthropology* (pp. 353–365). New York: Columbia University Press.

Peruzzotti, E. (2005). Demanding accountable government: Citizens, politicians, and the perils of representative democracy in Argentina. In S. Levitsky & M. V. Murillo (Eds.), *Argentine democracy: The politics of institutional weakness* (pp. 229-249). University Park: Pennsylvania State University Press.

Peruzzotti, E., & Smulovitz, C. (2006). Social accountability: An introduction. In E. Peruzzotti & C. Smulovitz (Eds.), *Enforcing the rule of law: Social accountability in the new Latin American democracies* (pp. 3-33). Pittsburgh, PA: University of Pittsburgh Press.

Pew. (2008a). *Networked workers*. Washington, DC: Pew Internet and American Life Project.

Pew. (2008b). *Pew Research Center Biennial News Consumption Survey*. Washington, DC: Pew Research Center for the People and the Press.

Pfaffenberger, B. (1989). The social meaning of the personal computer: Or, why the personal computer revolution was no revolution. *Anthropological Quarterly, 61*, 39-47.

Pinch, T., & Swedberg, R. (2008). Introduction. In T. Pinch & R. Swedberg (Eds.), *Living in a material world: Economic sociology meets science and technology studies* (pp. 1-26). Cambridge, MA: MIT Press.

Pinch, T., & Trocco, F. (2002). *Analog days: The invention and impact of the Moog synthesizer*. Cambridge, MA: Harvard University Press.

Pirkis, J., Burgess, P., Francis, C., Blood, R., & Jolley, D. (2006). The relationship between media reporting of suicide and actual suicide in Australia. *Social Science and Medicine, 62*, 2874-2886.

Plasser, F. (2005). From hard to soft news standards? How political journalists in different media systems evaluate the shifting quality of news. *Press/Politics, 10*(2), 47-68.

Ponce de Leon, C. (2002). *Self-exposure: Human-interest journalism and the emergence of celebrity in America, 1890-1940*. Chapel Hill: University of North Carolina Press.

Postolski, G., & Marino, S. (2005). Relaciones peligrosas: Los medios y la dictadura entre el control, la censura y los negocios. In G. Mastrini (Ed.), *Mucho ruido, pocas leyes: Economía y políticas de comunicación en la Argentina (1920-2004)* (pp. 155-184). Buenos Aires, Argentina: La Crujía.

Poynter Online. (2008). Tag search results for layoffs/buyouts/staff+cuts. *Poynter.org*. Retrieved December 29, 2008, from http://www.poynter.org/search/category.asp?k=Layoffs%2Fbuyouts%2Fstaff+cuts.

Prior, M. (2002). Any good news in soft news? The impact of soft news preference on political knowledge. *Political Communication, 20*, 149-171.

Prior, M. (2007). *Post-broadcast democracy*. Cambridge: Cambridge University Press.

Pritchard, J. (2007, May 10). Calif. Web site outsources reporting. *SFGate.com*. Retrieved May 14, 2007, from http://sfgate.com/cgi-bin/article.cgi?f=/n/a/2007/05/10/financial/f113814D68.DTL.

Putnam, R. (2000). *Bowling alone: The collapse and revival of American community*. New York: Simon & Schuster.

Quandt, T. (2008). News tuning and content management: An observation study of old and new routines in German online newsrooms In C. A. Paterson & D. Domingo (Eds.), *Making online news: The ethnography of new media production* (pp. 77–97). New York: Peter Lang.

Radway, J. (1991). *Reading the romance: Women, patriarchy, and popular literature* (2nd ed.). Chapel Hill: University of North Carolina Press.

Rao, H., Greve, H., & Davis, G. (2001). Fool's gold: Social proof in the initiation and abandonment of coverage by Wall Street analysts. *Administrative Science Quarterly, 46*, 502–526.

Reese, S. D., Rutigliano, L., Hyun, K., & Jeong, J. (2007). Mapping the blogosphere: Professional and citizen-based media in the global news arena. *Journalism, 8*(3), 235–261.

Reinemann, C. (2004). Routine reliance revisited: Exploring media importance for German political journalists. *Journalism and Mass Communication Quarterly, 81*, 857–876.

Reinoso, S. (2007, February 4). Los periodistas ya no son intermediarios necesarios. *La Nación*, Enfoques Section, p. 1.

Rhee, M., Kim, Y.-C., & Han, J. (2006). Confidence in imitation: Niche-width strategy in the UK automobile industry. *Management Science, 52*, 501–513.

Rice, R., & Gattiker, U. (2001). New media and organizational structuring. In F. Jablin & L. Putnam (Eds.), *The new handbook of organizational communication: Advances in theory, research, and methods* (pp. 544–581). Thousand Oaks, CA: Sage.

Rivkin, J. (2000). Imitation of complex strategies. *Management Science, 46*, 824–844.

Roa, R. (2007, December 4). La redacción definida por el contenido. Paper presented at the seminar "Convergence: The new multimedia newsroom," Inter-American Press Association, Miami, FL.

Robinson, J. P., & Levy, M. (1986). Interpersonal communication and news comprehension. *Public Opinion Quarterly, 50*, 160–175.

Romero, L. A. (2002). *A history of Argentina in the twentieth century* (J. Brennan, Trans.). University Park: Pennsylvania State University Press.

Rosenberg, M. (1955). Determinants of political apathy. *Public Opinion Quarterly, 18*, 349–366.

Rosenkopf, L., & Tushman, M. (1994). The coevolution of technology and organization. In J. Baum & J. Singh (Eds.), *Evolutionary dynamics of organizations* (pp. 403–424). New York: Oxford University Press.

Rosenstiel, T. (2005). Political polling and the new media culture: A case of more being less. *Public Opinion Quarterly, 69*, 698–715.

Rossi, D. (2005). La radiodifusión entre 1990–1995: Exacerbación del modelo privado-comercial. In G. Mastrini (Ed.), *Mucho ruido, pocas leyes: Economía y* políticas de comunicación en la Argentina (1920–2004) (pp. 235–255). Buenos Aires, Argentina: La Crujía.

Sahlins, M. (1976). *Culture and practical reason*. Chicago: University of Chicago Press.

Sauder, M., & Lancaster, R. (2006). Do rankings matter? The effects of *U.S. News & World Report* rankings on the admissions process of law schools. *Law and Society Review, 40,* 105–134.

Scharfstein, D., & Stein, J. (1990). Herd behavior and investment. *American Economic Review, 80,* 465–479.

Scharfstein, D., & Stein, J. (2000). Herd behavior and investment: Reply. *American Economic Review, 90,* 705–706.

Scheufele, D. A., & Nisbet, M. C. (2002). Being a citizen online: New opportunities and dead ends. *Harvard International Journal of Press-Politics, 7*(3), 55–75.

Schiffer, A. J. (2006). Blogswarms and press norms: News coverage of the Downing Street Memo controversy. *Journalism and Mass Communication Quarterly, 83*(3), 494–510.

Schifferes, S., Ward, S., & Lusoli, W. (2007). What's the story . . . ? Online news consumption in the 2005 UK election. Unpublished manuscript.

Schiller, D. (1981). *Objectivity and the news*. Philadelphia: University of Pennsylvania Press.

Schiller, H. (1973). *The mind managers*. Boston: Beacon Press.

Schoenbach, K., de Waal, E., & Lauf, E. (2005). Research note: Online and print newspapers—their impact on the extent of the perceived public agenda. *European Journal of Communication, 20*(2), 245–258.

Schudson, M. (1978). *Discovering the news*. New York: Basic Books.

Schudson, M. (1986). Deadlines, datelines, and history. In R. Manoff & M. Schudson (Eds.), *Reading the news* (pp. 79–108). New York: Pantheon.

Schudson, M. (2003). *The sociology of news*. New York: W. W. Norton.

Schwoch, J. (1993). Broadcast media and Latin American politics: The historical context. In T. Skidmore (Ed.), *Television, politics, and the transition to democracy in Latin America* (pp. 38–54). Baltimore, MD: Johns Hopkins University Press.

Scott, D., & Gobetz, R. (1992). Hard news/soft news content of the national broadcast networks, 1972–1987. *Journalism Quarterly, 69*(2), 406–412.

Scott, W. R. (2001). *Institutions and organizations* (2nd ed.). Thousand Oaks, CA: Sage.

Shoemaker, P., & Cohen, A. (Eds.). (2006). *News around the world*. New York: Routledge.

Shoemaker, P., & Reese, S. (1996). *Mediating the message: Theories of influences on mass media content*. New York: Longman.

Sidicaro, R. (1993). *La política mirada desde arriba: Las ideas del diario "La nación," 1909–1989*. Buenos Aires, Argentina: Sudamericana.

Silverstone, R. (1994). *Television and everyday life*. London: Routledge.

Silverstone, R., & Haddon, L. (1996). Design and domestication of information and communication technologies: Technical change and everyday life. In R. Mansell & R. Silverstone (Eds.), *Communication by design: The politics of information and communication technologies* (pp. 44–74). New York: Oxford University Press.

Skidmore, T. (1993). Politics and the media in a democratizing Latin America. In T. Skidmore (Ed.), *Television, politics, and the transition to democracy in Latin America* (pp. 1–22). Baltimore, MD: Johns Hopkins University Press.

Slack, J. D., & Wise, J. M. (2002) Cultural studies and technology. In L. A. Lievrouw & S. Livingstone (Eds.). *The handbook of new media: Social shaping and consequences of ICTs* (pp. 485–501). London: Sage.

Smith, F. L. (1990). *Perspectives on radio and television* (3rd ed.). New York: Harper & Row.

Sousa, H. (2006). Information technologies, social change and the future: The case of online journalism in Portugal. *European Journal of Communication, 21*, 373–387.

Sparks, C. (2000). The panic over tabloid news. In C. Sparks & J. Tulloch (Eds.), *Tabloid tales: Global debates over media standards* (pp. 1–40). Lanham, MD: Rowman & Littlefield.

Spence, M. (1976). Product differentiation and welfare. *American Economic Review, 66*, 407–414.

Spence, M., & Owen, B. (1977). Television programming, monopolistic competition, and welfare. *Quarterly Journal of Economics, 91*, 103–126.

Spigel, L. (1992). *Make room for TV: Television and the family ideal in postwar America*. Chicago: University of Chicago Press.

Spragens, W. (1995). *Electronic magazines*. Westport, CT: Praeger.

Sproull, L., & Kiesler, S. (1991). *Connections: New ways of working in the networked organization*. Cambridge, MA: MIT Press.

Stack, S. (2000). Media impacts on suicide: A quantitative review of 293 findings. *Social Science Quarterly, 81*, 957–971.

Stahlberg, P. (2006). On the journalist beat in India: Encounters with the near familiar. *Ethnography, 7*, 47–67.

Standard and Poor's. (2005). *Arte Grafico Editorial Argentino S.A.: Rating report*. Buenos Aires, Argentina: Author.

Star, S. L., & Bowker, G. (2002). How to infrastructure. In L. Lievrouw & S. Livingstone (Eds.), *Handbook of new media* (pp. 151–162). London: Sage.

Star, S. L., & Ruhleder, K. (1996). Steps toward an ecology of infrastructure: Design and access for large information spaces. *Information Systems Research, 7*, 111–134.

Stark, D. (2009). *The sense of dissonance: Accounts of worth in economic life*. Princeton, NJ: Princeton University Press.

Staudenmaier, J. (1989). *Technology's storytellers: Reweaving the human fabric*. Cambridge, MA: MIT Press.

Steiner, P. (1952). Program patterns and preferences, and the workability of competition in radio broadcasting. *Quarterly Journal of Economics, 66*, 194–223.

Strang, D., & Macy, M. (2001). In search of excellence: Fads, success stories, and adaptive emulation. *American Journal of Sociology, 107*, 147–182.

Strauss, A., & Corbin, J. (1990). *Basics of qualitative research.* Newbury Park, CA: Sage.

Suchman, L. (2000, February 28). Working relations of technology production and use. Paper presented at the Heterarchies Seminar, Columbia University, NY.

Sumpter, R. (2000). Daily newspaper editors' audience construction routines: A case study. *Critical Studies in Media Communication, 17*, 334–346.

Sunstein, C. (2001). *Republic.com.* Princeton, NJ: Princeton University Press.

Sunstein, C. (2006). *Infotopia: How many minds produce knowledge.* New York: Oxford University Press.

Sutton, B. (2007). *Poner el cuerpo:* Women's embodiment and political resistance in Argentina. *Latin American Politics and Society, 49*, 129–162.

Svampa, M. (2005). *La sociedad excluyente: La Argentina bajo el signo del neoliberalismo.* Buenos Aires, Argentina: Taurus.

Tarde, G. (1903 [1890]). *The laws of imitation* (E. C. Parsons, Trans.). New York: Henry Holt.

Taussig, M. (1993). *Mimesis and alterity: A particular history of the senses.* New York: Routledge.

Tewksbury, D., Hals, M., & Bibart, A. (2008). The efficacy of news browsing: The relationship of news consumption style to social and political efficacy. *Journalism and Mass Communication Quarterly, 85*, 257–272.

Thomas, W., & Thomas, D. (1970 [1917]). Situations defined as real are real in their consequences. In G. Stone & H. Farberman (Eds.), *Social psychology through symbolic interaction* (pp. 54–155). Waltham, MA: Xerox Publishers.

Thorson, E. (2007). Changing patterns of news consumption and participation: News recommendation engines. *Information, Communication, and Society, 4*, 473–489.

Thurman, N. (2008). Forums for citizen journalists? Adoption of user generated content initiatives by online news media. *New Media and Society, 10*(1), 139–157.

Tolbert, C. J., & McNeal, R. S. (2003). Unraveling the effects of the Internet on political participation? *Political Research Quarterly, 56*(2), 175–185.

Trammell, K. D., Tarkowski, A., & Sapp, A. M. (2006). Rzeczpospolita blogow [republic of blog]: Examining Polish bloggers through content analysis. *Journal of Computer-Mediated Communication, 11*(3). Retrieved June 9, 2008, from http://jcmc.indiana.edu/v0111/issue3/trammell.html.

Trueman, B. (1994). Analyst forecasts and herding behavior. *Review of Financial Studies, 7*, 97–124.

Tuchman, G. (1978). *Making news.* New York: Free Press.

Turow, J. (1983). Local television: Producing soft news. *Journal of Communication, 33*, 111–123.

Turow, J. (1997). *Breaking up America: Advertisers and the new media world.* Chicago: University of Chicago Press.

Turow, J. (2005). Audience construction and culture production: Marketing surveillance in the digital age. *Annals of the American Academy of Political and Social Science, 597,* 103–121.

Turow, J. (2006). *Niche envy: Marketing discrimination in the digital age.* Cambridge, MA: MIT Press.

Ulanovsky, C. (2005a). *Paren las rotativas: Diarios, revistas y periodistas (1920–1969).* Buenos Aires, Argentina: Emece.

Ulanovsky, C. (2005b). *Paren las rotativas: Diarios, revistas y periodistas, 1970–2000* (2nd ed.). Buenos Aires, Argentina: Emece.

Ulanovsky, C., Merkin, M., Panno, J. J., & Tijman, G. (2005a). *Días de radio, 1920–1959* (2nd ed.). Buenos Aires, Argentina: Emece.

Ulanovsky, C., Merkin, M., Panno, J. J., & Tijman, G. (2005b). *Días de radio, 1960–1995* (2nd ed.). Buenos Aires, Argentina: Emece.

Underwood, D. (1993). *When MBAs rule the newsroom: How marketers and managers are reshaping today's media.* New York: Columbia University Press.

Velthuis, O. (2006). Inside a world of spin: Four days at the World Trade Organization. *Ethnography, 7,* 125–150.

Voakes, P. S., Kapfer, J., Kurpious, D., & Shano-Yeon, D. C. (1995). Diversity in the news: A conceptual and methodological framework. *Journalism and Mass Communication Quarterly, 73,* 582–593.

Waisbord, S. (2000). *Watchdog journalism in South America: News, accountability, and democracy.* New York: Columbia University Press.

Waisbord, S. (2006). Reading scandals: Scandals, media, and citizenship in contemporary Argentina. In E. Peruzzotti & C. Smulovitz (Eds.), *Enforcing the rule of law: Social accountability in the new Latin American democracies* (pp. 272–303). Pittsburgh, PA: University of Pittsburgh Press.

Webster, J. (1998). The audience. *Journal of Broadcasting and Electronic Media, 42,* 190–207.

Webster, J., & Phalen, P. (1997). *The mass audience: Rediscovering the dominant model.* Mahwah, NJ: Lawrence Erlbaum.

Weimann, G., & Fishman, G. (1995). Reconstructing suicide: Reporting suicide in the Israeli press. *Journalism and Mass Communication Quarterly, 72,* 551–558.

Welch, I. (1992). Sequential sales, learning, and cascades. *Journal of Finance, 47,* 695–732.

Wellman, B., Quan-Haase, A., Boase, J., Chen, W., Hampton, K., Isla de Diaz, I., et al. (2003). The social affordances of the Internet for networked individualism. *Journal of Computer-Mediated Communication, 8*(3). http://www3.interscience.wiley.com/cgi-bin/fulltext/120837880/HTMLSTART.

Wermers, R. (1999). Mutual fund herding and the impact on stock prices. *Journal of Finance, 54,* 581–622.

Westney, D. E. (1987). *Imitation and innovation: The transfer of Western organizational patterns to Meiji Japan.* Cambridge, MA: Harvard University Press.

White, H. (1981). Where do markets come from? *American Journal of Sociology, 87,* 514–547.

White, P. (1997). Death, disruption and the moral order: The narrative impulse in mass-media "hard news" reporting. In F. Christie & J. Martin (Eds.), *Genres and institutions: Social processes in the workplace and school* (pp. 101–133). London: Cassell.

Whitson, R. (2007). Hidden struggles: Spaces of power and resistance in informal work in urban Argentina. *Environment and Planning A, 39,* 2916–2934.

Williams, B. A., & Delli Carpini, M. X. (2000). Unchained reaction: The collapse of media gatekeeping and the Clinton-Lewinsky scandal. *Journalism, 1*(1), 61–85.

Williams, R., & Edge, D. (1996). The social shaping of technology. *Research Policy, 25,* 865–899.

Winner, L. (1986). Mythinformation. In L. Winner (Ed.), *The whale and the reactor: A search for limits in an age of high technology* (pp. 98–117). Chicago: University of Chicago Press.

Woolgar, S. (1991). Configuring the user: The case of usability trials. In J. Law (Ed.), *A sociology of monsters* (pp. 57–99). London: Routledge.

World Bank. (2008). *Data and research*. Retrieved November 28, 2008,from //web.worldbank.org/WBSITE/EXTERNAL/DATASTATISTICS/0,,contentMDK:20535285~menuPK:1192694~pagePK:64133150~piPK:64133175~theSitePK:239419,00.html.

Wyatt, R., Katz, E., & Kim, J. (2000). Bridging the spheres: Political and personal conversation in public and private places. *Journal of Communication, 50,* 71–92.

Wyatt, S. (2007). Technological determinism is dead; long live technological determinism. In E. Hackett, O. Amsterdamska, M. Lynch, & J. Wajcman (Eds.), *The handbook of science and technology studies* (3rd ed., pp. 165–180). Cambridge, MA: MIT Press.

Yates, J. (1989). *Control through communication: The rise of system in American management*. Baltimore, MD: Johns Hopkins University Press.

Yates, J. (2005). *Structuring the information age: Life insurance and technology in the twentieth century*. Baltimore, MD: Johns Hopkins University Press.

Ye, X., & Li, X. (2006). Internet newspapers' public forum and user involvement. In X. Li (Ed.), *Internet newspapers: The making of a mainstream medium* (pp. 243–259). Mahwah, NJ: Lawrence Erlbaum.

Young, D., & Tisinger, R. (2006). Dispelling late-night myths: News consumption among late-night comedy viewers and the predictors of exposure to various late-night shows. *Harvard International Journal of Press/Politics, 11,* 113–134.

Zaller, J. (2003). A new standard of news quality: Burglar alarms for the monitorial citizen. *Political Communication, 20,* 109–130.

Zelizer, B. (1993). Journalists as interpretive communities. *Critical Studies in Mass Communication, 10,* 219–237.

Zelizer, B. (2004). *Taking journalism seriously*. Thousand Oaks, CA: Sage.

Zelizer, V. (2005a). Culture and consumption. In N. Smelser & R. Swedberg (Eds.), *The handbook of economic sociology* (2nd ed., pp. 331–354). Princeton, NJ: Princeton University Press.

Zelizer, V. (2005b). *The purchase of intimacy*. Princeton, NJ: Princeton University Press.

Zelizer, V. (2009). Intimacy in economic organizations. *Research in the Sociology of Work, 19,* 23–55.

Zhou, Y. Q., & Moy, P. (2007). Parsing framing processes: The interplay between online public opinion and media coverage. *Journal of Communication, 57*(1), 79–98.

Zuboff, S. (1988). *In the age of the smart machine: The future of work and power*. New York: Basic Books.

Zuckerman, E., & Sgourev, S. (2006). Peer capitalism: Parallel relationships in the U.S. economy. *American Journal of Sociology, 111,* 1327–1366.

Zukernik, E. (2005). *Hechos y noticias: Claroscuros de la prensa gráfica en la Argentina*. Buenos Aires, Argentina: La Crujía.

Zukin, S., & Smith Maguire, J. (2004). Consumers and consumption. *Annual Review of Sociology, 30,* 173–197.

Zuleta-Puciero, E. (1993). The Argentine case: Television in the 1989 presidential campaign. In T. Skidmore (Ed.), *Television, politics, and the transition to democracy in Latin America* (pp. 55–81). Baltimore, MD: Johns Hopkins University Press.

Zwiebel, J. (1995). Corporate conservatism and relative compensation. *Journal of Political Economy, 103,* 1–25.

索 引

（以下页码为原著页码，即本书正文中的边码）

Accornero, Daniel 丹尼尔·阿科尔内罗, 42

agency: in consumer choices 自主性：消费者选择, 143, 154-55, 162-63, 167; in media consumption 媒体消费, 169; participatory forms of 参与式自主性, 162, 164-69, 172, 182-86, 202, 215n7

Albornoz, L. L. 阿尔博诺兹, 22

Alfonsín, Raúl 劳尔·阿方辛, 29

Alves, R. C. R. C. 阿尔维斯, 29

Amato, Alberto 阿尔伯托·阿马托, 61, 83-84, 141

Anteby, M. M. 安特比, 210n4

Arce, María 玛丽亚·阿尔塞, 41-42, 77

Argentina 阿根廷 28-31; financial crisis of 2001-2002 in, 2001—2002年阿根廷金融危机 22-23, 36-37, 160-62, 212n9; governance of, 政府治理 29-31; gross domestic product of, 国内生产总值 28; media system of, 媒体体系 28-29, 206nn9-10; population of, 人口 28, 206n7; skepticism about social reform in, 对社会变革的怀疑态度 160-62, 168

Argentina's news industry 阿根廷新闻业, 12-14, 22-24, 28-31, 174, 206nn9-10, 213n2; employment stability in 职业稳定性, 29, 206n11; government attempts to manipulate 政府试图控制, 31, 86, 113-15, 207n12, 210nn13-14; horizontal consolidation in 媒介业横向整合, 30; watchdog role of, 媒介的监督角色 29-30

Armony, A. A. 阿莫尼, 161

Armony, V. V. 阿莫尼, 161

Associated Press 美联社, 124, 180

Autonomous University of Madrid 西班牙马德里自治大学, 12

Bachanian, Leo 列奥·巴钦尼, 64

Baden-Fuller, C. C. 巴登-富勒, 18-19

Barreto, I. I. 巴雷托, 18-19

Baum, M. M. 鲍姆, 55

Benjamin, Walter 沃尔特·本雅明, 172

Benkler, Y. Y. 本克拉, 182

Bikhchandani, S. S. 毕詹达妮, 18

Blanck, Julio 胡里奥·布兰克, 61, 69, 145, 146-47, 148

blogs and online forums 博客和网上论坛, 11, 164-68

Boczkowski, P. P. 博奇科夫斯基, 55, 214n1

Bogart, L. L. 博加特, 125

Bologna University 博洛尼亚大学, 12

Botana, Natalio 纳塔利奥·博塔纳, 211n1

Bourdieu, P. P. 布尔迪厄, 80

The Boys on the Bus (Crouse)《公共汽车上的男孩》(克鲁斯), 17

breaking news stories 突发新闻, 2-3, 34, 40, 56, 124-25, 184

Breed, W. W. 布里德, 17

broadcast media 广播媒体, 2, 110, 125-26

Bruno, Adriana 阿德里安娜·布鲁诺, 62

the *cablera* at Clarín.com 号角报网络版的有线盒, 65-66, 79

Cannavaro, Fabio 法比奥·卡纳瓦罗, 68

Capdevila, Inés 伊内斯·卡普德维拉, 59, 69, 77, 81, 147

Chávez, Hugo 乌戈·查韦斯, 84

Chiappetta, Julio 胡里奥·查佩塔, 64

Cipriani, M. M. 西普里亚尼, 19

Clarín《号角报》, 1, 4-5, 22-24; computer homepages at 网站主页, 69-70; as conglomerate organization 媒介集团, 30, 34; feature story production at 专题报道生产, 49-50; front page of 头版、首页, 83-95; journalism programs of 新闻学课程, 12; market of 市场份额, 22, 28, 206n4; monitoring of media outlets at 监看新闻渠道, 61-62, 64; news production at 新闻生产, 44-46; reader profiles for 读者特征, 70-71;

separation of print and online newsrooms at 印刷与网络新闻编辑部的分离, 33, 44-46, 49-50, 200

Clarín.com《号角报》的网络版, 1-4, 22-23, 34; autonomy from print newsrooms at 独立于印刷新闻编辑部, 33, 44-46, 49-50, 200; Conexiones unit of Conexiones 部门, 34-35, 37-38, 46-50, 73; content production at 内容生产, 36-57, 207n1; dynamics of increased production at 增加产量的目的, 78-79; hard-*vs.* soft-news production at 硬新闻与软新闻生产比较, 34-35, 37-38, 72-74, 174, 207n3, 207n5; homepage content of 主页、头版内容, 86-95; homepage design of 头版、主页设计, 37-38, 39, 48; leadership changes in 领导层改变, 11-12, 199-201; monitoring of media outlets at 监看新闻领域, 60-62, 66, 78; most-clicked stories of 点击量最高的报道, 26-27, 131-33, 149-53; patterns of site usage at 用户的网站使用模式, 1-2, 37, 41, 47; reader profiles for 读者特征, 37, 72;

temporal patterns of news production at 新闻生产时间模式, 2, 38-46; Ultimo Momento unit of Ultimo Momento 部门, 34-35, 37-38, 41-46

CNN 美国有线电视新闻网, 180

colocation of social networks 现有的社会关系, 65, 80, 177

Columbia University 哥伦比亚大学, 12

communication/media studies 传播学、媒介研究, 16-21; on hard and soft news 硬新闻和软新闻, 38-40, 54-55; on imitation of violent media content 消费者模仿媒体的暴力内容, 16; on leisure in news consumption 休闲式消费新闻, 139-40, 211n11; on news production practices 新闻生产实践, 7-8, 17, 19; on pack journalism 跟风新闻, 7, 16-17, 80-81; on production-consumption divide 生产与消费的分裂, 10, 14, 21, 169-70, 177-78; on production-product divide 生产过程与产品的分裂, 7-10, 14, 19, 112; on reputation dynamics in news production 新闻生产影响职业声誉, 75; on sociability in news consumption 新闻消费的社交性, 134

Conexiones unit (Clarín. com) Conexiones 部门（《号角报》网络版）34–35, 37–38, 46–50, 73; content production at 内容生产, 48–50, 51; differentiation from print unit at Clarín 与《号角报》的纸媒部门不同, 49–50; magazine style of 杂志风格, 48; monitoring of online media outlets at 监看其他媒体的网络新闻, 64; work environment at 工作环境, 35, 48–49, 50, 53–54

consumer-driven reform of news homogeneity 消费者驱动的新闻同质化的改革, 182–86

consuming homogenized news 消费同质化新闻, 5–7, 141–70, 213n11; comparison of story choices in 报道选择的比较, 5–6, 142–43, 149–55, 168, 200–203, 211–12nn3–6, 214–15nn2–7; consumer agency in 消费者主观能动性, 143, 154–55, 162–69, 202, 215n7; journalists' awareness of consumer choices in 记者对消费者选择的认知, 142–48, 211n1; likelihood of change in 改变新闻同质化的可能, 142–43, 160–62; production-consumption divide in 生产与消费分离, 10, 14, 20–21, 169–70, 177–78; readers' reactions to 读者消费同质化新闻的感受, 142–43, 155–62, 168; skepticism and alienation in 怀疑和疏离感, 161–62, 168, 212nn9–10; study methodology of 研究方法, 26–27, 196–97; thematic trends in 主题趋势, 142–43, 149–53, 169–70

consumption patterns 消费模式, 5–7, 116–40, 174, 210nn1–2; age factors in 年龄因素, 119, 210n2; country comparisons of 国家间对比, 31–33, 126, 210n1; production-consumption divide in 生产和消费分离, 9–10, 14, 20–21, 177; reader profiles in 读者特征, 37, 70–72; sequence and dynamics of 顺序和变化, 41, 47, 117, 120–25; sociability in 社交性, 117–18, 134–37, 211nn7–10; study methodology of 研究方法, 26–27, 195–98; temporal and spatial coordinates of 空间与时间坐标, 117, 125–33, 138–39; theoretical analysis of 理论分析, 8–10, 20–21, 137, 139–40, 176–78; on weekends 周末

的消费模式，46，125-26，130-33

content analysis of overlap 对重合内容的分析，4-6，84-86，206n6; of front-and home-page construction 首页和头版的建构，25-26，83-91，189，208n1（ch.4）; of most-clicked online stories 点击量最高的网络新闻，5-6，149-55，170，196-97; of narrative construction 叙事建构，103-9，192-94; of news presentation 新闻呈现，95-103，190-92; of story selection 报道选择，90-95，189-90，209nn4-5

context 语境，10-14，27-33，174，201-3

Cook，T. T. 库克，17

Cottle，S. S. 科特尔，111

Crouse，T. T. 克劳斯，17

Culell，Guillermo 吉勒莫·库莱利，1-2，36-37，40，199-200; on news-at-work phenomenon "工作中的新闻"现象，57; on soft-news production 软新闻生产，73-74; on speed 速度，42

cultural and political consequences of imitation. 模仿对文化和政治的影响

Darnton，R. R. 达恩顿，21

D'Atri，Darío 达里奥·德阿特利，199-201

Dauter，L. L. 多泰，10

Dayan，D. D. 戴扬，125

decoding of news content 解码新闻内容，148，211n2

democratic reforms 民主改革，29-30，180-81

Devenow，A. A. 德维诺，18

Diario El País，《国家报》，12

Diego，Guadalupe 瓜达卢普·迭戈，146

DiMaggio，P. P. 迪马乔，18

divergent logics of hard *vs.* soft news 硬新闻和软新闻的逻辑分野，50-57，207n5; in homogenization of news products 新闻产品同质化，89-91，108-11，209n12; in monitoring and imitation of competitors 监看和模仿对手，72-78

diversity of news content. 新闻内容多样化

Dobrev，S. S. 杜波夫，19

Domínguez，Javier 泽维尔·多明格斯，64，69

Dow Jones 道琼斯公司，180

Duhalde，Eduardo 爱德华多·杜哈德，30

dynamics and consequences of imitation 模仿的动力和影响, 171–86; conceptual framework of 概念性框架, 174–78; consumer-driven social reform in 消费者驱动的社会改革, 172, 182–86; growth of generic content in 一般化内容的增长, 172, 178–80; power and powerlessness in 权力和无力感, 6, 161–62, 168, 185, 212n10; quantity-quality trade-offs in 质量和数量此消彼长, 172–73, 185–86; reduction of watchdog journalism in 监督报道的减少, 172, 180–82, 213n3

economics scholarship, 经济学研究 16, 18–21; on herd behavior, 从众行为 7, 18–19; product outcomes in 最终产品, 7–8, 18–19; on role of reputation in imitation 声誉在模仿行为中扮演的角色, 75

editorial work 编辑工作

Eliasoph, N. N. 埃利亚索, 211n8

Erickson, B. B. 埃里克森, 211n9

ethnography of news consumption 新闻消费民族志

features 专题报道

Fernández Canedo, Daniel 丹尼尔·费尔南德斯·卡内多, 71, 95, 145

Fesquet, Silvia 西尔维娅·法斯奎特, 70

Fligstein, N. N. 弗雷格斯坦, 10

Foglia, Marcos 马科斯·弗格里亚, 43–44, 73

Foot, K. K. 富特, 8, 20

Franco, Marcelo 马塞洛·弗朗哥, 36, 73

French online news consumption 法国网络新闻消费, 32

front pages 首页, 25, 83–95

Gans, H. H. 甘斯, 143

García, E. E. 加西亚, 207n1

Gauntlett, D. D. 冈特利特, 125

gender factors in news production 新闻生产中的性别因素, 53

German online news consumption 德国网络新闻消费, 32

González, Fernando 费尔南多·冈萨雷斯, 62, 70–71, 101, 141

"grey zones" of organizations 组织的"灰色地带", 210n4

Grupo Clarín 号角集团, 23, 34

Grupo El Comercio 纪事报集团, 11–12

Guarino, A. A. 瓜里诺, 19

Hallin, D. D. 哈林, 28
hard news 硬新闻, 38-40, 174, 179-80; at Clarín.com's Ultimo Momento unit《号角报》网络版的 Ultimo Momento 部门, 41-46; homogenization in 同质化, 84-86, 89-91, 108-9, 173; monitoring and imitation in 监看和模仿, 60, 72-74, 77-78, 173; narrative construction of 叙事建构, 103-9; presentation of 呈现, 95-103; story selection of 报道选择, 86-95, 149-55; temporality of 时间的特性, 38-46, 65-66; Tuchman's categories of 塔奇曼的分类方法, 189-90, 214n1 (appen. A)
herd behavior 从众行为, 7, 16-19
Hill, A. A. 希尔, 125
Hindman, M. M. 辛德曼, 11
Hirshleifer, D. D. 赫什莱佛, 18
homepages: content of 主页: 内容, 86-95; design of 设计, 2, 37-38, 39, 48, 86
homogenization of news products 新闻产品同质化, 3-7, 83-115, 153-54, 171-74; across countries 存在于各个国家, 32-33, 174; divergent logics of hard vs. soft news in 软硬新闻的逻辑分野, 89-91, 108-11, 209n12; in front-page and homepage construction 首页和头版的建构, 83-86; government's role in 政府的角色, 31, 86, 113-15, 207n12, 210nn13-14; in homogenization of news products (cont.) narrative construction 新闻产品同质化叙事建构, 103-9, 209nn8-9; in news presentation 在新闻呈现中, 95-103; role of la mirada in 视角的作用, 95, 101, 103, 109, 111-12; in story selection 报道选择, 86-95, 209nn4-5; study methodology of 研究方法, 24-26, 84-86, 189-94, 208nn1-2 (ch. 4); supply-and demand-side factors in 供需侧因素, 111-12, 153-54; of textual elements 文本元素, 98-99; in thematic patterns 主题模式, 89, 91-93, 103; in theories of imitation 模仿理论, 7-8, 17-19, 80-81, 111-12, 174-75, 205-6nn1-3; variance patterns in 差异规律, 89, 94, 111-12, 113-15; of visual elements

视觉元素, 100
horizontal accountability 水平问责制度, 181
humanities studies of mimesis 人文学科中的拟态概念, 16

imitation of monitored media outlets 模仿被监看的媒体, 3–7, 67–77, 153, 169–70, 174–78; divergent logics of hard vs. soft news in 软硬新闻的逻辑分野, 72–78; logic of replication in 复制的逻辑, 67–69; patterns of intraorganizational connections in 组织内部的关联模式, 68–69, 76; patterns of sourcing in 接触信源的模式, 69–70, 76, 80–82; print journalist perceptions of 与印刷报纸的报道保持一致, 74–75; representation of the consumer in 对消费者的认知, 70–72, 76, 82; reputation dynamics of 声誉的动态机制, 75, 82; role of *la mirada* in 视角的角色, 70–71, 74, 208n4; temporal contexts of 时间要素, 76–77

Infobae, 25, 209n3, 一家阿根廷报纸
Infobae.com Infobae 的网络版, 3; content analysis of news stories in 新闻的内容分析, 4, 25–26, 86–95; most-clicked stories of 点击量最高的报道, 27, 131–33
instant messaging（IM）即时消息, 43–44, 50, 51, 66, 118
Inter American Press Association 美洲新闻协会, 12
interorganizational mimicry 组织间的模仿, 7, 16, 18–19; consensus formation in 共识的形成, 68–69; role of scopic infrastructures in 监看基础设备的作用, 80–81
Italian online news consumption 意大利网络新闻消费, 32

Jenkins, H. H. 詹金斯, 183
journalists: awareness of consumer choices of 记者：对消费者选择的认知, 142–48, 153, 211n1; public affairs story preferences of 对公共事务新闻的偏好, 149–53, 168, 200–203, 211–12nn3–6, 214n4（ch. 7）, 214–15nn2–7

Katz, E. E. 卡茨, 125
Keynes, J. M. J. M. 凯恩斯, 75
Kirchner（Néstor）administration 基什内尔（内斯托尔）政府, 31; cover-age of 对政府的报道, 84–

85; flow of information from 信息流动, 86, 113-15, 207n12, 210n13

Kirschbaum, Ricardo 里卡多·基斯鲍姆, 4

Knorr Cetina, K. K.克诺尔·塞蒂纳, 79-80

Kotlar, Federico 费德里克·考拉, 200

La Nación《民族报》, 22-24; front page of 头版, 83-87; journalism programs of 新闻学课程, 12; market of 市场, 22, 28, 206n4; separation of print and online newsrooms at 印刷与网络新闻编辑部的分离, 33, 200

Lanacion.com《民族报》的网络版, 3, 22-23; alignment with print newsroom at 与印刷报纸的报道保持一致, 63; homepage content of 首页内容, 86-95; most-clicked stories of 点击量最高的新闻, 26-27, 131-33; reader profiles for 读者特征, 72; site usage patterns of 使用网站的规律, 205n2; temporal patterns of news production at 新闻生产的时间规律, 40-41

Lawrence, R. R.劳伦斯, 19

The *Laws of Imitation* (Tarde) 模仿律（塔尔德）, 16

leadership changes 领导层改变, 11-12, 199-201, 214n1

life cycle of imitation 模仿的生命周期, 14, 86

localized conformity 局部一致, 18

logic of replication 复制的逻辑, 67-69

Lull, J. J.勒尔, 121

MacGregor, P. P.麦格雷戈, 32

MacKenzie, D. D.麦肯齐, 20

Mancini, P. P.曼西尼, 28

Manski, C. C.曼斯基, 19

market competitiveness 市场竞争力, 111-12

Mazzei, Marcela 马塞拉·玛泽伊, 49, 64

Mediterranean media systems 地中海媒体系统, 28-29

Menem, Carlos 卡洛斯·梅内姆, 30, 103, 207n12

Messi, Virginia 弗吉尼亚·梅西, 75

Middono, Miguel 米格尔·米多诺, 46, 66, 67

Miguez, Daniel 丹尼尔·米格斯, 64

Mills, C. C.米尔斯, 140

mimesis（in literary criticism）拟态（在文学批评中），16

mimetic isomorphism 模仿的同构，18

la mirada（unique perspective）: as response to homogenization of news products 视角（独特的视角）：新闻产品同质化的应对之策，95，101，103，108，111-12; as response to imitation of the competition 对竞争中的模仿的应对之策，71，74，208n4

Mitchelstein, E. E. 米修斯坦因，55，214n1

Mitre, Bartolomé 巴托洛梅·米特雷，23

monitoring of other media outlets 监看其他媒体渠道，3-5，32，58-82，169-70，175; alignment with print counterparts in 与印刷新闻部保持一致，63-65; daily routines of 每日的常规工作，60-61; impact of leadership changes on 领导层改变的影响，199-201，214n1; increased observability in 增加的可观察性，81-82; logics of replication from 复制的逻辑，67-77; purpose of 目标，61-62; technology of 技术，20，32，60，65-66，77-80，176; variance patterns in 监看方式的差异，60，66，78-79，82

most-clicked stories 点击量最高的报道，26-27，131-33，145，149-55，196-97

narrative construction 叙事建构，103-9，192-94，209nn8-9

neoliberalism 新自由主义，30，160

News and the Human Interest Story（Hughes）《新闻和趣味新闻的报道》（休斯），154-55

news-at-work phenomenon "工作中的新闻"现象，1-7，31-33，116-40，171-74，205nn2-3; daily routines of 每日惯例，116-17; displacement of print and broadcast media by 取代广播和印刷媒体，118，210n1; evolution of 演变，37-39，207n2; impact on news production of 对新闻生产的影响，41，47，57; reader profiles for 读者特征，37，72; sense of guilt in 愧疚感，126-27，130，138，210n4; social aspects of 社交方面，134-37，153，164，211nn7-9

News Corporation 新闻集团，180

Nippert-Eng, C. C. 尼普特-恩格，

140, 211n6

Noble, Roberto 罗伯托·诺布尔, 23

Noelle-Neumann, E. E. 诺埃尔-诺依曼, 173

non-public affairs stories 非公共事务新闻, 5-6, 178-79; consumers' preferences for 消费者偏好, 143-53, 201-3, 214n4 (ch. 7), 214-15nn2-7; contexts of consumption of 消费的情境, 37-39; homogenization of 同质化, 89, 91-94, 97-99, 103-6

nonscheduled events-as-news 不定期的事件新闻, 190, 214

observability 可观察性, 81-82, 144-48, 213n11

online news 网络新闻, 1-3, 22-23, 178-80; across countries 各个国家, 31-33, 174; analysis of presentation in 分析新闻呈现, 100-103; content overlap in 内容重合, 89-94; "event-push" routines in "事件推动"的日常工作, 77; first and subsequent site visits 首次及后续访问网站, 120-25, 210n3; free access to 免费访问, 111, 118-19; homepage design of 主页设计, 37-38, 39, 48, 86; home viewing of 在家访问, 127-33, 211n6; homogeneity in 同质化, 108-10; most-clicked stories of 点击量最高的报道, 26-27, 131-33, 145-55, 196-97; narrative construction in 叙事建构, 105-9; observability of consumption of 消费的可观察性, 144-48, 213n11; sourcing for 信源, 42-43, 51-52, 180; story choices of 故事选择, 149-55; U. S. consumption of 美国人的消费, 31; user participation in 用户参与, 163-68; weekend viewing of 周末访问, 131-33

opinion pieces 评论, 4

opinion polls 民意调查, 163-64, 167

outcomes of imitation 模仿的结果, 7-8

pack journalism 跟风新闻, 7, 16-17, 32, 80-81

paradox of increased news volume/decreased diversity of content 新闻数量增加、内容多样性减少的悖论, 6-7, 14, 143, 172-73, 186

Park, R. R. 帕克, 154-55

participatory agency 参与机构, 167-69, 172, 182-86, 202, 215n7

Partido, Desarrollista 帕蒂多·迪萨罗列斯塔, 23

peer-to-peer cultural production 点对点文化生产, 162, 172, 177, 182

Peruzzotti, E. E. 佩鲁佐蒂, 181

Pew Research Center Biennial News Consumption Survey 皮尤研究中心两年一次的新闻消费调查, 31

Pique, Jimena 希梅纳·皮克, 48

political economy of homogenized news 同质化新闻的政治经济学, 185

polls 民意调查, 163-64, 167

Powell, W. W. 鲍威尔, 18

power dynamics 权力机制, 6, 161-62, 168, 185, 212n10

prescheduled events-as-news 预先安排的新闻, 190, 214

presentation of news 新闻的呈现, 95-103, 190-92, 209n7

price competition 价格竞争, 111-12

print news 印刷新闻, 2, 3; analysis of presentation in 对呈现的分析, 95-103; consumption patterns of 消费模式, 120-23, 125-26, 131; content overlap in 内容重合, 89-91, 93-95; homogeneity in 同质化, 108-11; monitoring and imitation in 监看和模仿, 3-5, 60-71, 74-75; monitoring of consumption data in 监看消费数据, 144-45; narrative construction in 叙事建构, 103-5, 108-9; reader profiles for 读者的特征, 70-71; sourcing in 消息源, 69-70; weekend consumption of 周末消费, 131

production-consumption divide 生产和产品的分离, 9-10, 14, 20-21, 153-54, 169-70, 177-78

production of news 新闻的生产, 34-57, 171-74; alternative platforms for 非主流平台, 11; character of editorial work in 编辑工作的特征, 56-57; at Clarín.com 在《号角报》的网络版, 36-46; by consumers 消费者, 183-85; divergent logics of 逻辑分野, 50-57, 179-80, 207nn4-5; evaluation metrics of 评估指标, 42; "event-push" routines in "事件推动"的日常工作, 77; forces of alignment and differentiation in 趋同和差异之间的张力, 44-46, 49-50, 63, 93, 95, 111-12, 153; of hard *vs.* soft news 硬新闻 vs. 软新闻, 2-3, 38-41, 54-57; impact of leadership changes on 领导层改变的影响, 11-

12, 199-201, 214n1; monitoring of other media outlets in 监看其他新闻渠道, 60-82, 153, 169-70; of online features 网络的特性, 2, 4, 5, 46-50; of online news 网络新闻, 42-46, 51; production-consumption divide in 生产和消费的分化, 10, 14, 20-21, 153-55, 169-70, 177-78; study methodology of 研究方法论, 22-24, 187-89; temporal patterns of 时空结构, 2-3, 38-46, 56; on weekends 周末, 46

production-product divide 生产和消费的分离, 7-10, 14, 19, 112, 174-75

public affairs news 公共事务新闻, 5, 13, 54, 178-80, 190; contexts of consumption of 消费的情境, 174-75; homogenization of 同质化, 89, 91-93, 97-103, 106; journalists' preferences for 记者的偏好, 142-53, 168, 201-3, 214n4 (ch. 7), 214-15nn2-7

publicness, 公共性 81-82

Quandt, T. T. 科万特, 32
Quiroga, Facundo 法昆多·基罗加, 41, 62-63

radio news 广播新闻, 28, 125-26
reader profiles 读者特征, 37, 70-72, 117
Reinoso, Susana 苏珊娜·雷诺索, 62
reputation dynamics 声誉的动态机制, 75
research design 研究设计, 9-10, 21-27, 187-97; spatial and temporal contexts of 时间和空间的语境, 10-14, 28-31; study methodology of 研究方法论, 22-27, 187-97, 206n6, 214n1; supplementary studies of 补充研究, 199-203, 214-15nn1-7; theoretical contexts of 理论背景, 7-10, 15-21, 174-78

Reuters 路透社, 180
Rivkin, J. J. 里夫金, 18
Roa, Ricardo 里卡多·罗亚, 74
Robin, Mariana 马里亚纳·罗宾, 63, 72, 74, 100
Rodríguez, Fernando 费尔南多·罗德里格斯, 61, 74-75, 145
Roitberg, Gastón 加斯东·罗特博格, 200-201
Rosenstiel, T. T. 罗森斯蒂尔, 32
Rúa, Fernando de la 费尔南·德拉鲁阿, 30

Sametband, Ricardo 里卡多·塞姆班德, 64-65, 76

Scharfstein, D. D. 沙尔夫斯坦因, 75

Schneider, S. S. 施奈德, 8, 20

Schudson, M. M. 舒德森, 32, 80

scopic infrastructures 监看的基础设备, 79-80

Silverstone, R. R. 西尔弗斯通, 125

skepticism and alienation 怀疑和疏离感, 161-62, 168, 212nn9-10

Skidmore, T. T. 斯基德莫尔, 181

Smulovitz, C. C. 施穆罗维茨, 181

sociability of news consumption 新闻消费的社交性, 134-37; among family and friends 亲友之间, 136; colocation of networks in 现有的社会关系, 134, 139; online vs. offline contexts of 线上 vs. 线下的情境, 134-35, 165; in workplace conversations 工作场所的对话, 135-37, 153, 164, 211nn8-9

social accountability 社会问责制, 181

sociology scholarship 社会学学术成果, 16-21; on consumption 消费, 10; on interorganizational mimicry 组织间的模仿, 7, 16-19, 80-81; on media and communication technologies in the workplace 工作场所的媒介和传播技术, 139-40; on product outcomes of imitation practices 模仿的最终产品, 7-8; on soft news production 软新闻生产, 54-55

soft news 软新闻, 2, 4-5, 38-40; access to sourcing for 接触信息源, 48-49, 76; at Clarín.com's Conexiones unit 《号角报》网络版的 Conexiones 部门, 46-50; monitoring and imitation in 监看和模仿, 60, 64-65, 73, 76, 77; temporality of 时间的特性, 38-41, 66; in theories of imitation 模仿理论, 54-57, 207n5; Tuchman's categories of 塔奇曼的分类, 190, 214n1 (appen. A)

sourcing 来源, 55-56, 69-70, 175, 180; for hard news 硬新闻, 42-43; for online news 网络新闻, 82; for soft news 软新闻, 48-49, 76, 82

Spanish online news consumption 西班牙网络新闻消费, 32

spatial patterns 空间情境, 125-33, 211n6; of news-at-work phenomenon "工作中的新闻"现象, 1-3, 5-7, 205nn2-3; for print and television news 印刷和电视新闻，2-3，118-19，125-26；relationship of home and leisure in 家和休闲的关系，139-40，211n11

sports stories 体育新闻，132-33，153

Stark，D. D. 斯塔克，211n11

State of the News Media，2006 edition 新闻传媒业现状 2006 版，6-7

State of the News Media，2007 edition 新闻传媒业现状 2007 版，31

State of the News Media，2008 edition 新闻传媒业现状 2008 版，32

Stein，J. J. 斯坦，75

stress 压力，42，49

supplementary studies 补充研究，199-203，214-15nn1-7

supply-and demand-side dynamics 供需侧动力机制，111-12，153-54

Swiss online news consumption 瑞士网络新闻消费，32

Tarde，Gabriel 加布里埃尔·塔尔德，16

technology 技术，7-10，14，174，176-77；of Clarín.com's *cablera*《号角报》网络版的有线盒，65-66；in consumer driven blogs and forums 消费者驱动的博客和论坛，11，164-68，182-84；in instant messaging（IM）use 即时消息的使用，43-44，50，51，66；for monitoring and imitation 监看和模仿，3-5，8，19-20，60，65-66，77-80，176-77；in news-at-work phenomenon "工作中的新闻"现象，36-37，139-40，207n2；in observability of news consumption 新闻消费的可观察性，144-45；in online socialization 线上社交，210n2；scopic infrastructures in 监看基础设备，79-80；technological determinism 技术决定论，78-79，176-77，208n7；in theories of imitation 模仿理论，8-10，19-20，78-80

television news 电视新闻，3，125-26

temporal patterns：in content overlap 时间模式：内容重合，90-94；of "event-push" "事件推动"，77；impact on imitation of 对模仿的影响，76-77；of news-at-work phenomenon "工作中的新闻"现象，1-3，5-7，31-32，57，72，205nn2-3；of news consumption 新闻消费，125-33；of production of online hard news 生产网络硬新闻，2-3，38-46，51-52，56，65-66，72；of production of online soft news 生产网络软新闻，

索 引

281

38–41, 46–52, 56, 66; of weekend news consumption 周末新闻消费, 46, 125–26, 130–33

theories of imitation 模仿理论, 7–10, 15–21, 174–78; on consumption practices 消费实践, 8–10, 14, 20–21; on herd behavior 从众行为, 7, 16–19; interdisciplinary framework for 跨学科框架, 16–17, 21; on interorganizational mimicry 组织间模仿, 7, 16–19, 80–81; on monitoring and imitation 监看和模仿, 78–82; on pack journalism and homogenization 跟风新闻和同质化, 16–18, 80–81, 111–12, 205–6nn1–3; on production practices 生产实践, 7–8, 19, 54–57; on product outcomes 最终产品, 7–8, 19; on representational dimensions 具有普遍代表性的维度, 16; on role of artifacts and technology 人工产物和技术的角色, 8–9, 19–20; on social origins 社会起源, 16

Thomas, D. D. 托马斯, 173

Thomas, W. W. 托马斯, 173

Thomson 汤姆森, 180

Tiferes, Ariel 阿里尔·缇菲斯, 63, 72, 77, 146, 148

Tuchman, G. G. 塔奇曼, 38–39, 189–90, 214n1 (appen. A)

Turow, J. J. 图罗, 39–40

UK news industry 英国新闻业, 31–32

Ultimo Momento unit (Clarín.com) Ultimo Momento 部门（《号角报》网络版）, 34–35, 37–38, 41–46, 174; *cablera* staffers in 负责有线盒的员工, 65–66, 79; content production at 内容生产, 42–46, 51; differentiation from print unit at 与印刷部门的差异, 45–46, 63, 93; instant messaging (IM) in 即时消息, 43–44, 51, 66; sourcing at 接触信源, 42–43, 70; weekend environment of 周末环境, 46; work environment at 工作环境, 35, 42, 53

unscheduled events-as-news 无法预先安排的新闻, 190, 214

urgent dissemination of news 迅速传播新闻, 214

U.S. news industry 美国新闻业, 32–33, 174, 213–14nn34; homogenization in 同质化, 6, 14; technology in 技术, 8, 20; 2008 presidential elections 2008 年美国总统大选, 201–3, 214–15nn2–7

variance patterns 差异规律, 174–77, 186; in consumption of news 新闻消费, 131; in homogenization of news products 新闻产品同质化, 89, 94, 111-12, 113-15; in monitoring and imitation 监视和模仿, 60, 66, 78-79, 82

Velthuis, O. O. 维尔苏斯, 80-81

Verón, Juan Sebastián 胡安·塞巴斯蒂安·贝隆, 68

vertical accountability 垂直问责制度, 181

Vetere, Alejo 阿莱霍·韦泰雷, 40, 74, 146

Vittar, Daniel 丹尼尔·维塔, 200

Waisbord, S. S. 卫斯波德, 28, 181

watchdog roles 监督作用, 6, 29-30, 180-82, 213n3

Webster, J. J. 韦伯斯特, 169

weekend news consumption 周末新闻消费, 46, 125-26, 130-33

Welch, I. I. 韦尔奇, 18

White, H. H. 怀特, 21, 81

wire services 新闻通讯社, 6, 64, 180

"The Work of Art in the Age of Mechanical Reproduction" (Benjamin)《机械复制时代的艺术作品》（本雅明）, 172

World Association of Newspapers 世界报业协会, 12

Zelizer, B. B. 泽利泽, 38, 55

Zelizer, V. V. 泽利泽, 10, 140

译 后 记

我从做博士论文起,断断续续开始关注媒介生产研究,发表了一些浅显的文章,出版了专著《中国电视娱乐产业研究——一种生产者的视角》(中国广播电视出版社 2010 年版),并为中国传媒大学传播学专业的硕士研究生开设了"媒介生产"课程。在国内,研究这个领域的学者不算多,可以参考的论文和著作也不充裕;在译著中,舒德森的《发掘新闻——美国报业的社会史》(北京大学出版社 2009 年版)、甘斯的《什么在决定新闻》(北京大学出版社 2009 年版)、塔奇曼的《做新闻》(华夏出版社 2008 年版)都是新闻生产研究的经典著作,但它们都出版于 20 世纪七八十年代,研究的是传统媒体时代的规制因素和生产惯例的互动。

2013 年 9 月,我得到国家留学基金委资助,前往美国西北大学传播学院访学一年。在此期间,我旁听了不少教师的课程,其中包括帕布鲁·博奇科夫斯基教授为本科生开设的"媒介社会生产"课程。在他的推荐下,我阅读了不少在新媒介技术环境下研究新闻生产的论文,接触到一些尚没有被翻译成中文的经典文献,包括基于互联网背景探讨媒介生产机制和惯例的最新成果,比如博奇科夫斯基撰写的、曾获 2011 年美国社会学协会传播与信息技术分会最佳图书奖的著作《工作中的新闻:信息充裕时代的模仿》。

在传统新闻媒体拥抱互联网之前,人们大多利用闲暇时间消费报纸和电视节目，对新闻的消费基本发生在工作场景之外。然而，在新闻媒体从印刷和电子形式向数字化发展的过程中，新闻的消费模式发生了变化——人们开始习惯于在工作场景中消费新闻。他们通过办公电脑阅读新闻，一天数次刷新闻网站，跟进新闻事件的最新进展。"在工作中消费新闻"的新现象促使新闻生产领域发生了巨大的变化。传统媒体和网络媒体都需要更频繁地更新新闻，提供更多的突发事件和专题新闻报道来满足受众的需求。博奇科夫斯基教授认为，受众消费新闻的新模式引发了新闻生产中的相互模仿，而模仿的流行损害了新闻多样性，令媒体对现实的建构越来越同质化。对新闻生产中模仿机制的研究是这本书的核心内容，它解释了当今的新闻媒体如何把社会知识之"多"变成了生产者和消费者的选择之"少"。

感谢博奇科夫斯基教授同意由我担任该书中文版的译者，感谢北京大学出版社愿意出版这部作品。这本书体量并不大，但由于我的拖延，花费了很长时间才完成。北京大学出版社社会科学编辑室的周丽锦和孙莹炜两位编辑给予我极大的支持。如果没有她们的鞭策和鼓励，估计我已经放弃了这项工作。由衷感谢她们的宽容和勤奋、负责的工作态度。感谢中国传媒大学的硕士研究生黄汉鑫、杨钰、顾月冰、谭咪娜、余永聪、王榕、温庆、杨学敏、刘雨墨等同学的协助，他们帮我完成了部分初译、图表绘制和校对的工作。

第一次阅读这本书时，我记得自己差不多花了一个星期的时间，感觉领会作者的意思并不是难事，但把它翻译成中文，转变成让读者能理解的文字，却深感不易。我努力让译文忠于作者的本意，如有疏漏，请读者批评指正。

周　亭
2020 年 4 月 20 日